COLLECTION

DE

DOCUMENTS INÉDITS

SUR L'HISTOIRE DE FRANCE

PUBLIÉS PAR LES SOINS

DU MINISTRE DE L'INSTRUCTION PUBLIQUE.

STATISTIQUE MONUMENTALE

DE PARIS.

EXPLICATION DES PLANCHES,

PAR

M. ALBERT LENOIR.

PARIS.

IMPRIMERIE IMPÉRIALE.

M DCCC LXVII.

INTRODUCTION.

Le projet de publication de la Statistique monumentale de
Paris remonte au commencement de l'année 1835, lorsque
M. Guizot, alors ministre de l'Instruction publique, créa le
Comité des arts et des monuments. Les membres, assemblés
pour la première fois le 5 janvier, apprirent du ministre qu'il
se proposait de faire étudier tous les monuments de la France,
et de publier ceux qui offraient le plus d'intérêt. Bientôt le
plan d'un ouvrage étendu, destiné à faire connaître les monuments de la capitale, fut présenté au Comité, puis à l'approbation du ministre, en ces termes :

« Monsieur le Ministre,

« Par sa position politique à toutes les époques de notre histoire, Paris
offre un intérêt continu, qui doit faire d'une publication sur cette ville
l'introduction aux travaux qui se préparent en France sous votre haute direction. Quant aux divers éléments de ce travail, ils embrassent la topographie, l'architecture et les autres branches de l'art.

« L'histoire monumentale de Paris commence après la conquête; les Romains comprirent quelle était l'importance topographique de cette ville;
deux forts furent établis à la tête des ponts; une voie militaire traversa le

territoire et la ville ; au midi elle s'étendait jusqu'à l'Italie ; les tombeaux des citoyens y ont été trouvés à diverses époques.

« Sur le versant de la montagne Sainte-Geneviève, les vainqueurs construisirent un grand palais qui, par sa position, dominait la cité ; voisin de la voie et d'un *castrum*, il fut destiné à loger le chef militaire ; une grande partie de cet édifice existe encore ; jamais on n'a publié que la grande salle destinée aux bains et qui n'était qu'une dépendance. Un aqueduc de plusieurs lieues d'étendue, et dont plus d'une trace se reconnaît dans ce long parcours, y conduisait les eaux de Rungis ; un plan de cet aqueduc antique, se reliant à celui de l'édifice pour lequel il fut établi, présenterait de l'intérêt. Le premier faubourg et le port des *Parisii* étaient voisins du palais : des constructions et une statue impériale y furent découvertes dans le siècle dernier.

« En passant au nord de la cité, le plan de l'époque romaine recevrait l'indication des fouilles successives qui, au Palais-Royal, rue Vivienne et sur beaucoup d'autres points, ont produit des restes dignes d'être signalés. Montmartre enfin conserve quelques ruines dont le tracé serait joint à celui de tous les restes de cette antique période.

« Paris devint une capitale : nos premiers rois habitèrent la cité ainsi que le palais des Thermes ; sous les Capétiens, le premier de ces deux séjours fut préféré ; dans les substructions du palais de Justice actuel on peut retrouver des traces de cette résidence, depuis son origine jusqu'à saint Louis, qui l'étendit et y fit des constructions encore admirées de nos jours.

« En rattachant à ce travail des études sur le Louvre, sur l'hôtel Saint-Paul et le palais des Tournelles, on atteindrait l'époque de la construction du palais des Tuileries, bâti par Catherine de Médicis, agrandi par Louis XIV et modifié sous nos yeux ; l'histoire de ces divers édifices et de l'art qui s'y développa depuis le commencement de la monarchie serait le résultat de cette partie de la publication.

« Auprès de leurs demeures, les rois de la première race élevèrent des églises ; les basiliques de Saint-Pierre et Saint-Paul, depuis de Sainte-Geneviève ; celles de Saint-Vincent et de la Sainte-Croix, aujourd'hui de Saint-Germain-des-Prés ; de Saint-Julien-le-Pauvre, que mentionne Grégoire de Tours, sont au nombre des premiers temples chrétiens de Paris ; ils n'ont jamais été publiés d'une façon complète ; ces édifices étaient disposés, ainsi que l'apprennent les récits des écrivains contemporains, comme les basiliques primitives qui se voient encore en Italie.

« Plus tard, une autre influence, qui s'étendit sur les monuments construits après les deux premières races, a laissé dans la capitale des monuments de l'art roman, et, en les étudiant, on arriverait, par une succession suivie, aux grands édifices gothiques.

« Les enceintes militaires de la capitale fourniraient des éléments à une partie importante de la publication. La première clôture, restreinte aux dimensions de l'île Notre-Dame, a laissé des traces dans les fragments de murailles trouvés, en 1711, à Notre-Dame, et en 1829 à l'église de Saint-Landry; au midi, le palais des Thermes formait les limites du faubourg groupé autour du port des *Nautæ*.

« L'enceinte de Philippe-Auguste enveloppa ensuite l'édifice antique, elle existe encore en partie; jamais on n'a dessiné ses tours, mesuré les distances qui les séparent, la hauteur qui leur fut donnée, ainsi qu'aux murailles. A l'aide d'un travail de nivellement opéré dans ces dernières années sur le sol de la capitale, on pourrait être conduit à connaître les divers mouvements de terre exécutés, à différentes époques, pour clore la partie septentrionale de la ville; en prenant cette opération pour base, on serait conduit à des résultats sérieux.

« Enfin, les monuments civils et particuliers ne doivent pas être négligés: il en est plus d'un intéressant et inédit, et ceux-là mêmes qui sont connus ne semblent pas devoir être exclus d'une statistique dans laquelle on se proposerait de conserver pour l'avenir les traces de ce qui nous reste de l'ancien état de la capitale de la France.

« Tel est, Monsieur le Ministre, le plan que je me disposerais à suivre dans cette publication; je pourrais commencer aussitôt qu'il aurait reçu votre approbation.

« J'ai l'honneur d'être votre très-humble et très-obéissant serviteur.

« Albert LENOIR. »

Paris, le 10 juillet 1835.

Ce projet de publication, adopté par le ministre, fut immédiatement étudié de manière à recevoir son exécution; les élé-

B

ments de l'ancienne topographie de Paris furent recueillis, et les monuments dessinés purent être en partie livrés à la gravure, mais des changements survenus dans le ministère de l'Instruction publique ne permirent pas de mettre au jour la première livraison de l'ouvrage avant le mois de juin 1840.

Les documents publiés dans la partie de l'ouvrage qui est consacrée à la période romaine ne devaient pas, à l'origine de la publication, recevoir le développement qui leur a été donné plus tard; de nombreuses découvertes faites sur le sol de la cité, à diverses époques, ont permis d'augmenter le nombre des planches originairement réservées à cette première division; ce sont des portions d'édifices recueillies dans la rue de Constantine, en 1844; les restes du palais romain, construit à l'occident de l'île, et habité par les rois de la première race; de nombreux détails d'architecture et de sculpture découverts dans le même lieu, en 1847 et 1848; enfin les grandes fouilles opérées, durant ces années, sur le parvis Notre-Dame, qui ont mis au jour des restes d'édifices et de maisons de l'époque de la domination romaine, et une partie de l'enceinte de Lutèce construite avec des fragments de monuments antérieurs.

La transition qui s'établit, à l'origine du christianisme, entre l'art des anciens et celui des premiers temps de la monarchie française, ne devait être constatée, dans le premier plan de l'ouvrage, que par les colonnes et les chapiteaux en marbre de l'époque mérovingienne qui se voient dans l'église de Montmartre, et par un fragment découvert à l'abbaye de Saint-Germain-des-Prés; de nouveaux éléments d'étude pour cette période ayant été découverts en 1847, au parvis Notre-Dame, dans les restes du plan de la basilique de Childebert, dans les colonnes de marbre qui en séparaient les nefs, et dans un des chapiteaux qui les surmontaient, enfin dans les mosaïques qui en formaient le pavé, cette seconde division relative à l'histoire de l'art, à Paris, a été considérablement accrue de ces divers détails.

La période carlovingienne n'est représentée dans l'ouvrage que par deux inscriptions : l'une est celle que Pépin fit graver en mémoire de sa présence à l'abbaye de Saint-Germain-des-Prés, le jour de la translation des reliques du saint évêque, et de la donation qu'il fit, à ce sujet, de sa terre de Palaiseau; la seconde inscription couvrait le tombeau d'Érotrude dont on retrouve le nom dans le nécrologe de l'abbaye, sous le règne de Pépin.

L'architecture romane prit un grand développement en France à partir du xie siècle. Les églises monastiques de Saint-Germain-des-Prés et de Saint-Martin-des-Champs, celles de Saint-Julien-le-Pauvre et de Montmartre, représentent, dans la statistique de Paris, cette phase importante de l'histoire de l'art, et, de plus, dans ces quatre monuments on reconnaît aussi le style de transition, qui, par l'emploi timide encore de l'arc aigu, devait, en se développant, produire, durant le xiiie siècle, le triomphe complet de l'ogive sur l'arcade en plein cintre.

L'architecture appelée *gothique* avait reçu, dans le plan originairement arrêté de la Statistique monumentale de Paris, une place importante par la publication très-détaillée de l'église de Notre-Dame et de la Sainte-Chapelle. Quarante-deux planches avaient été réservées dans la table générale au premier de ces deux édifices, toutes n'ont pu être exécutées : le nombre en est réduit à sept, et, comme leur pagination première n'a pu être modifiée après le tirage, elles ont été placées à la fin de l'atlas et de la table, afin que cette importante monographie puisse être plus facilement continuée un jour, si l'achèvement de l'ouvrage est entrepris.

B.

Pour ce qui concerne la Sainte-Chapelle, qui devait aussi être publiée dans l'ouvrage, un membre, postérieurement appelé à faire partie du Comité, ayant proposé d'en écrire l'histoire accompagnée de nombreuses planches, elle a été supprimée du plan de la Statistique de Paris, afin d'éviter un double emploi dans les publications entreprises par le ministère de l'Instruction publique.

L'art du XIIIe siècle n'est donc représenté dans l'ouvrage que par les planches peu nombreuses et sans suite qui ont paru sur la cathédrale de Paris, puis par celles qui font connaître le beau réfectoire du prieuré de Saint-Martin-des-Champs, les anciennes parties de l'église de Saint-Séverin, l'église des Innocents, ainsi que les charniers du cimetière et deux petits monuments renfermés dans son enceinte.

L'architecture du XIVe siècle figure dans la Statistique monumentale de Paris d'une façon plus étendue que la précédente; c'est par des portions des églises de Saint-Séverin, des Célestins, des Grands-Carmes et des Dominicains, par la chapelle du collége de Beauvais, les grandes constructions du couvent ou collége des Bernardins, qu'est développée cette période de l'art; enfin l'architecture civile est représentée par un fragment important de l'hôtel de Bourgogne et par celui du chevalier du Guet.

L'achèvement de l'église de Saint-Séverin eut lieu au XVe siècle; la monographie de cet édifice a donné, dans la Statistique monumentale de Paris, des exemples de l'architecture de cette période; le cloître des Carmes-Billettes y a été joint. L'architecture civile y prend sa place par les restes de l'hôtel situé rue Jean-Tison, par ceux de l'hôtel Barbette, les tourelles de la rue du Coq et de la place de Grève, un fragment de l'hôtel de Forez, enfin par les hôtels de Cluny et de La Trémouille.

Déjà, dans ces deux dernières habitations, on voit paraître les premiers essais de la renaissance française, période transitoire, qui est plus apparente encore dans la publication de la monographie de l'ancienne église de Saint-Benoît.

Sous les règnes de Louis XII et de François Ier, le retour au style de l'architecture antique était devenu à peu près général en France, mais les notions peu étendues encore qu'on avait sur cet art, les souvenirs rapprochés des principales dispositions fournies par le style précédemment en faveur, contribuaient à conserver à l'ensemble des conceptions architectoniques et à l'étude de leurs formes des proportions fort différentes de celles dont les principes sont établis par les monuments de la Grèce et de Rome. L'église de Saint-Eustache est un des plus remarquables édifices qu'il y ait en Europe pour faire connaître cette période de l'histoire de l'architecture; elle est reproduite dans son ensemble et avec tous ses détails dans la Statistique monumentale de Paris. Deux fragments de l'architecture civile du règne de François Ier sont donnés par la porte de l'hôtel de La Trémouille et par la tourelle de l'hôtel de Fécamp.

Dans la seconde moitié du xvie siècle, l'art était complétement basé sur les principes de l'architecture romaine; la renaissance, complète alors, est représentée, dans la statistique monumentale de Paris, non par des édifices religieux que les dissensions civiles de cette époque ne permirent pas, sans doute, d'élever dans la capitale, mais par la fontaine des Innocents, chef-d'œuvre de P. Lescot et de Jean Goujon, par le Pont-Neuf, les restes des hôtels de Soissons, de Scipion Sardini, de Torpanne, les maisons situées dans la rue Neuve-Notre-Dame et la rue Saint-Denis. Des tourelles construites, l'une dans la rue des Prêtres-Saint-Germain-l'Auxerrois, et détruite depuis peu d'années; les autres dans les rues de l'École-de-Médecine, Hautefeuille, du Jardinet, Bar-du-Bec, et qui vont, en général, disparaître par l'achèvement du boulevard Saint-Germain, ont paru devoir être publiées dans un ouvrage qui doit conserver le souvenir des constructions anciennes présentant quelque intérêt.

La limite tracée dès l'origine à la Statistique monumentale de Paris est le xviie siècle, parce que la plupart des édifices de la capitale ont été le sujet de publications contemporaines; mais le commencement de cette époque remarquable a été représenté dans l'ouvrage par l'église des Carmes déchaussés et par le monument qui s'élevait à l'extrémité du Pont-au-Change, l'ensemble de ces constructions et leurs détails étant restés inédits, et le style qui les caractérise établissant une transition entre la période de la renaissance et l'art qui prit un caractère tout français sous le règne de Louis XIV.

Ainsi qu'on en peut juger par ce qui précède, la capitale de la France présente, ce qu'on trouverait difficilement dans une autre ville, une série, pour ainsi dire non interrompue, de monuments retraçant l'histoire de l'architecture depuis les Romains jusqu'à nos jours. Ce fait, qui indique assez quelle fut l'importance de Paris à toutes les époques de notre histoire, avait attiré l'attention avant la publication de cet ouvrage; il n'a pas été l'un des moindres mobiles pour le faire entreprendre.

Ainsi que l'indique le plan proposé, en 1835, à M. Guizot, alors ministre de l'Instruction publique, pour la publication de la Statistique monumentale de Paris, la topographie ancienne de la ville devait y occuper une place importante. De nombreuses recherches avaient été faites aux archives dans le but de faire connaître des documents inédits sur ce sujet; des planches étaient gravées, plusieurs autres en voie d'exécution, lorsque, en 1860, le ministre de l'Instruction publique crut devoir céder tous ces travaux, exécutés avec les fonds attribués à la Statistique de Paris, à M. le préfet de la Seine et au Conseil municipal, qui entreprenaient alors la publication d'une histoire générale de Paris ; la statistique a donc été réduite, pour ce qui concerne la topographie, à deux plans peu étendus.

Les décorations peintes et les travaux de la statuaire n'ont pris qu'une place restreinte dans la publication des églises et autres monuments de la capitale; de nombreux dessins déjà recueillis auraient cependant permis d'en faire connaître un plus grand nombre et de mieux remplir ainsi le programme présenté dans l'origine au ministre. L'ouvrage aurait développé ainsi, d'une façon plus complète, la marche générale que l'art suivit dans la ville de Paris, mais on a dû se réduire à la publication presque exclusive des productions de l'architecture.

Toutefois quelques monographies des anciennes églises ont pu être à peu près complétées par les dessins des principaux objets d'art qu'elles renfermaient.

Le musée des Monuments français, fondé en 1791 par Alexandre Lenoir, avait servi d'asile, pendant la tourmente révolutionnaire, à la plupart des tableaux et des statues que renfermaient les églises et les monastères; il a donc été possible de rattacher aux anciennes églises de Sainte-Geneviève, de Saint-Germain-des-Prés, des Célestins, de Saint-Martin-des-Champs, de Saint-Jean-de-Latran et autres, des tableaux ou des sculptures qui les décoraient autrefois. Les documents réunis auraient permis d'agir de même à l'égard d'autres édifices.

La publication d'un ouvrage aussi étendu que la Statistique monumentale de Paris n'aurait pu s'exécuter sans le concours actif d'artistes dessinateurs et graveurs : nous témoignons toute notre gratitude à ceux qui, joignant leurs travaux aux nôtres, nous ont facilité l'exécution de cette entreprise : parmi les premiers nous citerons MM. Lefuel, Paccard, Leblan, Vacquer, Berty, Salard Lassus, Viollet-le-Duc; au nombre des seconds sont MM. E. Ollivier et J. Sulpis, qui ont produit les nombreuses gravures. M. le baron de Guilhermy, depuis longtemps notre collègue au Comité des travaux historiques et des sociétés savantes, au ministère de l'Instruction publique, nous a aidé de ses lumières; qu'il veuille bien agréer l'expression de toute notre reconnaissance.

STATISTIQUE MONUMENTALE

DE PARIS.

EXPLICATION DES PLANCHES.

FRONTISPICE.

Sous une voûte du palais des Thermes sont reproduits les principaux monuments antiques trouvés à Paris. Une tête de bronze, représentant Cybèle ou la ville de Lutèce, est posée sur un cippe devant lequel est figuré Mercure portant un coq au sommet de son caducée. Auprès s'élèvent deux autels ornés des dieux de la Gaule, Ésus et Cernunnos. Une inscription du temps de Tibère mentionne les nautes parisiens comme ayant consacré ces autels à Jupiter. Une statue de l'empereur Julien, des fragments de sculpture, un tombeau et des bas-reliefs sur lesquels on voit des courses de chars et une chasse au filet, complètent cette partie antérieure de la planche.

Au fond de la vue s'élèvent divers monuments indiquant les principales périodes de l'architecture chrétienne à Paris. L'art roman est représenté par l'église abbatiale de Saint-Germain-des-Prés, l'art gothique par la cathédrale, l'architecture moderne par le Val-de-Grâce et le Panthéon.

ÉPOQUE ROMAINE.

PLAN DE PARIS

INDIQUANT LES TRACES ROMAINES ET LA DATE DE LEUR DÉCOUVERTE.

Planche
I.

Lutèce, ville gauloise, se réduisait à l'île de la Cité; elle n'avait point de murailles, puisque les habitants la quittèrent, après l'avoir incendiée, à l'approche du lieutenant de César; pas de routes : Labienus tenta vainement de franchir les marais situés au nord. Mais, après la domination romaine, des voies furent établies; la plus importante, venant directement du midi, reçut les routes secondaires du sud-est et du sud-ouest. Après avoir fait traverser le fleuve et la ville à la voie principale, on l'étendit vers le nord, en lui en adjoignant une vers l'est, dans la direction de la Seine, et une autre tracée à l'ouest vers les provinces maritimes. Les communications ainsi établies, les constructions s'élevèrent à Lutèce et au dehors; des tours militaires défendirent les ponts; à l'intérieur de la Cité, des autels furent consacrés aux divinités de Rome et de la Gaule; un palais s'éleva à l'extrémité occidentale de l'île; des édifices publics et de nombreuses maisons particulières en occupèrent la partie centrale.

Sur la rive gauche de la Seine un vaste palais, placé de façon à dominer la ville, s'éleva auprès de la voie méridionale; un aqueduc y amena des eaux abondantes; ce palais, résidence des chefs militaires, fut accompagné d'un camp retranché. Le premier faubourg, le port des navigateurs de la Seine, l'amphithéâtre, les tombeaux des riches citoyens, l'exploitation des carrières, les industries et la grande culture, se trouvaient de ce côté de la ville.

Au nord se forma le faubourg septentrional; au delà, dans la plaine d'alluvion, les découvertes ont fait reconnaître un vaste réservoir d'eaux minérales, de nombreuses médailles, une tête de bronze remarquable, quelques sculptures et une nécropole; un ruisseau, venant des hauteurs voisines, traversait cette plaine, et plus loin, sur une colline isolée, la tradition place des édifices religieux et une habitation importante.

Les principales découvertes faites autrefois sur le sol de Lutèce sont indiquées au plan gravé sur la planche I, mais, publié avant les grands travaux exécutés à Paris depuis quinze années, ce plan ne peut retracer les fouilles récentes qui ont mis au jour des substructions romaines inconnues avant cette époque. Un second plan, publié à la suite des antiquités, complétera les notions à cet égard, et sur les planches qui vont suivre seront dessinés les détails relatifs à ces documents importants pour l'histoire monumentale de Paris.

PALAIS DES THERMES.

Les ruines du palais des Thermes, limitées à l'ouest par l'ancienne rue de La Harpe que remplace en partie le boulevard Saint-Michel, au sud par la rue des Mathurins-Saint-Jacques, au nord par l'ancienne rue du Foin supprimée, se composent d'un étage souterrain et d'un étage supérieur.

L'*étage souterrain* contient : 1° quatre salles marquées n° 1 sur le plan et voûtées en berceau; on accède à trois de ces salles par une longue galerie voûtée G; elle est traversée par un aqueduc (n° 2) dont les eaux se déversaient dans un réceptacle (n° 3), divisé en plusieurs parties. Deux caveaux (n° 4 et n° 5) augmentaient la surface de ces souterrains. Un tuyau (n° 6) donnait l'eau à la salle des bains chauds.

A l'ouest et au nord de ces constructions, de longues et épaisses murailles (n° 8) ont été découvertes sous le sol des rues des Mathurins et de La Harpe, sous une maison située en B et sous celles de la rue du Foin. Aux n°ˢ 9 et au point F sont d'autres souterrains dont le prolongement a été découvert en 1856; ils s'étendent sous la rue des

Planche
II.

1.

Mathurins. La démolition des maisons qui occupaient l'espace compris entre les points F et H du plan a fait voir des murailles et des voûtes inconnues lorsque ce plan a été gravé. La salle L et les galeries souterraines n° 10 sont situées sous l'hôtel de Cluny, qui fut construit en 1490 sur ces voûtes antiques. Au n° 11 est la cour de l'hôtel.

Plan au-dessus du sol. Au-dessus des substructions existent plusieurs salles gravées sur ce plan, ce sont : la grande salle ou *frigidarium* des Thermes (n° 1), comprenant la piscine de natation (n° 2), l'arrivée des eaux (n° 3); au midi, trois salles carrées dont une petite bien conservée et deux grandes (n°ˢ 12); leurs voûtes et quelques murailles sont détruites.

A l'ouest de la grande salle des Thermes (n° 1) on voit encore une petite salle voûtée (n° 4); au n° 5, une enceinte qui paraît avoir été privée de voûte pour donner de l'air et du jour. Le n° 6 indique une vaste salle dont la voûte est détruite; elle était entourée de niches, c'était le *tepidarium*, le bain chaud, comme le démontre l'hypocauste ou fourneau à chauffer les bains, situé au n° 7; au point 8 sont les petits escaliers nécessaires au service des chaudières; un réservoir est au point 9, un aqueduc de dégagement au point 10; une salle encore couverte de sa voûte se voit au point 11.

COUPES GÉOMÉTRALES.

COUPE SUR LA LIGNE A B DU PLAN.

Planche III.

La coupe longitudinale tracée sur la ligne A B présente, à la partie droite du dessin, le sol de l'ancienne rue de La Harpe, qui domine le petit aqueduc de dégagement marqué n° 10 sur le plan, puis le réservoir voisin de l'hypocauste; ces divers détails du tepidarium sont conservés aujourd'hui sous le trottoir du boulevard Saint-Michel. La coupe fait voir ensuite le mur méridional orné de niches du tepidarium ou bain chaud, dont la voûte est depuis longtemps détruite;

au delà s'élève le mur oriental de cette salle, puis la ruine d'une plus
petite, marquée n° 4 sur le plan, et la partie autrefois à ciel ouvert
(n° 5). La grande salle des Thermes se développe plus loin; sa partie
souterraine, coupée dans toute sa longueur, laisse voir au milieu l'arrivée de l'aqueduc, puis à la gauche l'entrée de l'un des caveaux qui
l'avoisinent. Le frigidarium est situé au-dessus; la construction de cette
vaste salle se compose, dans la partie basse, de cinq arcades, dont
deux de très-grandes dimensions et trois moindres. Les premières
sont construites en briques; de doubles cintres en pierres et en briques alternées les surmontent. Des trois cintres qui occupent la partie
moyenne, le plus grand surmonte une niche semi-circulaire, les deux
autres des niches carrées. Au bas de ces niches on voit les tuyaux
par lesquels l'eau était amenée dans le frigidarium. Quatre grandes
fenêtres sont ouvertes dans la partie supérieure de la salle pour lui
donner du jour; trois d'entre elles se voient dans le dessin, une en
face et deux en coupe. La voûte qui couvre le tout se divise en trois
parties distinctes : l'une au milieu, qui est à arêtes, et deux portions
latérales qui sont en forme de berceau; quatre pénétrations en soutiennent les retombées. La voûte de cette salle a été originairement
couverte de tuiles à la romaine placées directement sur l'extrados;
quelques-unes de ces tuiles ont été retrouvées encore en place et
collées dans le ciment qui formait la chape de la voûte.

A gauche de la grande salle on voit, sur le dessin, le mur septentrional d'une pièce voisine dépourvue de sa voûte et marquée n° 12
sur le plan.

COUPE SUR LA LIGNE C D.

La coupe transversale tracée sur la ligne C D du plan fait voir,
dans la partie souterraine, l'aqueduc coupé sur sa longueur; au milieu paraît la galerie qu'il traverse, puis, à gauche, sa voûte s'abaisse
sous la piscine de natation du frigidarium; l'aqueduc débouche ensuite dans le réceptacle marqué n° 3 sur le plan. La partie de la
coupe tracée au-dessus du sol montre, à droite, le mur occidental

de la salle carrée située auprès du frigidarium ; l'ouverture qu'on y voit est moderne; au delà se développe une partie du mur de la salle marquée n° 12 sur le plan.

La grande salle ou frigidarium est coupée ici en travers; on voit à droite, sur le dessin, la moitié de la niche semi-circulaire, et au-dessus la coupe d'une fenêtre qui la surmonte. Au fond, sur la coupe, paraissent trois arcades dont les piliers ont été restaurés au moyen âge, une fenêtre est ouverte au-dessus.

A gauche du dessin est la piscine : le fond en est plus bas que le sol du frigidarium pour faciliter la natation. L'eau y arrivait par un tuyau placé sous le pavé de la grande salle; elle en sortait par une ouverture de dégagement qui se voit au fond. Une voûte en berceau couvre la piscine de natation; elle est séparée de la voûte d'arête du frigidarium par un arc doubleau. Auprès de sa retombée, sur des pilastres qui paraissent avoir été couronnés de chapiteaux en stuc, sont sculptés les supports de la voûte de la grande salle : ils représentent des galères à un rang de rames, ornées de tritons à la proue et portant des armes et des marchandises. (Voir planche IV.)

COUPE SUR LA LIGNE E F.

La coupe sur la ligne E F est tracée en travers du tepidarium marqué n° 6 sur le plan. On voit au fond le mur oriental de cette salle : trois grandes arcades et une fenêtre y étaient pratiquées; de nombreuses restaurations en pierre ont été faites à cette façade, en 1822, pour la soutenir. Sa partie supérieure présente encore quelques traces de la voûte qui couvrait la salle. Plus haut et à gauche du dessin sont les constructions extérieures du frigidarium et de la piscine. A droite du tepidarium existent une petite salle et des substructions, tracées n° 11 sur le plan, et qui, étant couvertes de maisons lors de l'exécution de la planche III, n'ont pu y être indiquées que d'une façon incomplète : elles sont, aujourd'hui, entièrement dégagées et visibles.

VUE GÉNÉRALE DES RUINES.

La vue générale des ruines gravée sur cette planche est supposée prise d'un point très-élevé en face de l'édifice romain, afin de faire comprendre l'ensemble de ce qui en reste. Sur le devant, le sol des rues de La Harpe et du Foin abaissé laisserait voir les substructions qui y furent découvertes à diverses époques. L'hypocauste, ses escaliers de service et son réservoir particulier précèdent le tepidarium, dont on voit le mur méridional, décoré de niches, et le mur de fond, avec les restaurations modernes. Au-dessus de cette ruine paraît l'ensemble extérieur du frigidarium surmonté de sa voûte d'arête; à la gauche sont la piscine et le réservoir; à la droite de ces grandes constructions s'élèvent les deux salles plus petites qui s'appuient contre elles au midi; plus loin sont les ruines des deux salles carrées marquées n°s 1 2 sur le plan.

Planche
IV.

PIERRES DE RETOMBÉE DES VOÛTES.

Toutes les retombées des voûtes de la grande salle des Thermes étaient supportées par de grandes pierres sculptées en forme de galères à un rang de rames, les proues dirigées vers la salle : deux de ces navires sont conservés au grand arc ouvert sur la piscine; dans l'épaisseur du pilier sont sculptées les parties latérales des galères comprenant leurs bordages en bois croisés et les rames placées au-dessous; des tritons ont été sculptés auprès de ces rames et sur les parties courbes des proues; les pointes relevées de celles-ci semblent avoir porté des ornements en métal dont on voit les trous de scellement. Ces navires sont chargés de boucliers et de marchandises.

La coupe tracée en haut de la planche IV, à gauche des précédents dessins, présente la face orientale de l'une des salles marquées n° 1 2 sur le plan; au bas, sont trois baies surmontées de plates-bandes formées de claveaux en pierre que séparent des briques; au-dessus est une baie de fenêtre; plus haut on voit la trace complète de la voûte de la salle, elle s'écroula en 1 7 3 7.

Sous ce dessin est figurée une grande brique, c'est une de celles dont sont composées toutes les assises horizontales qui, dans la construction générale de l'édifice, séparent les lits de blocage revêtus de petits moellons piqués. Ces briques sont dépourvues de marques de fabrique. Un tuyau en terre cuite, dessiné auprès, est un de ceux dont on voit des exemples dans plusieurs parties du monument pour la direction des eaux.

Au bas de la planche sont les coupes des caveaux marqués 4 et 5 sur le plan; ce dernier contient l'entrée de la galerie souterraine placée dans le sens de la longueur du frigidarium; l'autre caveau est remarquable par un plafond qui se soutient par la seule force de cohésion du mortier qui en relie le blocage; une ouverture moderne, non figurée dans le dessin, donne entrée dans ce caveau.

La partie à droite de la planche contient la coupe de la petite salle carrée à laquelle on accède par l'une des grandes arcades du frigidarium, au midi; la voûte d'arête est complète; des baies surmontées de plates-bandes et de cintres en décharge se voient sur trois de ses faces. Un caveau est situé au-dessous de cette salle; plus bas est dessinée une des quatre retombées de la voûte d'arête, et auprès un des cintres doubles qui se voient dans l'édifice.

Au bas de la planche est la coupe de l'hypocauste et plus loin celle du petit aqueduc. En 1822, lorsqu'on découvrit cet hypocauste, il était rempli de cendre, et une barre de fer, servant à soutenir le bois, fut trouvée dans la rainure qui est tracée vers le milieu, au point *c* du plan.

COURS DE L'AQUEDUC ROMAIN.

Les Romains construisirent un aqueduc pour amener de l'eau de source au palais des Thermes et probablement aussi à Lutèce; la planche V indique le cours de cet aqueduc depuis Rungis et le Parai, situés à onze kilomètres au midi de la ville. Les eaux des diverses sources furent réunies au lieu nommé *Mont-Jean*, dans un chenal

commun placé au-dessous du sol. Après avoir suivi une courbe jusqu'au delà de Fresne, il se dirigeait presque en droite ligne, à mi-
côte des collines qui dominent le cours de la Bièvre, jusqu'à Arcueil,
où il traversait la vallée et la rivière sur une série d'arcades d'une
belle construction ; la localité en a tiré son nom. Au delà d'Arcueil,
le chenal, reprenant sa position souterraine, traversait la voie romaine
de Lutèce à Genabum et entrait au palais des Thermes par sa façade
méridionale. Sur la planche, le cours de cet aqueduc est tracé en noir ;
celui qui, depuis le commencement du xviie siècle, fut établi par
Desbrosses, par ordre de Marie de Médicis, pour alimenter le palais
du Luxembourg, est teinté en gris ; son cours est presque le même
que celui de l'aqueduc romain.

La partie supérieure de la planche fait voir l'aqueduc sur plusieurs
points où le chenal a été rencontré. C'est d'abord sur le passage de
la route qui de Bourg-la-Reine conduit à Laÿ. Puis auprès de la
route d'Orléans, dans le voisinage de l'hospice de La Rochefoucauld,
enfin dans l'intérieur du palais des Thermes. Au bas de la planche,
trois coupes exécutées en travers du chenal correspondent aux trois
portions de plans tracées en haut.

AQUEDUC ROMAIN A ARCUEIL.

L'aqueduc romain qui portait les eaux de Rungis sur des arcades,
pour leur faire traverser la vallée de la Bièvre à Arcueil, existe encore
en partie vers le milieu du trajet qui sépare les collines. C'est sur la
face méridionale de la ruine, au-dessus de constructions modernes
qui en obstruent la base, qu'on aperçoit une arcade et le sommet de
quatre contre-forts de construction parfaitement semblable à celle du
palais des Thermes. En prenant cette disposition de la ruine encore
apparente pour base d'un plan et d'une façade de l'ordonnance générale, on peut les restituer l'un et l'autre comme ils sont figurés sur
la planche VI. Le chenal qui contenait les eaux est supposé avoir été
construit à peu près sur le sommet de la ruine actuelle, d'où il aurait

Planche
VI.

disparu parce que sa construction était moins durable que le massif
de l'aqueduc; son niveau, à cette place, aurait été presque le même
que celui de l'aqueduc moderne élevé par Desbrosses auprès de l'aqueduc romain. Une coupe de l'aqueduc antique, dessinée à la droite de
la planche, fait comprendre quelle épaisseur avait été donnée aux
constructions et quelle place on suppose avoir été celle du chenal. La
façade de l'aqueduc ainsi restituée aurait présenté deux étages d'arcades, des contre-forts doubles également espacés, et le passage des
eaux placé au-dessus.

On voit, sur la façade septentrionale de la ruine antique, la construction grossière d'un mur et de deux contre-forts qui indiquent
qu'une consolidation fut faite, au moyen âge, à une époque à laquelle
l'aqueduc portait encore les eaux de Rungis. Ce fragment est gravé à
la gauche de la planche.

TOMBEAU EN MARBRE

DÉCOUVERT EN 1806, RUE VIVIENNE.

Planche
VII.

Une fouille opérée en 1806, dans la rue Vivienne, pour la construction d'une maison située au n° 8, amena la découverte de débris
d'antiquités romaines parmi lesquels était le tombeau en marbre gravé
sur la planche VII. Le plan de ce tombeau est carré; des sculptures
mutilées ornent ses quatre faces; une restauration de celle du devant
fait voir quelle en était la disposition complète. Une inscription funéraire encadrée de moulures apprend qu'un nommé *Chrestus*, af-
franchi, éleva ce tombeau à Junius Epiconus, son maître. Deux têtes
de bélier, sculptées auprès de l'inscription, supportent une guirlande
de fruits; une biche attaquée par un aigle est posée sur le milieu de
la guirlande. Deux aigles occupent les angles inférieurs du tombeau.
Cette face du monument est reproduite à la gauche de la planche en
A, dans l'état de mutilation qu'elle présenta au moment de la découverte. La face latérale B gravée au-dessous contient au milieu un vase
de libation; les têtes de bélier soutiennent une guirlande de feuilles

de laurier. La face latérale D est décorée comme la précédente, une patère en occupe le milieu. La face C située derrière le tombeau contient seulement des branches de laurier.

FRAGMENTS ROMAINS A MONTMARTRE.

A.

Le comte de Caylus a publié, dans son ouvrage intitulé : *Recueil d'antiquités*, t. III, pl. CVII, le plan d'une construction qui fut découverte à Montmartre en 1737, et que cette planche VIII reproduit, afin de faire connaître les dispositions des deux piliers dont les projections sont dessinées au bas de ce plan; les piliers ont été gravés ici en A, dans leur aspect pittoresque et tels qu'on les voyait encore il y a peu d'années. Leur construction était un blocage revêtu de petits moellons piqués; des assises de briques divisaient les piliers à plusieurs hauteurs, comme on en remarque au palais des Thermes et à l'aqueduc d'Arcueil. Ces antiques piliers, détruits aujourd'hui, avaient perdu leur aplomb, ce qui explique le manque de niveau qu'on remarque dans les assises de briques originairement horizontales.

Planche VIII.

Le plan donné par M. de Caylus fait voir qu'auprès on découvrit plusieurs murailles : l'une d'elles suivait l'alignement des deux gros piliers; deux autres murs situés plus loin lui étaient parallèles. A droite deux massifs séparés par une baie étaient de forme courbe vers l'intérieur de l'édifice. Au delà, dans l'axe des constructions, le plan fait voir une grande niche carrée. Une tête en bronze, représentant Lépide et gravée au milieu de la planche VIII, fut trouvée dans la même fouille, ainsi qu'un bras de grande dimension et de même métal. Ces objets sont conservés au cabinet des antiques de la Bibliothèque impériale.

B. — MUR D'ENCEINTE DE LUTÈCE, TROUVÉ RUE SAINT-LANDRY.

En 1829, la construction d'une maison située dans la Cité, au coin de la rue Saint-Landry et du quai Napoléon, amena la découverte d'une muraille de 2^m,59 d'épaisseur à sa base, et de 2 mètres à sa partie supérieure. La hauteur totale de cette construction était de 2^m,17. Le plan et la coupe sont figurés sur la planche VIII. On reconnut à la manière dont cette muraille avait été construite, et à l'emploi des matériaux divers posés sans soin, qu'elle avait dû faire partie de l'ancienne enceinte de la Cité bâtie à la hâte. Entre le mur et la Seine on trouva des vases et des médailles, et, de l'autre côté du mur, l'angle d'une construction auprès de laquelle étaient plusieurs pierres couvertes de sculptures, représentant des divinités païennes; c'était un autel, qui est gravé sur la planche X. Plus loin était une longue frise représentant une chasse aux filets, qui a été gravée au bas du frontispice; elle est reproduite dans des dimensions plus petites sur la planche XXVI.

ÉDIFICE ROMAIN AU PALAIS DE JUSTICE.

Planche
IX.

En 1848, l'exécution du nouveau tribunal de police correctionnelle élevé dans la cour de la Sainte-Chapelle, au Palais de Justice, fit rencontrer de nombreuses substructions enfouies sous le sol. Elles étaient de plusieurs époques; la plus grande partie appartenait au moyen âge. On y voyait : 1° la moitié des fondations de la chapelle Saint-Michel élevée en ce lieu; le plan gravé en haut de la planche IX les reproduit en teinte grise dans la position biaise que les anciennes vues du Palais donnent à cet édifice; 2° les restes d'une construction très-importante et probablement militaire, à en juger par l'épaisseur de ses murailles; elle est indiquée par une teinte sombre sur le plan; 3° les restes d'un édifice romain, reconnaissable au soin apporté dans l'appareil régulier de la maçonnerie et à sa solidité, puis à des enduits peints qui couvraient encore une partie des murailles. Le plan indique les trois distinctions à faire entre ces constructions; celles de la période romaine sont teintées en noir. L'édifice romain avait été coupé en plusieurs sens lors de la construction des autres monuments, et, en élevant l'un d'eux, le plus ancien, on avait employé de

nombreuses colonnes romaines qui ont été retrouvées dans les blo-
cages de maçonnerie, ainsi que des fragments d'architecture et de
sculpture publiés aux planches XII, XIII et XIV.

La coupe sur la ligne AB du plan fait voir en partie une salle de
l'édifice romain; un panneau peint et complet était encore en place
sur le mur méridional; il a été transporté intact au musée de Cluny.
Une pièce voisine avait encore des restes d'enduit coloré.

La coupe sur la ligne CD montre la ruine romaine sur sa plus
grande étendue; dans l'angle méridional on trouva un second panneau peint semblable au premier, mais mutilé par le haut.

Au bas de la planche, une vue perspective des ruines a été dessinée pour servir à l'interprétation du plan et des coupes.

AUTEL ET FRAGMENTS

DÉCOUVERTS DANS LA CITÉ, EN 1829.

Auprès de la muraille de la Cité dont le plan et la coupe sont
gravés en B sur la planche VIII, on découvrit, en 1829, cinq pierres
couvertes de sculptures et séparées les unes des autres. Trois de ces
fragments réunis forment un autel dont la partie inférieure manque :
des divinités païennes, qui y sont sculptées, ont été gravées sur la
planche X. La première de ces figures est dépourvue d'attributs; elle
représente peut-être Vulcain qu'on voit sur un autre autel trouvé à
Paris. La seconde figure porte une armure complète; une hampe de
lance et un bouclier étant à ses côtés, elle peut représenter Mars. La
troisième figure est une femme drapée; un voile flotte au-dessus de
sa tête; de la main droite elle porte un flambeau, attribut de Diane
Lucifera.

Deux autres morceaux de sculpture trouvés auprès des précédents
sont gravés au bas de la planche. L'un d'eux présente un torse
d'homme très-mutilé; les avant-bras passent derrière le dos, ce qui
indique que les mains y sont attachées; c'est ainsi que, sur les trophées, on représentait les prisonniers de guerre. Les restes d'une

Planche
X.

figure drapée se voient auprès de ce torse. Le second fragment montre la partie inférieure d'un groupe ; deux jambes de grande proportion, dont les pieds sont chaussés, occupent le milieu. Deux figures plus petites et sans leurs têtes sont auprès. Celle qui est à gauche a, au lieu de jambes, des serpents qu'elle étrangle ; l'autre est assise à terre et affaissée sur elle-même.

Un taureau couché, gravé sur cette planche, était autrefois placé à la base du clocher de l'église Saint-Marcel, dans le faubourg du même nom. En 1806, lors de la destruction de cette église, il fut recueilli au musée des monuments français par Alexandre Lenoir ; depuis il a été déposé au musée de Cluny ainsi que les précédents fragments.

MONUMENT

DÉCOUVERT AU PALAIS DE JUSTICE, EN 1784.

Planche
XI.

Après l'incendie du Palais de Justice, en 1776, la reconstruction des bâtiments élevés sur la rue de la Barillerie conduisit, en 1784, à la découverte d'un cippe romain haut d'un mètre quatre-vingt-six centimètres et orné de quatre représentations sculptées de divinités païennes. Le dessin en est lourd, le modelé rude et heurté, les draperies sont dépourvues d'étude et de souplesse.

Le premier de ces dieux, gravé à la gauche de la planche XI, est Mercure coiffé du pétase ; il porte de la main droite une bourse et de la gauche le caducée surmonté d'un coq ; une chèvre est à ses pieds.

Le second dieu est Apollon, à la chevelure abondante ; auprès de lui est son arc, il porte le carquois. Mais, à ces attributs ordinaires, il en réunit d'autres qui en font une divinité hybride : il soutient de la main droite un poisson, peut-être un dauphin, qui lui était consacré, puis il s'appuie de la main gauche sur un aviron.

Le troisième dieu est représenté avec des ailes aux épaules et à la tête ; il n'a d'autre attribut qu'une boule ou un fruit qu'il tient de la main droite. Son pied droit est placé sur un meuble ou une sorte d'autel sans ornement.

La quatrième figure est celle d'une femme : cette divinité, entièrement drapée, porte un diadème et un voile ; dans sa main droite est un caducée, attribut tout à fait insolite pour caractériser une divinité féminine. Ce monument est à la Bibliothèque impériale.

FRAGMENTS

TROUVÉS AU PALAIS DE JUSTICE, EN 1848.

Les nombreux fragments d'architecture réunis sur la planche XII ont été trouvés au Palais de Justice, en 1848, auprès de la cour de la Sainte-Chapelle ; ils datent des derniers temps de la domination romaine ; les profils et la sculpture d'ornement indiquent l'oubli de la composition et des proportions admises aux belles époques de l'art. Le fragment de corniche marqué A en haut de la planche, et dont le profil est dessiné au bas, est décoré de modillons dépourvus entièrement de proportion et de style. A côté de ce morceau est gravée la partie inférieure d'un chapiteau-pilastre d'ordre corinthien, dont les feuilles d'acanthe ne sont que grossièrement indiquées.

Des fragments plus importants occupent le milieu de la planche ; à gauche est une portion de pilastre orné ; les détails sont de mauvais goût ; un génie ailé, qui occupe le champ principal, est d'une sculpture moins mauvaise. Il est à remarquer qu'à cette époque de décadence les statuaires étaient restés dans une meilleure voie que les ornemanistes. Le second fragment, placé au milieu de la planche, montre un angle de fronton soutenu par un encadrement de moulures ; un pilastre corinthien, orné sur ses deux faces, se relie à ce morceau ; le chapiteau est presque entièrement détruit. Les profils indiquent la plus basse époque de l'architecture romaine.

Au bas de la planche est gravé un morceau d'architecture, composé de deux pilastres séparés et de largeurs inégales. Sur l'un sont sculptées des feuilles d'acanthe s'enroulant à leur sommet auprès

Planche XII.

d'une souche de feuillages; sur l'autre s'épanouissent des feuilles sortant de leur tige. Un morceau d'architecture est placé au-dessus, il est marqué B ainsi que son profil dessiné auprès; l'exécution en est des plus barbares. Tous ces fragments sont déposés au musée de Cluny.

ANTIQUITÉS

TROUVÉES AU PALAIS DE JUSTICE, EN 1848.

Planche XIII.

La construction du nouveau tribunal de police correctionnelle fit faire la découverte des fragments antiques gravés sur la planche XIII. Une maison, située dans la cour de la Sainte-Chapelle, et qui fut démolie, contenait plusieurs caveaux dont la construction avait été appuyée contre un ancien mur en grand appareil; un sarcophage antique était incrusté au bas de ce mur et paraissait au fond de l'un des caveaux situés à 5^m,60 au-dessous du pavé. L'ensemble est gravé à gauche, en haut de la planche.

Du côté opposé est dessinée une colonne tronquée et placée sur un mur romain qui fut découvert, à 2^m,07 au-dessous du pavé, sur les limites septentrionales de la fouille indiquée sur la planche IX. La base de cette colonne n'était qu'épannelée.

De la même fouille sont sortis trois fragments qui proviennent d'un tombeau. L'un d'eux présente les têtes de deux personnages jeunes encore, un homme et une femme. Ces têtes sont sculptées au fond d'une niche de forme elliptique. Deux inscriptions funéraires mutilées ont été trouvées avec ce sommet de tombeau. Au bas de la planche, à gauche, est un fragment d'architecture qui était décoré d'arcs accompagnés de feuilles d'un style inusité dans ce genre d'ornement. Le profil est tracé à côté.

A droite de la planche, un autre fragment d'architecture présente un style et une exécution remarquables; c'est de tous les morceaux de ce genre, découverts à Paris, celui qui se rapproche le plus de la belle époque de l'art: le profil est gravé auprès.

DÉTAILS

TROUVÉS AU PALAIS DE JUSTICE.

Les détails d'architecture gravés sur la planche XIV ont été trouvés au Palais de Justice, dans les murs du moyen âge publiés à la planche IX. Le fragment placé au milieu est le plafond monolithe d'un édicule laraire ou d'un tombeau, ce que démontre une moulure d'architrave taillée autour de la pierre sur son épaisseur. La frise, la corniche et un fronton, devaient y être superposés. Quant à la partie qui décorait l'intérieur du monument, elle est tracée au milieu de la pierre et consiste en un cercle formé d'entrelacs et enveloppant une rosace; des angles, ornés de feuillages, ramènent cette décoration à la disposition d'un carré. L'épaisseur des murs qui soutenaient ce plafond était minime et ménagée autour de l'ornement. Le profil de l'architrave et les détails de la sculpture dénotent une époque de décadence. L'épaisseur de la pierre est dessinée au-dessous.

Planche XIV.

A droite et à gauche de ce plafond sont gravés la base et le chapiteau d'un ordre dorique, dont plusieurs colonnes monolithes ont été trouvées au même lieu avec d'autres détails semblables à ceux-ci. Les moulures de la base sont profilées d'une façon peu harmonieuse, les filets qui séparent la scotie des deux tores étant d'une finesse exagérée. Le profil du chapiteau n'est pas ordinaire; un tailloir épais est supporté par une doucine très-développée et que soutient un cavet; la gorge du chapiteau est limitée par un profil délicat qui surmontait le fût de la colonne. Ces fragments sont au musée de Cluny.

Les chapiteaux et les bases du portique élevé à l'ancien palais de la Cité, et dont deux exemples figurent sur cette planche, ont été exécutés au tour, comme on en peut juger aux traces parallèles laissées par l'outil du tourneur. Ce portique devait être situé au bord de la Seine, sur un mur de terrasse baigné par les eaux, car les bases portent des traces de cordes qui servaient à amarrer des bateaux. Ces traces sont profondes, ce qui indique un long usage; elles coupent les moulures des bases suivant une inclinaison déterminée par la hauteur ordinaire des eaux relativement au sol antique de la terrasse et du portique que décoraient les colonnes.

ÉDIFICE

DÉCOUVERT DANS LA CITÉ, EN 1844.

Planche
XV.

La construction d'une maison située n° 11, rue de Constantine, permit de voir les ruines d'un édifice romain gravé sur la planche XV. Un long mur établi en petits moellons piqués s'élevait parallèlement à la rue de Constantine; il avait 3^m,5o d'élévation. A la hauteur de 2^m,2o, des enduits antiques couvraient encore une partie de ce mur. Au-dessus de la ligne inférieure de ces enduits et vers le milieu de cette ligne, était pratiqué un aqueduc dont l'entrée dans le mur avait été faite avec de grosses pierres parementées; l'une d'elles servait de linteau à l'ouverture (voir la façade). Le radier de cet aqueduc était brisé là, ce qui démontrait qu'il avait dû s'étendre en deçà du mur. Le chenal passait ensuite sous le dallage d'une petite pièce percée de deux portes (voir le plan), puis, s'éloignant au sud, il traversait un second mur perpendiculaire au premier, et, de ce point, il prenait une direction biaise, suivant un angle de 4o degrés environ. La coupe gravée en haut de la planche est tracée de C en D sur le cours de l'aqueduc. La construction du chenal consistait en un solide béton; l'intérieur était enduit d'un ciment très-dur pour résister à l'action de l'eau. De grandes briques enveloppées de mortier formaient le plafond. Une coupe gravée à gauche, au bas de la planche, indique ces dispositions.

A 2^m,15 à l'est de ces constructions romaines, étaient les restes d'un hypocauste qui avait servi à chauffer une salle de l'édifice. On y voyait trois rangs de piliers faits avec de petites briques carrées, dont les dimensions sont données à la gauche de la planche, ainsi que celles des grandes briques posées sur ces piliers pour former le plafond de l'hypocauste. Des cendres remplissaient encore tous les intervalles de ces piliers. Le plan et la coupe suivant la ligne E F expliquent la distribution et la forme de cet hypocauste.

ÉDIFICE, VOIE, FRAGMENTS

DÉCOUVERTS SOUS LA RUE DE LA VIEILLE-DRAPERIE.

Le percement de la rue de Constantine, dans la Cité, a fait supprimer la rue de la Vieille-Draperie, une partie de la rue aux Fèves, élargir la rue Sainte-Croix. Ces travaux ont mis à découvert des constructions romaines. Sous le sol de l'ancienne église Sainte-Croix supprimée, on a trouvé deux grosses murailles parallèles et composées de pierres superposées et sans liaison entre elles; la coupe C D, gravée en haut de la planche XVI, donne le profil du plus étendu de ces murs; un tombeau figuré à l'angle droit de la planche y a été trouvé au point H; il présente deux personnages vêtus, l'un d'eux s'appuie sur l'épaule de l'autre. Ce monument est déposé au musée de Cluny.

Les autres constructions antiques étaient situées sous le sol de la rue de la Vieille-Draperie; elles provenaient d'un édifice d'une grande étendue et composé de plusieurs salles dont le plan indique en partie la disposition. A l'angle de la rue Sainte-Croix on a trouvé un hypocauste dont les piliers intérieurs étaient formés de tuyaux de chaleur en terre cuite; des ouvertures pratiquées sur leurs faces permettaient l'introduction du calorique; un de ces tuyaux, reproduit en haut de la planche sous trois aspects différents, permet de juger de leur forme; ils soutenaient le pavé de la salle située au-dessus; le plan et une coupe sur la ligne A B font connaître l'ensemble de ces dispositions.

Un petit tombeau, gravé à gauche en haut de la planche, paraît être celui d'un soldat légionnaire; il a été trouvé au point G, sur le pavé d'une rue antique, qu'on a pu reconnaître depuis l'angle de l'hypocauste jusqu'à l'extrémité occidentale du mur qui était en façade sur cette voie. La coupe E F, gravée en haut de la planche, indique

Planche
XVI.

3.

le profil de ce mur, qui, sur le plan, a été gravé d'une teinte plus
pâle en EF que ceux qui lui font suite, parce que sa mauvaise fabrication indiquait qu'il a été fait à une époque de décadence.

PLAN GÉNÉRAL DES FOUILLES

EXÉCUTÉES SUR LE PARVIS NOTRE-DAME, EN 1847.

Planche
XVII. Pendant l'hiver de 1847, une tranchée ouverte sur le parvis Notre-
Dame, pour l'établissement d'un égout, ayant amené la découverte
de quelques antiquités, les fouilles furent étendues sur la presque
totalité de la place, et de nombreuses constructions de diverses époques sortirent de ces déblais. Toutes celles qui, sur la planche XVII,
sont teintées en noir étaient romaines; un gros mur de rempart, épais
de 3^m,63, formé de fragments antiques rassemblés, datait des bas
temps de l'empire; la teinte qui lui est donnée sur le plan est moins
noire que celles des murs romains d'une meilleure fabrique; enfin
des constructions élevées depuis l'établissement du christianisme se
mêlaient aux édifices de l'antiquité, elles sont indiquées sur le plan
par des teintes d'autant moins foncées qu'elles se rapprochent plus de
l'époque présente.

Les constructions romaines se divisaient en deux groupes distincts:
les unes, situées vers la rue Neuve-Notre-Dame, étaient composées de
murailles de 92 à 98 centimètres d'épaisseur; les salles qu'elles limitaient avaient été spacieuses; là devait être un édifice public important. Un hypocauste était établi sous l'une de ces salles, marquée a
sur le plan.

Le second groupe de constructions romaines était plus rapproché
de la cathédrale; les murs y avaient moins d'épaisseur que dans les
précédents édifices; on y a trouvé des escaliers intérieurs, des cours
encore pavées, un puits, un hypocauste, des fragments de meules et
de vases, et jusqu'à du blé noirci par un long séjour dans la terre. Là
étaient évidemment des habitations.

On reconnaissait que ces dernières constructions avaient été détruites en partie pour élever un édifice qui en couvrait toute l'étendue et qui était d'origine chrétienne, à en juger par la manière dont était faite la maçonnerie. La grande surface occupée par ces murailles, leur forte épaisseur, la régularité de leurs dispositions en quatre lignes parallèles, formant une large nef et des bas-côtés, précédés de fondations qui n'ont pu appartenir qu'à un porche et à ses distributions accessoires, tout contribuait à faire admettre que ces ruines étaient celles de la basilique élevée par Childebert; des fragments de la mosaïque de cet édifice, publiés à la planche XXI, des colonnes en marbre d'Aquitaine, de 70 centimètres de diamètre, un chapiteau qu'on verra plus loin, à la planche XIX, confirment cette attribution. La cathédrale de Maurice de Sully, qui remplaça, au XIIe siècle, cette basilique, a été construite plus à l'orient. Quelques murs d'une teinte grise légère, mêlés aux précédents, étaient les substructions d'une fontaine qui fut élevée au parvis Notre-Dame, au XVIIe siècle, et qu'on voit sur les anciennes gravures qui représentent la cathédrale.

A l'angle nord du parvis, entre le bâtiment de l'administration des hospices et la rue d'Arcole, les fouilles firent connaître tout le plan des substructions de l'ancienne église de Saint-Christophe, érigée en paroisse au XIIe siècle. C'était un édifice sans bas-côtés, soutenu par des contre-forts dans tout son périmètre; il fut détruit en 1747. Un mur romain, teinté en noir sur le plan général de l'église, a été trouvé dans l'axe de cet édifice, vers l'entrée de la nef.

Les planches suivantes feront connaître tous les détails de ces découvertes importantes pour l'histoire des monuments de Paris.

COUPES ET DÉTAILS DES FOUILLES

EXÉCUTÉES SUR LE PARVIS NOTRE-DAME, EN 1847.

Les trois dessins gravés en haut de la planche XVIII sont des détails du plan général donné sur la planche précédente; ils sont reproduits ici sur de plus grandes mesures pour en faire mieux connaître les dispositions : ils montrent deux pavages marqués *d* et *c* sur

Planche
XVIII.

le plan, au milieu est l'hypocauste *b* du plan général; on y voit la distribution des piliers en terre cuite, qui portaient le sol de la salle située au-dessus; un tuyau de chaleur, provenant de cet hypocauste, est gravé à droite au-dessous du pavage *c*.

La coupe générale, placée au bas de la planche, a été tracée sur toute l'étendue des fouilles, depuis le voisinage de la rue Neuve-Notre-Dame jusqu'à la façade de la cathédrale, suivant une ligne brisée indiquée sur le plan par les lettres A B C D E F G H I K J Q; cette coupe fait connaître les divers niveaux des parties les plus importantes des constructions qui ont été découvertes, et ils sont établis relativement à celui du seuil de l'église de Notre-Dame; l'ancien et le nouveau pavé du parvis y sont indiqués aussi. Ces niveaux démontrent l'impossibilité d'admettre, comme l'ont avancé les historiens de Paris, qu'on montait du parvis à la cathédrale par un grand nombre de marches; le pavé a toujours reposé, à quelques centimètres près, sur les anciennes murailles découvertes en 1847.

La coupe fait voir, à la gauche, les substructions de l'édifice voisin de la rue Neuve-Notre-Dame, et plus loin celles des maisons particulières plus voisines de la cathédrale; à droite du dessin est l'hypocauste *b*, dont le sol, élevé à trois mètres au-dessus des salles les plus basses, n'était qu'à $1^m,25$ du pavé de la place.

La petite coupe L M est tracée sur l'hypocauste marqué *a* sur le plan général; plus haut sont dessinés les conduits *ef* de cet hypocauste, dont un tuyau de chaleur est reproduit à la droite de la planche. La coupe X Z donne un autre aspect du même hypocauste.

La coupe W Y est celle d'une pièce d'habitation qui est tracée au milieu de la coupe générale; on y voit un escalier intérieur. La coupe placée au milieu de la planche est faite sur la ligne brisée P R S T U V du plan général; elle s'étend depuis le gros mur mérovingien voisin de la fontaine du xviie siècle, jusqu'au rempart romain inclusivement, passe dans une petite cour antique, où fut trouvé un puits, et dans deux autres cours, dont l'une avait un pavé encore en place; il est reproduit en haut de la planche à gauche; les murs de cette cour étaient

encore couverts d'enduits antiques. La planche XX fera connaître
dans tous ses détails le rempart romain dont le profil termine cette
coupe à la droite.

La coupe tracée sur la ligne NO, passant sur les substructions occidentales de la basilique chrétienne, fait voir les murs antiques qui
furent conservés au vi⁰ siècle parmi ses fondations.

Dans la plupart de ces coupes, où l'intérêt principal se porte sur les
constructions régulières des Romains, toujours reconnaissables au soin
apporté à leur exécution, et aux briques mêlées à des moellons piqués,
on voit en opposition les murs mérovingiens infiniment plus épais
comme appartenant à un très-grand édifice, et construits d'une façon
grossière en moellons placés sans ordre, parce qu'ils furent élevés à
une époque où les principes de la bonne construction étaient oubliés.

CHAPITEAU

TROUVÉ AU PARVIS NOTRE-DAME.

Des colonnes en assez grand nombre, mais très-mutilées, ont été
trouvées au parvis Notre-Dame, au milieu des ruines dont le plan
est gravé à la planche XVII; elles sont en marbre noir et blanc dit
grand antique. Le profil des astragales ou moulures qui ornent le
haut indique qu'elles ont été exécutées à une époque de décadence.
De nombreux fragments de colonnes semblables ont été trouvés jusque
dans les substructions de l'église de Notre-Dame; elles décoraient
la basilique construite en ce lieu par Childebert. Un seul chapiteau
en marbre blanc, qui paraît avoir appartenu au même édifice, a été
trouvé auprès de ces colonnes: la planche en présente le dessin; il est
très-mutilé, et la rudesse de la sculpture, les détails mal dessinés et
mal composés qui le décorent, indiquent son origine mérovingienne;
il est, ainsi que deux colonnes, déposé au musée de Cluny.

VOIE ROMAINE.

Le plan topographique gravé au milieu de la planche indique le tracé d'une voie romaine qui, en 1839, pendant qu'on exécutait un égout, fut reconnue à deux mètres au-dessous du pavé de la rue de La Harpe, de la place Saint-Michel et d'une partie de la rue d'Enfer, à partir de la rue des Mathurins-Saint-Jacques. L'étendue était de 317^m,70, l'épaisseur de 1^m,70; elle était composée de béton, de cailloutis et de moellons. Une coupe jointe au plan fait connaître la disposition de la tranchée qui la fit découvrir.

Au bas de la planche sont gravés le plan et les coupes de constructions romaines situées dans les caves d'une maison de la rue Sainte-Catherine-d'Enfer. Les murs s'élevaient au-dessus du sol; ils étaient au nombre de quatre; trois d'inégales épaisseurs et reliés à angle droit, un quatrième moins épais que les autres et non parallèle à aucun d'eux. Ces murs, dont plusieurs étaient en talus par le bas pour résister à une forte poussée, paraissaient avoir été construits pour contenir des eaux; un sol en béton très-épais et des tuyaux trouvés auprès semblent le confirmer. L'édifice dont ils ont fait partie a été récemment déblayé dans la rue Gay-Lussac; il était très-voisin de la voie romaine qui fut remplacée par la rue d'Enfer.

FOUILLES EXÉCUTÉES SUR LE PARVIS NOTRE-DAME.

DÉTAILS DU REMPART,

FRAGMENTS D'ARCHITECTURE ET D'INSCRIPTIONS.

Planche
XX.

Le fragment de rempart tracé sur le plan général (pl. XVII) s'étendait depuis la porte Sainte-Anne, ou portail méridional de la façade principale de la cathédrale, sur une longueur de quinze mètres, en deux parties, et se dirigeait vers l'angle méridional de la rue Neuve-Notre-Dame; il était construit avec des pierres enlevées à des édifices de date antérieure, comme on peut le voir à la planche XX, au bas de laquelle sont gravées une partie du plan, une coupe et une élévation du côté de l'intérieur de la cité. Toutes les pierres reproduites sur ces trois dessins présentaient des trous qu'on y avait pratiqués, tant pour les transporter avec des machines sur les édifices auxquels elles avaient appartenu originairement, que pour les relier entre elles par des crampons en métal.

Le plan et la coupe font voir que la partie inférieure de ce rempart était composée de pierres irrégulièrement taillées et formant six assises en talus. Au-dessus s'élevaient cinq assises composées de pierres plus grosses que les premières et taillées avec soin; elles étaient en retraite les unes sur les autres du côté extérieur du rempart. Les pierres de l'assise supérieure étaient beaucoup plus hautes que les autres. Un grand nombre de ces pierres portent des inscriptions latines formées de caractères mal tracés, et quelques-uns sont enlacés les uns dans les autres malgré leurs grandes dimensions. Ces lettres semblent avoir été gravées plutôt par des oisifs que d'une manière officielle par des graveurs chargés de rappeler des noms de personnages ou des faits historiques, comme on doit le faire sur des édifices publics. A ces pierres chargées d'inscriptions s'en joignaient d'autres ornées de détails d'architecture; ainsi les morceaux marqués E, F, G, se trouvaient placés sur la face intérieure du rempart; elles y sont représentées au bas de la planche, à droite. Les profils de ces fragments d'architecture sont d'une époque de décadence, ainsi que le sommet du piédestal gravé au milieu de la planche, et qui a été trouvé dans les fouilles. Toutes ces inscriptions et moulures d'édifices ont été transportées au musée de Cluny.

FOUILLES EXÉCUTÉES SUR LE PARVIS NOTRE-DAME.

FRAGMENTS DE MOSAÏQUE.

Au nombre des fragments découverts dans les fouilles du parvis Notre-Dame, se trouvaient ceux de plusieurs pavés en mosaïque offrant trois sujets de dessins variés. Ils ont été reproduits sur la planche XXI, et sont placés de manière à faire connaître les diverses combinaisons qui ornaient ces pavés. La fabrication était imparfaite; des croix et des triangles placés au milieu de plusieurs compartiments doivent faire admettre qu'ils étaient d'origine chrétienne, bien qu'ils

Planche
XXI.

4

fûssent exécutés dans un système analogue à celui qu'employaient les Romains. Ces mosaïques ont donc pu servir de pavé à la basilique de Childebert, dont une partie du plan, plusieurs colonnes et un chapiteau, ont été découverts dans les fouillés du parvis. On sait par les historiens des premiers siècles de la monarchie française que les églises mérovingiennes étaient pavées avec des mosaïques. Gislemar, dans la description qu'il donne de la basilique de Saint-Vincent, à Paris, construite par saint Germain, dit : « Que le pavé était composé « de toutes sortes de pièces de rapport; » le poëte Fortunat, décrivant la basilique de Paris, très-probablement la cathédrale de Childebert, en dit autant, et ces mosaïques seraient celles dont il parle. Ce système de pavage fut conservé fort avant dans le moyen âge. Le fragment reproduit en grand au bas de la planche indique bien, par l'irrégularité du travail, une époque transitoire entre la fabrication antique et celle qui était pratiquée au xie et au xiie siècle, qui nous en ont laissé quelques rares exemples.

La nef principale, les bas côtés et le sanctuaire de la basilique chrétienne de la cité devaient avoir des pavés différents. De là peutêtre la cause des trois motifs de dessins variés reconnus dans les fragments de mosaïque publiés sur la planche XXI.

Le premier dessin, reproduit en haut de la planche à la gauche, est formé de cercles enlacés offrant des tons blancs et noirs combinés, de manière à former une série de fleurons s'enlevant sur le fond blanc du pavé. Au centre de chaque cercle est figurée une croix grecque ménagée en blanc au milieu de tons rouges et noirs. Ce dessin porte sa bordure composée de cercles tangents les uns aux autres et contenant alternativement une croix puis un triangle; la croix dessinée en blanc sur un fond noir, le triangle en noir sur un fond blanc.

Le dessin placé au-dessous du premier est plus compliqué dans ses combinaisons, bien qu'il produise moins d'effet. Il est formé de courbes enlacées d'une façon ingénieuse, un tracé le fait mieux comprendre qu'une description; un ton blanc compose le fond sur lequel un large trait noir indique les contours variés des courbes.

Le troisième dessin, placé en haut de la planche, à la droite, formait la bordure d'un motif central qui a disparu presque entièrement. Ce pavé offrait trois tons différents, le rouge et le blanc servant alternativement de fond à de larges traits noirs, dessinant des cercles enlacés. Une large ligne en terre cuite d'un ton jaune foncé encadrait l'ensemble de cette mosaïque, dont l'effet était plus riche et plus grave que celui des précédentes. Ces fragments sont au musée de Cluny.

AUTEL DÉCOUVERT A NOTRE-DAME.

Le rempart de Lutèce, dont les fouilles opérées, en 1839, à l'église de Saint-Landry, et, en 1847, au parvis Notre-Dame, ont fait connaître des parties étendues reproduites aux planches VIII, XVII et XX, enveloppait l'île de la Cité à l'orient comme sur le reste de son contour. La basilique de Childebert avait été élevée dans l'enceinte qu'il circonscrivait alors, mais, à l'époque de la construction de la cathédrale actuelle, le plan de ce dernier édifice, plus vaste que le premier, couvrit une partie de l'ancien emplacement de ce rempart, au sud, par ses nefs méridionales, et, à l'est, par son sanctuaire. Le 16 mars 1711, la construction d'un caveau fit découvrir les restes de la partie orientale des substructions de l'ancien rempart; là il avait été construit, comme à l'église Saint-Landry et au parvis Notre-Dame, avec des fragments antiques; neuf pierres portant des sculptures et une inscription y furent recueillies sous le sanctuaire de la cathédrale.

L'autel, gravé sur la planche XXII, se compose de deux assises de pierres superposées et portant ensemble 1^m,30. On y voit figurer deux divinités romaines, Jupiter et Vulcain, désignés chacun par une inscription. Les autres faces de l'autel offrent, l'une, un dieu gaulois, Ésus, armé d'une hache et frappant un arbre, l'autre, un taureau placé au milieu de feuillages et portant trois grues, l'une sur la tête, les deux autres sur le dos. Une inscription qu'on lit : TARVOS TRIGARANVS indique le taureau aux trois grues.

Planche XXII.

4.

FRAGMENTS D'AUTELS

DÉCOUVERTS A NOTRE-DAME.

Planche
XXIII.

La planche XXIII contient des fragments de sculpture découverts, comme l'autel gravé à la planche XXII, dans la construction du mur de rempart de Lutèce retrouvé, en 1711, sous le sanctuaire de l'église Notre-Dame. Parmi ces fragments, les quatre premiers représentent des divinités, au nombre desquelles on a cru reconnaître Mars, Vénus, Mercure; quelques lettres d'inscriptions détruites se voient au-dessus des figures et ne peuvent donner aucun éclaircissement.

Les quatre faces d'une autre pierre, placées au bas de la planche, sont mieux conservées; sur l'une d'elles on lit ces mots :

```
      TIB · CAESARE
      AVG·IOVI OPTVM
                    O
      MAXSVMO
      NAVTAE PARISIAC
      VBLICE POSIERV
                   NT
```

Sur deux autres faces de cette pierre sont représentés des guerriers portant l'épée et le bouclier; en haut de l'une d'elles on lit :

```
         EVRISES
```

La quatrième face du monument fait voir des personnages vêtus de la toge, au-dessus on lit :

```
      SENANIV
```

FRAGMENTS D'AUTELS

DÉCOUVERTS A NOTRE-DAME.

Planche
XXIV.

Les quatre bas-reliefs reproduits en haut de la planche XXIV ont été sculptés sur la partie supérieure d'un autel provenant, comme les

précédents monuments, de la découverte faite, en 1711, sous le
sanctuaire de l'église Notre-Dame. Le premier sujet représente une
divinité gauloise, dont le front est surmonté de cornes disposées
comme celles du cerf; à chacune d'elles est suspendu un anneau; une
inscription très-mutilée donne le mot CERNVNNOS.

Le second bas-relief est composé d'un homme armé d'une massue
et combattant un serpent; quelques lettres frustes se lisent au-
dessus.

Sur chacune des deux autres faces de la même pierre, le sculpteur
a figuré un guerrier portant une lance de la main gauche, et de la
droite s'appuyant sur une tête de cheval; au-dessus de l'un d'eux on
lit : CASTOR. Le second guerrier, représenté dans les mêmes dispositions que le premier, est très-probablement Pollux. Toutes les
sculptures découvertes à Notre-Dame furent recueillies d'abord au
Louvre dans la salle des antiques; le 15 prairial an III, elles furent
remises à A. Lenoir, administrateur du musée des monuments français; aujourd'hui elles sont conservées au musée de Cluny.

FRAGMENTS DÉCOUVERTS A L'ÉGLISE SAINT-JACQUES-LA-BOUCHERIE ET AU PALAIS DE JUSTICE.

Les travaux nécessités par le percement de la rue de Rivoli pro-
longée firent mettre à découvert les substructions de l'ancienne église
de Saint-Jacques-la-Boucherie, démolie pendant la révolution. On y
trouva les fragments romains gravés au bas de la planche, sauf le
pilastre orné d'un homme à cheval et de deux figures plus grandes
et superposées, qui se voient à la droite de la planche; ce pilastre
provient de l'édifice antique, publié à la planche IX, et découvert
dans la cour de la Sainte-Chapelle, en 1848. Quant aux sculptures
recueillies à l'église de Saint-Jacques-la-Boucherie, elles consistent :
1° en une figure d'homme nu dont la tête est détruite; un manteau
est suspendu à l'épaule gauche; 2° en trois fragments de plus petites
dimensions, parmi lesquels est une femme drapée et la tête couverte
d'un voile; elle est représentée en bas-relief dans une niche cintrée;

les deux autres morceaux de sculpture très-mutilés sont, ainsi que
les précédents, déposés au musée de Cluny.

FRAGMENTS

DÉCOUVERTS RUE VIVIENNE.

Planche
XXV.

En 1751, on découvrit dans la rue Vivienne, en faisant des tran-
chées pour construire, huit morceaux de sculpture en marbre dont
quatre sont gravés sur la planche XXV. Recueillis par l'abbé Lebœuf,
ensuite par le comte de Caylus, ils sont maintenant au cabinet des
antiques de la Bibliothèque impériale.

Le premier fragment est un bas-relief qui représente un repas : les
convives, au nombre de trois, sont placés à une table de forme courbe
et tracée en perspective ; une corbeille et une hure de sanglier occupent le milieu, un esclave apporte un mets. Le bas-relief, brisé vers
la gauche, fait voir une jambe d'un autre esclave qui était de ce côté.

Le second fragment est la moitié d'un fronton qui a dû servir de
couronnement à un tombeau, le milieu est occupé par un repas funèbre ; un homme couché sur le lit a devant lui une table, il tient une
coupe de la main gauche ; une corbeille est placée auprès du lit, plus
loin son esclave apporte un mets. Au-dessus de la pente du fronton
est sculpté un aigle dont l'aile droite est étendue.

Deux figures, placées en regard au bas de la planche, paraissent
avoir fait partie d'un même bas-relief ; l'une d'elles est un vieillard
assis et s'appuyant sur un meuble pour écrire ; l'autre figure est une
femme assise et amplement drapée, dont la tête couverte d'un voile
est soutenue par la main droite.

FRAGMENTS DE SCULPTURE.

CHASSE AUX FILETS.

Planche
XXVI.

Le bas-relief gravé en haut de la planche XXVI a été découvert,
en 1829, dans la Cité, auprès du fragment de rempart publié à la

planche VIII, il représente une chasse; plusieurs chiens conduits par
des chasseurs poursuivent deux lièvres, qui sont arrêtés dans des filets.
Ce bas-relief, placé au musée de Cluny, a déjà paru au bas du frontispice de cet ouvrage.

JEUX DU CIRQUE.

Les deux fragments de bas-reliefs gravés au milieu de la planche
proviennent d'une fouille profonde de dix mètres, exécutée en 1756,
au bas de Montmartre, vers le sud. Ils rappellent les nombreux sujets
antiques sur lesquels sont représentées des courses de chars. Sur le
premier, qui est le plus mutilé, on voit un bige que précède un
génie; sous les pieds des chevaux est un vase renversé. Le char porte
encore les restes d'une figure d'enfant qui le montait et tenait les
rênes. Le second bas-relief, plus complet que le précédent, sauf les
chevaux, qui ont été brisés, représente plusieurs génies qui semblent
se disputer l'accès d'un char; l'un d'eux porte sur la tête une corbeille
contenant des étoffes.

Ces sculptures sont déposées au cabinet des antiques de la Bibliothèque impériale.

CONCLAMATION.

Le bas-relief placé au bas de la planche se voit au musée de Cluny;
il a été trouvé dans la rue Montholon et représente une jeune fille
morte étendue sur un lit; les membres de la famille, dans la douleur,
sont groupés autour. Deux femmes échevelées se voient au delà du
lit; l'une d'elles, le bras étendu, appelle la personne morte, acte
qu'on nommait *conclamatio*.

FRAGMENTS DE SCULPTURE.

L'urne cinéraire gravée en haut de la planche XXVII provient
des fouilles opérées dans la rue Vivienne, en 1751. La face princi-

Planche
XXVII.

pale du monument présente une inscription encadrée de moulures, on y lit :

```
AMPVDIÆ
AMANDÆ
VIXIT ANNIS XVII
PITHVSA MA'ER FECIT
```

Deux têtes de béliers soutiennent une guirlande de fruits au-dessus de laquelle sont deux oiseaux; la face latérale de cette urne est ornée d'une palmette. Ce monument est conservé au cabinet des antiques de la Bibliothèque impériale.

TÊTE DE CYBÈLE.

La belle tête de bronze qui occupe le milieu de la planche a été trouvée, en 1675, auprès de l'église de Saint-Eustache, dans les fondations d'une ancienne tour. Elle fut recueillie d'abord par le célèbre statuaire Girardon, et de son cabinet est arrivée successivement à celui de la Bibliothèque impériale. Ce précieux bronze a été l'objet de nombreuses dissertations de la part des antiquaires et des historiens de Paris. Il est reproduit sur le frontispice de cet ouvrage.

FRAGMENT DE TOMBEAU.

Au-dessous de la tête de Cybèle est gravé un fragment d'architecture antique, découvert il y a peu d'années dans une propriété située à l'angle formé par les rues des Irlandais et de l'Estrapade, sur la montagne Sainte-Geneviève. C'est le sommet d'un monument funéraire, qui était composé, comme le plan l'indique, de quatre pilastres isolés, surmontés de chapiteaux et supportant un fronton; des palmettes ornaient les acrotères; une tête de femme, coiffée de ses cheveux liés par des bandelettes flottantes, était sculptée sur l'un des tympans du fronton; le tympan opposé contenait un globe enveloppé d'une courbe. Ce fragment a été conservé par l'auteur de la découverte.

FRAGMENT.

Le morceau de sculpture placé sur la planche au-dessous de la
tête de Cybèle provient d'un bas-relief trouvé, en 1751, dans la rue
Vivienne; la tête et les pieds ont été brisés. Ce fragment est conservé
au cabinet des antiques de la Bibliothèque impériale.

FRAGMENT DE TOMBEAU.

Le précieux bas-relief gravé au bas de la planche provient aussi
de la découverte faite, en 1751, rue Vivienne; il a fait partie de la
décoration supérieure d'un tombeau. Le masque ou tête de larve
qu'on y voit devait former le milieu de la composition, lorsqu'elle
était complète; le sujet représente Bacchus assis auprès d'Ariadne;
un satyre est debout devant eux. Ce monument fait partie de la collection du cabinet des antiques à la Bibliothèque impériale.

ÉPOQUE CHRÉTIENNE.

PLAN DE PARIS

RÉUNISSANT LES ÉPOQUES ROMAINE ET CHRÉTIENNE [1].

Un plan du sol antique de Paris, indiquant les découvertes successives faites depuis le xvi° siècle jusqu'en 1840, a été publié à la planche 1 des Monuments de l'époque romaine. Un second plan, reproduisant ces indications complétées par celles des découvertes les plus récentes, est donné ici en y superposant le tracé de la ville moderne, tant pour mieux faire connaître les divers emplacements où les antiquités ont été trouvées, que pour guider, dans la suite de cet ouvrage, dans l'étude des monuments de la civilisation chrétienne qui y sont successivement publiés à partir des premiers siècles de notre ère jusqu'à l'époque de la renaissance.

Les documents antiques, gravés dans leurs détails sur les planches de la période romaine, sont ajoutés sur ce plan dans l'ordre suivant :

CITÉ. — 1° Restes d'un palais trouvés dans la cour de la Sainte-Chapelle, en 1848 ;

2° Ruines d'un édifice situé sous le sol de la rue de la Vieille-Draperie, trouvées en 1844 ;

3° Édifice découvert dans la rue de Constantine, en 1844 ;

4° Découvertes faites au parvis Notre-Dame, en 1847 ;

RIVE GAUCHE. — 5° Tombeau trouvé rue de l'Estrapade, en 1849 ;

6° Substructions se reliant au palais des Thermes, rue des Écoles et boulevard Saint-Michel ;

7° Substructions découvertes au mont Saint-Hilaire ;

[1] Ce plan a été communiqué par M. Firmin Didot et complété depuis.

5.

8°. Constructions au-dessus du sol, rue Gay-Lussac;

RIVE DROITE. — 9° Fragments trouvés auprès de la tour Saint-Jacques-la-Boucherie.

STATIONS DE SAINT DENIS.

Planche II.

Saint Denis, apôtre et premier évêque de Paris, serait, suivant la tradition, arrivé de Rome par la voie antique située au midi de la ville; s'arrêtant à trois endroits différents sur cette route, aux lieux où s'élevèrent plus tard les églises de Notre-Dame-des-Champs, de Saint-Étienne-des-Grès et de Saint-Benoît, ces lieux furent considérés comme ses premières stations. Dans l'île de la Cité deux chapelles lui furent consacrées comme ses quatrième et cinquième stations; on les nommait Saint-Denis-du-Pas et Saint-Denis-de-la-Chartre. Ces deux édifices ayant conservé, jusqu'à l'époque de la révolution de 1789, leurs anciennes dispositions de chapelles et leur vocable, les plans en ont été reproduits sur la planche II, comme des souvenirs du premier évêque de Paris.

PRIEURÉ DE SAINT-DENIS-DU-PAS.
(IV⁰ Station.)

Le prieuré de Saint-Denis-du-Pas était situé directement derrière l'abside de l'église de Notre-Dame; un étroit passage conduisait au cloître ainsi qu'à la chapelle, dont la nef avait 6^m,50 de largeur sur 21 mètres de profondeur. Un cloître fort irrégulier était situé au nord et conduisait à l'habitation des chanoines. Cet édifice devait être originairement situé en dehors de l'enceinte militaire de la Cité, puisque le rempart a été retrouvé, en 1711, sous le sanctuaire de la cathédrale.

PRIEURÉ DE SAINT-DENIS-DE-LA-CHARTRE.
(V⁰ Station.)

La cinquième station était l'église de Saint-Denis-de-la Chartre, où la tradition faisait subir à l'apôtre une détention et la torture, avant son martyre à Montmartre. Une crypte située sous la chapelle était

considérée comme sa prison. Le plan gravé à la planche II fait voir
les dispositions de l'édifice. On montait à un étroit parvis avant
d'entrer dans la nef, qui avait 9ᵐ,50 de largeur sur 20 mètres de
long; deux escaliers conduisaient à la crypte. Le chœur et le sanctuaire étaient situés au fond de l'édifice. Les bâtiments du prieuré.
une vaste cour et un jardin, formaient l'ensemble du plan général.

ABBAYE DE MONTMARTRE.

(vɪᵉ Station de saint Denis.)

Le tableau du xvᵉ siècle publié à la planche VIII de la monographie de Saint-Germain-des-Prés fait voir la colline de Montmartre et
l'abbaye construite par Louis le Gros et la reine Adélaïde en 1133.
Un calque fait sur le tableau, reproduit ici l'abbaye et les objets qui
l'avoisinaient lorsque l'abbé de Saint-Germain-des-Prés, Guillaume III,
fit exécuter cette peinture. A la gauche du monastère est figuré un
fragment d'édifice, et, plus bas, la chapelle du martyre qui, depuis
des siècles, était un lieu de pèlerinage, et que l'on considérait comme
la vɪᵉ et dernière station de saint Denis; cette croyance s'accrut par la
découverte qu'on fit, le 13 juillet 1611, d'une crypte profonde située
à l'orient de cette chapelle, et qui contenait un autel grossièrement
exécuté, et au-dessus une croix carrée gravée dans le mur, selon le
procès-verbal publié par les historiens du temps, croix de forme
grecque, comme on les faisait dans les premiers siècles chrétiens.
D'autres croix et des fragments d'inscriptions étaient gravés sur les
parois de cette crypte.

Planche
III.

VUE DE L'ABBAYE ET DU PRIEURÉ, AU XVIIᵉ SIÈCLE.

Au bas de la planche est gravée une vue générale de l'abbaye, à
laquelle est joint le prieuré, qui, le 7 juin 1622, ajouté à la chapelle
du martyre, fut achevé, en 1681, par les soins de Louis XIV. Ces
deux maisons religieuses étaient reliées par de longues galeries, construites par les soins de l'abbesse Renée de Guise: elles permettaient

aux dames de communiquer facilement de l'une à l'autre communauté. Une enceinte générale les réunissait, et de vastes jardins y étaient établis. Un plan géométral, publié à la planche VII, complète les notions nécessaires à l'intelligence de la vue perspective gravée sur cette planche III.

ABBAYE DE MONTMARTRE.

VUE DE L'ÉGLISE ET EMPLACEMENT DU CLOÎTRE.

Planche IV.

Montmartre put être, dans l'antiquité, un lieu consacré au culte de divinités païennes; les anciens choisissaient les lieux élevés pour y placer les temples. Frédégaire au VIII° siècle, Hilduin au IX°, le moine Abbon à la même époque, nomment cette colline *mons Mercurii, mons Martis*. Quoi qu'il en soit, l'église actuelle de Montmartre, dont une vue est gravée sur la planche IV, contient, dans sa partie orientale, des colonnes en granit, qui ne peuvent être que des restes d'édifices romains; Louis le Gros et la reine Adélaïde en firent usage lorsqu'ils fondèrent l'abbaye en 1133. La même église renferme, à l'entrée des nefs, des colonnes de marbre d'Aquitaine surmontées de chapiteaux mérovingiens ornés de la croix, détails d'architecture qui ne peuvent provenir que d'un édifice consacré, durant les premiers siècles du christianisme à Paris, à la mémoire de saint Denis. Ce serait donc avec des débris romains et mérovingiens qu'aurait été construite l'église actuelle de Montmartre. La vue gravée sur la planche IV fait voir des restes du cloître, du chœur des religieuses, et des fragments d'architecture qui étaient encore debout il y a peu d'années, lorsqu'on établit sur la façade méridionale de l'église un calvaire qui en a fait disparaître les dernières traces.

VOÛTE DANS L'ENCEINTE DE L'ABBAYE.

La vue gravée au bas de la planche IV fait voir une voûte qui existait entre l'église actuelle et le prieuré, avant que des rues nouvelles eussent entièrement dénaturé l'ancien enclos de l'abbaye. Cette voûte paraissait, par sa forme en plein cintre, de construction contemporaine des plus anciennes parties de l'église; une niche encadrée d'architecture du moyen âge était située au fond de cette cave, dont la façade, presque entièrement détruite lorsqu'elle a été dessinée, n'offrait plus qu'une ruine.

ABBAYE DE MONTMARTRE.

VUE DE L'ABBAYE ET DU PRIEURÉ DE MONTMARTRE, EN 1625.

La gravure de la planche V est exécutée d'après un dessin de Stella conservé à la Bibliothèque impériale; on y voit l'abbaye de Montmartre du côté de Paris, et comme elle était au commencement du XVIIe siècle. L'église avait encore un clocher placé au-dessus du chœur, ainsi qu'on le voit sur le tableau déjà cité, et qu'avait fait peindre l'abbé de Saint-Germain-des-Prés, Guillaume III, au XVe siècle. (Voy. pl. III.) Au sud de l'église, la gravure fait voir les bâtiments qui entouraient le cloître, et l'extrémité, en forme de pignon, du chœur et du dortoir des religieuses. Le cimetière, au milieu duquel est une croix, était en avant des lieux réguliers et des dépendances situées à l'ouest.

Plus bas, à mi-côte, s'élève la chapelle du martyre telle qu'elle fut reconstruite à la fin du XVe siècle; auprès sont des habitations de chapelains. Dès l'année 1306 l'abbesse de Montmartre, Ade de Mincy, s'était proposé d'y construire un prieuré. Ce fut dans cette chapelle, qui tous les ans attirait un grand nombre de pèlerins et les processions des paroisses de Paris, qu'en 1534 saint Ignace de Loyola, accompagné de saint François Xavier, fit vœu de fonder la société de Jésus. En faisant faire une réparation à l'abside de cette même chapelle, en 1611, Marie de Beauvilliers, abbesse de Montmartre, conduisit à la découverte de la crypte souterraine mentionnée dans l'explication de la planche IV. Louis XIV fit agrandir la chapelle, qu'on surmonta d'un dôme, et reconstruire le prieuré tels qu'ils sont retracés au bas de la planche III.

Planche V.

Un grand bâtiment carré, figuré en avant de la chapelle sur la planche, fut exécuté alors pour servir d'entrée à l'enclos; ce bâtiment, conservé jusqu'à nos jours, a été détruit récemment pour le percement d'une rue qui traverse cette partie de l'enceinte des deux maisons religieuses.

ABBAYE DE MONTMARTRE.

Planche
VI.

La première tombe gravée sur la planche VI est celle de Marguerite de Mincy, religieuse de Montmartre, morte en 1309, et sœur de l'abbesse Ade de Mincy, nommée en 1300 et morte en 1317. Cette abbesse, suivant l'histoire du monastère, aurait eu la première pensée d'établir un prieuré auprès de la chapelle du martyre.

La seconde tombe est celle de Catherine de Clermont, nièce de Diane de Poitiers, abbesse de Montmartre en 1548, morte le 11 septembre 1589, et enterrée au milieu du chœur des religieuses. Cette tombe fut exécutée par les soins de Claude de Beauvilliers, nièce de Catherine de Clermont, et qui lui succéda dans la direction de l'abbaye de Montmartre, qu'elle quitta bientôt après pour l'abbaye du Pont-aux-Dames. Ce fut en 1611, sous l'administration de Marie de Beauvilliers, autre nièce de Catherine de Clermont, que fut découverte la crypte du martyre. Les tombes de Marguerite de Mincy et de Catherine de Clermont ont été détruites.

Au milieu de la planche VI est gravée une vue qui représente la chapelle du martyre dessinée lorsqu'elle était en partie démolie en 1790. On y reconnaît les deux étages qui étaient desservis chacun par un chapelain particulier. La partie basse, qu'on nommait la cave Saint-Denis, était celle qui attirait les nombreux pèlerins, et dans laquelle saint Ignace de Loyola, saint François Xavier, le cardinal de Bérule, saint Vincent de Paul, saint François de Sales, vinrent se recueillir. Les orfévres de Paris y avaient depuis longtemps érigé une confrérie. Des inhumations y avaient été faites, et on y déposait le cercueil des abbesses en attendant le jour de leurs funérailles.

MONTMARTRE.

PLAN GÉNÉRAL.

La planche VII présente un plan général de la colline de Mont- Planche
VII.
martre et sa position à l'égard de l'ancienne enceinte de Paris; la
circonscription de l'abbaye et du prieuré y est tracée telle qu'elle
existait en 1790, lors de la suppression des deux monastères; dans
cette enceinte sont indiqués les divers bâtiments qui composaient
l'une et l'autre de ces maisons religieuses.

Les diverses sources d'eau sont placées sur ce plan comme des
points de repère qui n'ont pu changer depuis l'antiquité; l'une d'elles,
située à l'ouest, a porté longtemps le nom de fontaine de Mercure;
une tête de ce dieu a été trouvée, en 1789, dans la même région
de la colline, lorsqu'on exécuta la grande voie appelée alors *Chemin
neuf*; on peut donc admettre qu'un édifice consacré à Mercure était
placé sur le point le plus élevé de la colline vers l'occident.

Une seconde source, située sur le versant nord de Montmartre et
nommée *Fontaine du But*, donnait de l'eau à une construction antique
placée dans le voisinage, et qu'on a appelée *le Trésor*. Cet édifice est
publié à la planche VIII des antiquités romaines. Enfin, au sud et à
peu de distance de l'église actuelle de Montmartre, qui était l'église
abbatiale, des fragments de construction et des tuiles romaines,
trouvés, il y a peu d'années, sur la partie qui forme terrasse vers
Paris, l'emploi de colonnes antiques dans le chœur de l'église construite sous Louis le Gros, peuvent faire supposer qu'un monument
romain occupait cette place la plus apparente vers l'ancienne Lutèce;
c'était peut-être le temple de Mars. Sur les planches qui vont suivre,
l'église abbatiale de Montmartre est dessinée dans ses nombreux détails, comme, sur les précédentes, ont été réunis les divers documents applicables à la chapelle du martyre.

ÉGLISE SUPÉRIEURE, ABBAYE DE MONTMARTRE.

CHAPITEAUX EN MARBRE BLANC DE L'ÉGLISE PRIMITIVE.

Planche
VIII.

Les chapiteaux en marbre blanc gravés sur la planche VIII se voient dans l'ancienne église abbatiale de Montmartre aujourd'hui paroisse; ils sont, malgré leurs formes antiques, d'origine chrétienne; la croix primitive gravée sur la volute de celui qui est dessiné à droite ne laisse aucun doute à cet égard. Quiconque connaît la pureté des formes du chapiteau corinthien remarquera les altérations apportées par les sculpteurs chargés d'exécuter ceux-ci. Tous les détails en sont barbares, les bonnes proportions y ont été méconnues, bien qu'on y retrouve les divers rangs de feuilles, les volutes et d'autres détails imités de l'antique. Ces chapiteaux démontrent donc qu'un édifice chrétien probablement d'origine mérovingienne, avait été élevé au sommet de Montmartre, et la tradition qui en faisait le lieu du martyre de saint Denis dut contribuer à faire élever ce monument.

Le premier chapiteau gravé sur la planche VIII est celui qui a le plus d'analogie avec le corinthien; les deux rangs de feuilles d'acanthe sont régulièrement disposés, les feuilles elles-mêmes ont été divisées comme faisaient les anciens; plus haut, les grandes et les petites volutes, bien que dépourvues de détails délicats, sont supportées par des tiges ornées de feuillages, le tailloir n'est qu'épannelé, le fleuron a perdu son caractère; c'est une sorte de console striée en forme de palmette. Ce chapiteau, placé dans le chœur de l'église, repose sur une colonne de granit haute de 3^m,90, qui, par ses dimensions, son galbe et la matière qui la compose, dut faire partie d'un monument païen.

Le chapiteau gravé à la droite de la planche, celui sur lequel on voit une croix, est divisé, comme le premier, en deux rangs de feuilles exécutées par une main barbare, les volutes sont simples et sans tiges, un fleuron de composition singulière orne le milieu du tailloir, qui est droit et strié. Ce chapiteau, situé à l'entrée de l'église, est porté par une colonne en marbre noir et blanc dit *grand antique*, que les rois mérovingiens faisaient venir d'Aquitaine; la colonne a 2^m,56 de hauteur.

Au milieu de la planche est gravé un troisième chapiteau en marbre, qui fut trouvé il y a peu d'années dans le mur méridional de l'église, alors en réparation; il est, comme les précédents, d'origine mérovingienne, ce qu'indique l'exécution barbare des ornements. Une tête d'homme occupe la place du fleuron. Ce chapiteau a été déposé, lors de sa découverte, au musée de Cluny.

ÉGLISE DE MONTMARTRE.

CHAPITEAUX EN MARBRE, DE LA NEF ET DU CHŒUR.

La planche IX contient trois chapiteaux en marbre qui complètent la suite réunie dans l'église de Montmartre. Le premier est placé auprès de la porte, à l'entrée de la nef principale; il rappelle les formes corinthiennes; on y trouve les grandes et les petites volutes dépourvues de tiges. Les deux rangées de feuilles d'acanthe, disposées autour de la corbeille, se divisent en grandes folioles très-aiguës encadrant les petites, qui prennent l'aspect de palmettes; une colonne en marbre noir et blanc d'Aquitaine, portée par une base, sert de support à ce chapiteau.

Le fragment dessiné au milieu de la planche est aussi à l'entrée de l'église; on l'a mutilé pour le mettre à cette place, et l'une de ses volutes est enclavée dans la pierre d'un pilier carré contre lequel il est appuyé. Ce chapiteau est plus élégant et d'un meilleur style que les précédents, bien qu'il soit contemporain; l'exécution en aura été confiée à une main plus habile. Sa forme est composite, ses volutes simples sortent directement des grandes feuilles et sont ornées de rosaces. La corbeille, entourée de canaux, est couronnée d'un ornement formé d'hexagones encadrés de filets. Le fleuron a été remplacé par une console couverte d'écailles.

Le troisième chapiteau placé dans le chœur de l'église est com-

Planche
IX.

posite, le rang inférieur des feuilles d'acanthe a été mutilé; en haut
de la corbeille est un chapelet de perles surmonté d'oves entre lesquels a été sculpté un maigre ornement qui remplace les flèches; aux
volutes d'angle sont substituées des cornes anguleuses qui supportent
les extrémités d'un tailloir orné d'oves de petite dimension. Le fleuron
est formé de canaux surmontés de fruits. Une colonne en granit, enlevée d'un édifice romain et dont la hauteur totale est de 3^m,16,
porte ce chapiteau.

MONTMARTRE.

DÉTAILS DU PRIEURÉ.

Planche
X.

Au milieu de la planche X est gravée une statue à genoux qui représente saint Denis en prière; elle a été exécutée par Jacques Sa-
rasin, célèbre sculpteur du xviie siècle; elle était placée dans l'église
du prieuré de Montmartre; lorsque cette maison fut détruite après
la révolution de 1789, la statue de saint Denis fut recueillie par
Alexandre Lenoir, au musée des monuments français, le 20 prairial
an ii de la République; elle est placée aujourd'hui dans l'église des
Capucins du Marais, rue Charlot.

Les divers fragments qui accompagnent cette figure sur la planche
proviennent de l'église du prieuré; ils ont été découverts à plusieurs
époques, lorsque des constructions modernes ont été élevées sur l'emplacement de cette maison religieuse. Mis successivement en dépôt
dans l'église abbatiale, devenue la paroisse de Montmartre, ils ont été
transportés au musée de Cluny. On y voit les deux faces d'une croix
sculptée en pierre : sur l'une est un Christ, sur l'autre la Vierge portant l'enfant Jésus. Ces deux figures ont été mutilées. Au bas de la
planche sont reproduits deux couronnements, ornés l'un de fruits
et l'autre d'une tête d'ange, un fragment de chapiteau corinthien et
un soubassement orné de perles et d'une inscription du xvie siècle;
ils terminent cette réunion de détails du prieuré qui a complétement
disparu du sol de Montmartre.

ABBAYE DE MONTMARTRE.

PLAN GÉNÉRAL DE L'ABBAYE ET DÉTAILS DES CITERNES.

La suppression de l'abbaye et du prieuré de Montmartre, opérée
en 1790, ne fit pas entièrement disparaître toutes les constructions
de ces deux monastères; les parties qui ont survécu, après la vente
qui en fut faite alors comme biens nationaux, sont indiquées par une
teinte noire sur le plan gravé à la planche XI. L'église, située au
sommet de la colline et construite sous le règne de Louis le Gros,
lorsqu'il fonda l'abbaye en 1133, fut conservée pour le service paroissial de Montmartre; le mur d'enceinte des lieux réguliers qui
étaient situés autour de cet édifice resta debout comme nécessaire à
son isolement des propriétés voisines; c'est entre lui et l'église que
s'élèvent aujourd'hui les chapelles du Calvaire. Quelques acquéreurs
des terrains environnants conservèrent, à l'est et au bas de la côte,
vers l'ancien prieuré, des murailles qui formèrent leurs limites. Enfin,
deux bâtiments restés debout et l'ancienne porte du prieuré n'ont
été détruits que récemment, lorsque des rues nouvelles ayant été
percées on y fit élever des maisons modernes.

Au bas de ce plan général, la planche XI conserve le souvenir
d'une citerne et d'un aqueduc construits autrefois pour le service de
l'abbaye, et qui ont été détruits lors des nombreuses modifications
des lieux. La grande citerne, dont un plan et deux coupes transversales sont gravées d'abord, était située à l'angle que formaient les lieux
réguliers avec le parvis de l'église; l'aqueduc était plus à l'est et avait
pour but le dégagement des eaux pluviales provenant du cloître et
des bâtiments situés auprès; enfin, une construction, dont le plan
carré et la voûte en plein cintre avaient trois mètres d'ouverture,
était destinée à soutenir les terres vers la plus grande pente de la
colline et formait une grotte au nord du grand jardin de l'abbaye.

Planche
XI.

ABBAYE DE MONTMARTRE.

DÉTAILS.

Planche
XII.

Les nombreux détails provenant de l'abbaye de Montmartre, gravés sur la planche XII, avaient été successivement recueillis dans l'église ou sur le terrain occupé autrefois par le cloître et autres lieux réguliers du monastère, lorsqu'on en faisait la découverte; ils ont été presque tous transportés au musée de Cluny il y a peu d'années.

Le premier fragment est un chapiteau qui paraît avoir fait partie du cloître, où il a été découvert, ainsi que deux fragments d'un pilier d'angle gravés plus bas; l'un contient des bases et l'autre des chapiteaux du xve siècle. Ces fragments indiquent que des changements auraient été apportés au cloître, dont le chapiteau isolé et datant du xiie siècle a fait partie. L'*Ecce homo* et le fragment de statue de femme gravés en haut de la planche sont plus modernes et décoraient l'une des salles du couvent.

Au bas de la planche sont trois fragments de tombes d'abbesses : la première et la dernière, plus larges par le haut que par le bas, étaient décorées de grandes croix dans le style du commencement du xiiie siècle. Au milieu est reproduite une grande pierre tumulaire, moins mutilée et moins ancienne que les précédentes, et sur laquelle une tour et deux fleurs de lis accompagnent la représentation d'une abbesse portant sa crosse. Cette pierre, du xiiie siècle, fut placée, à l'époque de la destruction de l'abbaye, en avant de la fontaine du But dont elle forme la margelle; c'est de tous ces fragments le seul qui ne soit pas déposé au musée de Cluny. Malheureusement on ne lit aucun nom autour de ces trois tombes; on n'en peut donc tirer aucun renseignement sur les abbesses dont elles couvraient les restes.

ÉGLISE DE MONTMARTRE.

PLAN.

Planche
XIII.

Le plan de l'ancienne église abbatiale de Montmartre, construite sous le règne de Louis le Gros, en 1133, et gravé sur la planche XIII,

a la forme et les principales dispositions des édifices religieux du
xiie siècle. Il est divisé en trois nefs séparées par de gros piliers composés de faisceaux de colonnes; après la troisième travée, des piliers
plus forts que les précédents semblent indiquer que là se terminait
la partie de l'église consacrée au public et commençait le chœur; la
travée suivante est aussi limitée à l'est par des piliers importants qui
se reproduisent, au delà des transepts, à l'entrée du sanctuaire. Au
sud s'étendait, vers les lieux réguliers, une partie ajoutée au transept.
et qui devait être la tribune ou chœur des religieuses. Trois absides.
soutenues par des contre-forts très-saillants, terminaient l'édifice à l'est.

La façade de l'église sur le parvis a été construite au xviie siècle;
le clocher, dont la partie inférieure contient les fonts baptismaux, date
de la même époque. Une sacristie moderne a été ajoutée au nord,
au delà du clocher. A partir de l'extrémité des nefs, l'édifice étant en
très-mauvais état dans toute sa partie orientale, un mur moderne.
indiqué au trait sur le plan, y a été élevé jusqu'aux voûtes pour limiter
là l'église; l'autel est appuyé contre ce mur.

Quatre détails des principaux piliers sont gravés aux angles de ce
plan. Au n° 1 est un de ceux qui, situés entre la grande porte et celles
du nord et du midi, sur la façade occidentale, sont ornés de colonnes
en marbre d'Aquitaine et portant des chapiteaux mérovingiens. Le
pilier n° 2 est un de ceux qui séparent la nef principale des collatéraux; au n° 3 est figuré le gros pilier qui, du côté de la sacristie.
commence la quatrième travée; au n° 4 est le pilier septentrional de
l'entrée du sanctuaire; plus loin, auprès de deux petites portes, on
voit deux colonnes légèrement teintées, ce sont celles qui, exécutées
en granit, portent aussi des chapiteaux mérovingiens.

ÉGLISE DE MONTMARTRE.

ABSIDE ET COUPES.

L'abside principale de l'église de Montmartre est peu élevée:
quatre contre-forts très-saillants maintiennent la poussée des voûtes:

Planche
XIII bis.

les retraites établies sur les murs se reproduisent à leur base. Trois baies décorées de colonnettes et surmontées d'arcs aigus sont pratiquées symétriquement entre ces contre-forts; une corniche très-simple, dont les moulures sont interrompues par des corbeaux, couronne l'ensemble. Au-dessus du toit, comme l'indique la planche XIII *bis,* paraît le pignon supérieur de l'édifice. Les deux petites absides, placées latéralement à la grande, sont soutenues aussi par des contre-forts; leurs baies en plein cintre et encadrées d'une moulure sont dominées par une corniche à modillons; au-dessus des toits paraissent des murs de transepts en partie démolis.

La coupe transversale tracée sur les transepts, en regardant l'orient, indique les dispositions intérieures de l'abside et du sanctuaire, ainsi que le désordre apporté par la destruction dans les transepts. L'entrée de la petite abside du midi a conservé son caractère primitif; celle du nord a été grossièrement refaite.

La coupe longitudinale semble indiquer, comme le plan, que les trois premières travées des nefs devaient seules être livrées aux fidèles. De grands arcs aigus séparent la nef principale des collatéraux; au-dessus de ces arcs est une tribune formée de colonnettes isolées au milieu de baies carrées. Les fenêtres qui éclairent la nef sont ouvertes plus haut, près des voûtes; au delà des trois premières travées, les gros piliers portent un arc en plein cintre surmonté de deux baies aiguës, qui devaient former aussi une tribune. Après les transepts les voûtes du sanctuaire s'abaissent; celles de l'abside sont supportées par de minces colonnettes; c'est auprès des petites portes latérales, figurées dans le sanctuaire, que s'élèvent les colonnes de granit surmontées de chapiteaux mérovingiens.

ÉGLISE DE MONTMARTRE.

DÉTAILS DU XIIe SIÈCLE.

Planche
XIV.

Les différents détails dessinés sur la planche XIV ont été recueillis dans diverses parties de l'église. Les deux petits chapiteaux placés en haut proviennent des nefs latérales où ils soutiennent les retombées des voûtes; au milieu est un de ceux qui, accolés aux gros piliers de séparation de la nef principale et des collatéraux, supportent les grands arcs dominés par la tribune. Une corniche qui règne dans les parties hautes de la nef principale, à l'extérieur, est dessinée au bas de la planche à gauche; elle est composée de corbeaux soutenant une assise saillante sur le devant de laquelle sont taillées des pointes de diamants.

Au bas, à droite de la planche, est figurée la disposition de l'une des baies de la tribune ouverte sur la grande nef; les colonnettes qui la divisent sont doublées dans l'épaisseur du mur; sur leurs chapiteaux repose un épais couronnement qui leur est commun et a été formé d'une seule pierre pour supporter le linteau de la baie. Des changements survenus dans les dispositions de l'église ont fait supprimer la tribune à laquelle on devait se rendre par l'intérieur du monastère, puisque aucun escalier accessible aux fidèles n'est ménagé dans les constructions occidentales de l'édifice; la suppression de cette tribune, qui devait régner dans toute l'étendue des bas-côtés, au-dessus de leurs voûtes, a conduit à en murer les baies : c'est dans cet état qu'elles se trouvent aujourd'hui. Les combles des bas-côtés ont été abaissés au-dessous de l'ancienne place occupée par la tribune.

ÉGLISE DE MONTMARTRE.

DÉTAILS.

Les chapiteaux, dessinés à gauche en haut de la planche XIV *bis*, supportent les arcs placés à l'entrée de la petite abside méridionale; ils sont décorés de palmettes ajustées avec l'originalité qui caractérise le commencement du xiiᵉ siècle. Sur l'intrados de l'arc principal sont tracés les restes d'une peinture d'ornement, contemporaine de la construction de cette abside qui est une des parties les plus anciennes de l'église de Montmartre.

Planche
XIV *bis*.

7

Le détail suivant est à l'entrée de l'abside principale; l'un des chapiteaux fait voir un homme debout entre deux animaux fantastiques; auprès est le sommet d'une colonne de granit qui porte un chapiteau en marbre d'origine mérovingienne, gravé à la planche VIII.

Les deux détails dessinés au milieu de la planche occupent les extrémités des collatéraux, auprès du mur moderne qui limite l'église à l'orient; sur les premiers chapiteaux sont ajustés avec goût d'amples feuillages, sur les seconds ont été sculptés des oiseaux, puis un homme vêtu d'une longue tunique et tenant une chèvre par la queue.

Au bas de la planche, le premier dessin s'applique à l'une des colonnettes qui supportent les nervures des voûtes de la grande abside; il est orné de nombreux feuillages; auprès on voit une partie d'un des chapiteaux mérovingiens gravés à la planche IX. Les fonts baptismaux de Montmartre datent du commencement du XVIe siècle; deux figures d'enfants, terminées par des enroulements de feuillages, soutiennent un écusson sur lequel sont sculptées les clefs de saint Pierre, patron de l'église. La planche est terminée par le dessin d'une clef de voûte surmontée d'une crosse et portant les armoiries d'une abbesse qui, sous le règne de François Ier, lorsque le monastère était très-florissant, fit construire les voûtes de la nef.

ABBAYE DE SAINTE-GENEVIÈVE.

TOMBES DE CLOVIS ET DE SA FAMILLE

TROUVÉES DANS LE CHŒUR DE L'ÉGLISE EN 1807.

Planche I.

Après la défaite et la mort d'Alaric II, roi des Visigoths, à la bataille de Vouglé, Clovis et sainte Clotilde firent élever une basilique dédiée aux apôtres saint Pierre et saint Paul sur la montagne nommée depuis *Sainte-Geneviève*. Ils y furent enterrés, ainsi que leur fille Clotilde, reine d'Espagne, et les deux jeunes princes Théodovalde et Gonthaire, fils de Clodomir, assassinés par leur oncle Clotaire Ier. En 1807, l'administration des domaines faisant détruire les restes de l'église qui, à la fin du XIIe siècle, avait remplacé la basilique

élevée par Clovis, on découvrit sous le chœur cinq cercueils en
pierre, dont trois étaient ornés de croix multiples, dans le style mérovingien; les deux autres tombeaux, sans ornements, étaient ceux
de deux enfants. Depuis le xii⁰ siècle jusqu'à l'époque de la révolution de 1789, une statue couchée de Clovis, publiée à la planche III,
avait occupé le milieu du chœur de l'église abbatiale de Sainte-Geneviève. Les cinq cercueils gravés sur la planche Iʳᵉ furent trouvés
au-dessous de l'emplacement qu'avait occupé cette statue pendant
six siècles; on a été autorisé à croire qu'ils avaient contenu les corps
de Clovis, de sa femme, de leur fille et des deux jeunes princes. A
l'époque de leur découverte, ces tombeaux ont été transportés au
musée des Monuments français, où ils sont restés jusqu'en 1817;
depuis lors ils ne se sont pas retrouvés.

ABBAYE DE SAINTE-GENEVIÈVE.

TOMBES TROUVÉES DANS L'ÉGLISE EN 1807.

Les fouilles opérées, en 1807, sous le sol de l'ancienne église
abbatiale de Sainte-Geneviève, ont fait découvrir les divers cercueils
gravés sur la planche II. Ils étaient ornés, pour la plupart, à leurs
extrémités, de croix barbares, comme on les exécutait dans les premiers siècles du christianisme en France. Celui qui est gravé sous
le n⁰ 1 présente, en outre, une palme semblable à celles qu'on voit
sur les tombeaux des catacombes. Les cercueils marqués des n⁰ˢ 2, 4
5 et 6, étaient fermés avec des couvercles de diverses espèces, et qui
sont représentés au-dessus de chacun d'eux. Le n⁰ 3 est surmonté du
cercueil ouvert. La tombe n⁰ 7 est supposée coupée en travers par
la moitié ainsi que son couvercle en dos d'âne.

Au milieu de la planche on voit un cercueil plus grand que les autres,
et dans lequel on a trouvé un squelette enveloppé encore des restes
d'un vêtement; aux quatre angles du cercueil étaient déposés des
vases de terre jaune dont un est reproduit au n⁰ x. Ces vases étaient
ornés de bandes parallèles peintes en rouge; ils contenaient du char-

Planche
II.

bon indiquant qu'on y avait brûlé des parfums au moment de la cérémonie funèbre pour atténuer les exhalaisons du corps, ce qui se pra-
tique encore chez les chrétiens orientaux. On plaçait ensuite ces vases
auprès du défunt dans le tombeau. Le fragment gravé au n° VIII, découvert avec les cercueils, provenait de la décoration de l'église, et
au n° IX sont dessinés les débris d'une amphore antique trouvés aussi
dans les fouilles.

ABBAYE DE SAINTE-GENEVIÈVE.

TOMBEAU DE CLOVIS.

Planche
II *bis*.

Au milieu du chœur de l'ancienne église abbatiale de Sainte-Geneviève, sur le pavé qui couvrait les sarcophages publiés à la planche I,
s'élevait un long piédestal qui portait la statue de Clovis, reproduite
sur la planche II *bis*. Une inscription latine, gravée sur l'un des côtés
du piédestal et traduite en français sur l'autre côté, indiquait les principaux traits de la vie du roi, et faisait connaître qu'il était enterré
dans ce lieu; cette inscription, publiée par les anciens historiens de
Paris, fut remplacée par une autre plus brève lorsque les chanoines
de Sainte-Geneviève firent refaire en marbre le piédestal originairement en pierre.

La statue publiée sur la planche fut recueillie par A. Lenoir, au
musée des Monuments français en 1791. Elle se voit maintenant dans
l'église de Saint-Denis, à la première travée de l'abside, au nord.
Clovis est représenté avec la couronne sur la tête et le sceptre à la
main; sa chevelure est longue ainsi que sa barbe; il est vêtu d'une
grande tunique et d'un manteau dont il tient les cordons de la main
gauche. Une ceinture, à laquelle pend une escarcelle, lui ceint la
taille; ses pieds, chaussés de souliers bouclés, s'appuient sur un lion
étendu; cette sculpture paraît être de la fin du XIIᵉ siècle. Un profil
de la statue et un détail de l'ornement du coussin complètent la
planche.

ABBAYE DE SAINTE-GENEVIÈVE.

PLAN GÉNÉRAL.

La basilique de Saint-Pierre et Saint-Paul, depuis de Sainte-Geneviève, fondée par Clovis et sainte Clotilde, s'élevait sur une colline qui servait de sépulture, comme le démontre la découverte du tombeau gravé à la planche XXVI des Antiquités romaines. Des clercs ou chanoines desservirent cette basilique; ce fut l'origine de l'abbaye.

Planche III.

Le plan général gravé à la planche III indique la forme et l'étendue de l'enceinte de cette maison célèbre; l'église en *A* est celle qui fut construite au XIIe siècle pour remplacer la basilique détruite par les Normands. En *B* était le cloître refait sous Robert le Pieux. La salle capitulaire *C*, le réfectoire *D*, les cuisines et une chapelle voisine dédiée à Notre-Dame de Miséricorde, dataient du XIIIe siècle. La cour des Abbés *E*, ainsi que les autres dépendances, avait été élevée au XVIIe et au XVIIIe siècle.

Le plan fait voir, en outre, en J, l'église de Saint-Étienne-du-Mont, qui fut construite auprès de la basilique, sous le règne de François Ier, dans l'enceinte de l'abbaye, pour remplacer, par une paroisse devenue nécessaire, une chapelle qui avait appartenu aux religieux et qui ne pouvait plus suffire aux habitants du quartier de Sainte-Geneviève. Devant l'église, dans une enceinte formée par une suite de bornes, était placé le poteau de justice de l'abbé.

On entrait dans la maison religieuse par une double porte située au point I du plan, et, après avoir traversé diagonalement une vaste cour, on franchissait une seconde porte pour arriver à un portique double qui avait été construit par le P. De Creil, religieux génovéfain, habile architecte. On lui devait aussi le vaste portique d'architecture dorique dont était décorée la cour des Abbés située en E, ainsi qu'un bel escalier qui conduisait aux dortoirs, à la célèbre bibliothèque des religieux et à leur précieux cabinet d'antiquités. Le dôme qui surmontait cette bibliothèque, à l'endroit où elle formait une croix, se voyait au-dessus de cet escalier. En F était le vaste jardin des abbés entouré d'une belle terrasse dont une partie existe encore aujourd'hui. Au point H s'élevait l'habitation de l'un des dignitaires de l'abbaye; c'est à cette place et sur celle des dépendances qui l'avoisinaient qu'en 1757 furent commencés les travaux de construction de la nouvelle église de Sainte-Geneviève, d'après les dessins de l'architecte Soufflot.

ABBAYE DE SAINTE-GENEVIÈVE.

PLAN DE L'ÉGLISE.

Planche
IV.

Le plan de l'ancienne église abbatiale de Sainte-Geneviève n'était pas très-étendu : il avait 65 mètres de longueur et 20 mètres de largeur hors œuvre. La disposition des trois nefs situées à l'occident et réservées aux fidèles différait de celle du chœur et de ses bas-côtés en ce que les voûtes des premières étaient supportées par des colonnes de différents diamètres et que les voûtes du chœur reposaient sur des piliers carrés. Un jubé et des clôtures séparaient ces deux parties distinctes de l'église.

Le public entrait dans les trois nefs antérieures par quatre portes, dont trois à la façade occidentale et une au côté du nord; cinq autels décorés de colonnes ornaient les murs latéraux des bas-côtés. Au milieu du chœur s'élevait le sarcophage qui portait la statue de Clovis; plus loin, quelques marches conduisaient du chœur au sanctuaire; au delà du maître-autel, quatre colonnes, disposées sur un piédestal carré, portaient la châsse de sainte Geneviève; une sacristie placée au sud et quatre chapelles d'abside complétaient cette partie du plan. La grande chapelle carrée située dans l'axe de l'église était consacrée à sainte Clotilde. Ses reliques enlevées de son cercueil y reposaient dans une châsse. Entre cette chapelle et la sacristie était la chapelle de la Rochefoucauld contenant le tombeau de ce bienfaiteur de l'abbaye.

Par le bas-côté, situé au midi du chœur, on pouvait aller au cloître, à la tour, au sanctuaire et à la crypte de sainte Geneviève. Le bas-côté

du nord donnait entrée à la grande chapelle construite au XIIIe siècle
pour servir de paroisse, et remplacée, sous le règne de François Ier,
par l'église de Saint-Étienne-du-Mont; au delà de cette chapelle, le
même bas-côté conduisait au sanctuaire et à la crypte par des escaliers
semblables à ceux qui étaient disposés au midi pour le même usage.

ABBAYE DE SAINTE-GENEVIÈVE.

PLAN DE LA CRYPTE ET DES SÉPULTURES.

La planche V indique les dispositions générales de la crypte de
l'église abbatiale de Sainte-Geneviève, telles que le cardinal de la
Rochefoucauld les avait fait modifier en 1628. On y descendait par
les deux escaliers situés à l'extrémité des bas-côtés du chœur tracés à
la planche IV. Ces escaliers, en s'approchant du sol de la crypte, dé-
viaient vers le centre pour donner accès à une galerie semi-circulaire
qui conduisait aux chapelles basses ainsi qu'à la partie centrale. Les
voûtes étaient supportées par des piliers et par des colonnes. Au milieu de cette église souterraine et directement au-dessous du maître-
autel s'élevait le tombeau de la sainte. Le cercueil était vide, les ossements ayant été placés dans la châsse située derrière l'autel principal
de l'église haute. Un monument en pierre contenait ce cercueil; des
grilles scellées entre les colonnes protégeaient l'ensemble du tombeau.
La chapelle souterraine placée dans l'axe de l'édifice contenait la sépulture d'un personnage dont le nom n'est pas connu ; auprès du
tombeau de sainte Geneviève et dans deux niches latérales étaient les
monuments de saint Céran et de saint Prudence, évêques de Paris.

La démolition de l'ancienne église abbatiale de Sainte-Geneviève,
opérée en 1807 pour le passage de la rue Clovis, fit découvrir les
tombes gravées sur les planches I, II, et un grand nombre d'autres
tracées sur la planche V. Au XIIe siècle, lors de la reconstruction de
l'édifice, ces anciens cercueils avaient été respectés; ceux de Clovis et
de sa famille occupèrent encore le milieu du chœur, au-dessous de la
statue du roi.

Planche
V.

Un cercueil en plomb, de forme assez ancienne, était dans un caveau de la quatrième travée du collatéral du nord; un autre cercueil semblable fut trouvé sous une salle basse, au nord de la crypte. Deux caveaux occupant la deuxième et la troisième travée du collatéral du nord étaient remplis de cercueils modernes.

ABBAYE DE SAINTE-GENEVIÈVE.

ÉGLISE.

Planche
VI.

Le plan gravé au bas de la planche VI est celui du sanctuaire de l'église abbatiale de Sainte-Geneviève, dessiné à la hauteur des fenêtres et de la naissance de la voûte. Les chapelles de l'abside et la sacristie y sont figurées par les toits qui les couvraient. A ce niveau et au nord du sanctuaire avait été construite une chambre particulière pour le duc d'Orléans (Louis, dit *le Dévot*), qui s'était retiré chez les Génovéfains; là il venait assister aux offices et autres cérémonies religieuses par une tribune disposée pour lui et qui s'ouvrait sur le sanctuaire de l'église; le plan indique ces dispositions. Le prince, qui s'était fait construire une habitation dans l'enceinte même de l'abbaye, montait à sa tribune par un petit escalier qui était placé auprès.

Au-dessous du plan des parties hautes du sanctuaire, la planche VI fait voir une coupe établie sur la crypte, sur le sanctuaire et sur les constructions accessoires. Par le dessin de la crypte, on voit les dispositions qui furent prises par ordre du cardinal de la Rochefoucauld, en 1628, pour la décorer de colonnes et de marbres qui n'y étaient pas avant cette époque.

Au-dessus, la coupe du sanctuaire indique les grands arcs aigus, la forme des voûtes, et l'aspect de la châsse de sainte Geneviève, supportée, derrière le maître-autel, par des colonnes et des statues.

Au nord sont figurées deux salles, l'une souterraine, l'autre au niveau du sanctuaire; elles supportaient la chambre ou tribune du duc d'Orléans, et plus haut une pièce de service. Du côté du midi, le dessin fait voir quel était l'aspect extérieur de la sacristie de l'église.

ABBAYE DE SAINTE-GENEVIÈVE.

VUE DE L'ÉGLISE.

La façade de l'église abbatiale de Sainte-Geneviève, gravée sur la planche VII, avait été reconstruite au xiiie siècle; elle présentait trois portails, un pour chacune des nefs de la partie consacrée au public; le portail du milieu était orné de trois statues, une de chaque côté, et celle de sainte Geneviève placée sur le trumeau qui divisait la porte d'entrée en deux baies. Des corniches partageaient l'ensemble de la façade en trois étages; celui du haut, terminé en pignon, contenait quatre fenêtres et une petite ouverture enfermée dans un cercle saillant; une croix en pierre était incrustée plus haut, et une croix en fer surmontait l'angle. A l'étage intermédiaire étaient deux grandes fenêtres, puis une rose subdivisée en onze ouvertures séparées par un nombre égal de colonnettes.

Au nord de cette façade, la planche fait voir une partie de la chapelle dédiée à saint Étienne et qui fut construite, au xiiie siècle, pour servir de paroisse aux habitants du quartier; on y entrait par l'église abbatiale de Sainte-Geneviève; devenue trop petite à la fin du xve siècle, on la rebâtit en entier : elle fut terminée sous le règne de François Ier, et la façade élevée en 1610. C'est aujourd'hui l'église de Saint-Étienne-du-Mont. Plus loin, du même côté septentrional, sont représentées deux tours, l'une ronde et l'autre carrée, qui occupaient l'angle de l'enceinte de l'abbaye, comme on peut le voir sur le plan général; elles ont été démolies il y a peu d'années. Le clocher qui paraît au-dessus de l'église existe encore : il était surmonté d'une flèche.

Au midi de la façade de l'église on voit le réfectoire des religieux, qui a été converti en chapelle pour l'usage du lycée Napoléon. La vue indique en avant le poteau de Justice de l'abbé; il était dans une enceinte formée par une série de bornes en pierre.

Planche
VII.

8

ABBAYE DE SAINTE-GENEVIÈVE.

FAÇADE DE L'ÉGLISE.

Planche
VIII.

Le dessin géométral de la façade de l'église abbatiale de Sainte-Geneviève, gravé sur la planche VIII, reproduit, sur de plus grandes dimensions que la vue perspective tracée sur la planche VII, l'aspect et les détails de cette partie importante de l'édifice telle qu'elle a été décrite à la planche précédente.

TOUR DE SAINTE-GENEVIÈVE.

La tour de l'église abbatiale de Sainte-Geneviève s'élève encore au-dessus des anciennes constructions affectées au service du lycée Napoléon ; elle a été construite à deux époques différentes ; la moitié inférieure, qui date de la période romane, est due au nommé Thibault, prêtre et chantre de l'église, comme on le voit dans un ancien nécrologe qui lui attribue la dépense de la construction. Le plan est carré, des contre-forts s'élèvent aux angles, les fenêtres sont en plein cintre, une tourelle contient l'escalier à vis. Ces anciennes dispositions de la tour basse ont été conservées lorsqu'on acheva le clocher au XVe siècle. De hautes fenêtres en ogive et géminées simulent deux étages dans la partie de la tour où furent placés le beffroi et les cloches ; deux balcons semi-circulaires placés l'un au-dessus de l'autre, entre la tourelle et le clocher, servent de communication pour faciliter le service qu'avaient à faire les sonneurs dans les deux divisions du beffroi. Les balustrades de ces balcons sont gravées à la gauche de la façade de la tour. Une balustrade supérieure, reproduite à la droite de la planche, s'élève au-dessus de la corniche de l'édifice, et six clochetons en pierre, dont un est gravé auprès de la coupe du clocher, surmontent les contre-forts qui s'élèvent depuis le sol jusqu'au sommet.

ABBAYE DE SAINTE-GENEVIÈVE.

COUPE LONGITUDINALE DE L'ÉGLISE.

La coupe longitudinale de l'église abbatiale de Sainte-Geneviève, gravée sur la planche IX, fait voir l'ensemble des dispositions intérieures. Les trois nefs consacrées au public étaient séparées entre elles par des colonnes de diamètres différents et couronnées de chapiteaux qui sont gravés aux planches XI et XII. Sur ces chapiteaux s'élevaient de minces colonnettes supportant les nervures des voûtes. Entre les grosses colonnes on voyait les chapelles d'architecture moderne qui étaient disposées dans la longueur des murs latéraux. Sous le sol de la nef principale ont été trouvés des tombeaux, dont quelques-uns sont gravés sur la planche II.

Le chœur était séparé de ses collatéraux par des piliers carrés qui s'élevaient jusqu'à la naissance des voûtes; ils portaient sur des consoles de légères colonnettes semblables à celles de la nef antérieure, ce qui ramenait de l'unité dans l'édifice. Derrière le premier pilier du chœur, la coupe laisse voir une colonne très-légèrement tracée : elle supportait deux arcs donnant entrée à la chapelle de Saint-Étienne, qui, depuis le xiiie siècle jusqu'à la fin du xve, servit de paroisse et fut remplacée par l'église actuelle de Saint-Étienne-du-Mont. Au milieu du chœur, la coupe montre le monument de Clovis surmonté de sa statue, et, sous le pavé du chœur, son tombeau et ceux de sa famille gravés à la planche I.

La coupe du sanctuaire indique d'abord l'escalier par lequel on y montait du chœur, puis un arc en plein cintre surmonté de la tribune du duc d'Orléans. Plus loin est la châsse de sainte Geneviève portée par des colonnes et des statues; au-dessus sont les voûtes et les hautes croisées du sanctuaire; la chapelle de sainte Clotide se développe ensuite. Un grand comble s'étendait de la façade jusqu'au sanctuaire : il s'abaissait ensuite au-dessus de ce dernier. La crypte se développait depuis le chœur jusqu'au fond de la chapelle de l'abside; elle avait

Planche
IX.

été décorée de colonnes de marbre en 1628; au milieu s'élevait le tombeau de sainte Geneviève, représenté sur la coupe et détruit en partie. Les tombeaux de saint Prudence et de saint Céran, évêques de Paris, étaient placés auprès.

ABBAYE DE SAINTE-GENEVIÈVE.

COUPES TRANSVERSALES DE L'ÉGLISE.

Coupe sur le chœur.

Planche X.

La coupe transversale établie sur le chœur en montre les dispositions principales, savoir : les piliers carrés, les colonnettes soutenues sur des consoles, les grands arcs latéraux et les voûtes; au milieu est vu, par l'extrémité, le piédestal qui portait la statue de Clovis et surmontait les cercueils gravés à la planche I. Dans les bas-côtés du chœur sont figurées les colonnettes soutenant les voûtes, puis les escaliers par lesquels on montait au sanctuaire et on descendait à la crypte. Dans le bas-côté du nord est figurée la colonne qui, en supportant deux arcs en plein cintre, séparait en deux parties les communications établies entre l'église abbatiale et la chapelle de Saint-Étienne, remplacée par l'église actuelle de Saint-Étienne-du-Mont.

Coupe sur la nef.

La seconde coupe gravée au bas de la planche X est tracée au milieu des nefs réservées aux fidèles; on y voit quelles étaient la forme et la disposition des colonnes qui séparaient les trois nefs, celle des colonnettes posées sur les grands chapiteaux pour soutenir les nervures et les voûtes de la nef principale et des bas-côtés. Au fond de ces trois nefs sont dessinés le jubé et les clôtures qui avaient été construits au XVIIᵉ siècle. Dans le sous-sol sont figurés les cercueils découverts en 1807. Les deux coupes tracées sur cette planche sont surmontées du grand comble qui s'étendait depuis la façade occidentale de l'église jusqu'à l'extrémité orientale du chœur.

ABBAYE DE SAINTE-GENEVIÈVE.

CHAPITEAUX DE LA NEF.

Trois chapiteaux de la nef principale de l'église abbatiale de Sainte-Geneviève sont reproduits sur la planche XI; les six premières compositions forment deux chapiteaux avec leurs développements latéraux; ils présentent des raisins et des feuillages enlacés de diverses manières, et dont le dessin n'offre que peu de variété d'un chapiteau à l'autre; l'exécution en est rude, mais l'aspect général est d'une grande richesse d'ornementation.

Des trois sujets placés au bas de la planche et provenant d'un troisième chapiteau, le premier représente la création de l'homme et de la femme; Dieu, couvert d'un ample vêtement et la tête nimbée, est debout, il pose une main sur la tête d'Ève qui est créée; en avant, Adam étendu s'appuie sur son bras gauche. Au fond du bas-relief on lit ces mots: ECCE VIR, « voilà l'homme. » Le second sujet qui décore la face principale du chapiteau représente le péché originel; Adam et Ève sont placés auprès d'un arbre autour duquel est enlacé le serpent : Ève en reçoit le fruit défendu. Des ornements accompagnent les figures pour former les angles du chapiteau. Le troisième sujet montre l'ange armé d'une épée et chassant Adam et Ève du paradis terrestre. Ces sculptures, qui ornaient les colonnes de l'église de Sainte-Geneviève, ainsi que celles qui sont gravées sur les planches suivantes, furent recueillies au musée des Monuments français, en 1807, par A. Lenoir : elles sont encore à l'école des Beaux-Arts, élevée sur l'emplacement de ce musée.

ABBAYE DE SAINTE-GENEVIÈVE.

CHAPITEAUX DE LA NEF (ZODIAQUE).

Les chapiteaux complets ou fragmentés de l'église de Sainte-Geneviève, réunis sur la planche XII, contiennent un zodiaque auquel manquent plusieurs signes, quelques morceaux de ces sculptures ayant été détruits ; ces signes sont l'écrevisse, le scorpion et la balance ; il reste donc neuf sujets. Le premier bas-relief gravé à la partie supérieure de la planche représente le verseau : c'est un jeune homme qui renverse l'eau que contient une amphore; il est entouré d'animaux fantastiques et de feuillages ; les faces secondaires du même chapiteau sont ornées aussi de feuilles et d'animaux composés. Au milieu de la planche deux fragments comportent les signes des poissons et du bélier au milieu de pampres ; auprès de ce dernier signe est un homme qui dompte un animal. A la gauche des poissons paraît le taureau sur la face latérale du chapiteau. Les gémeaux, gravés à la partie inférieure de la planche, sont figurés par deux enfants dont les bras s'enlacent ; un second bélier et le capricorne sont sculptés latéralement au même chapiteau. Le signe du lion a été en partie détruit, on le voit sur un fragment placé au bas de la planche; auprès sont les restes mutilés d'une femme drapée, c'était le signe de la vierge; la sagittaire vient ensuite et termine la série.

Ces chapiteaux curieux étaient certainement placés dans l'église de manière à présenter le zodiaque dans l'ordre ordinaire. Ils sont conservés à l'école des Beaux-Arts.

ABBAYE DE SAINTE-GENEVIÈVE.

CHAPITEAUX DU CHOEUR.

Planche
XIII.

Les colonnes situées à l'extrémité du chœur et à l'entrée du sanctuaire de l'abbatiale de Sainte-Geneviève étaient surmontées de chapiteaux formant plusieurs groupes disposés comme l'indique celui qui est gravé au trait au milieu de la planche XIII, et est désigné sous le titre : *Ensemble des Chapiteaux*. Chacun de ces groupes se composait d'un chapiteau principal et de deux plus petits; c'est un des grands qui est gravé en haut de la planche et à l'effet; il a été recueilli avec tous les autres au Musée des Monuments français : on le voit encore à l'école des Beaux-Arts. Ce chapiteau est composé de larges volutes formant les angles; elles se terminent par des feuillages; un rang de volutes plus petites décore le milieu de la corbeille : leurs tiges réunies par des nœuds se retournent de manière à former des fleurs de lis. Cinq des petits chapiteaux qui se groupaient avec les grands ont été recueillis avec celui-ci; ils sont gravés à la planche XIV. Au-dessus de tous les chapiteaux étaient placées des moulures en biseau et formant leurs tailloirs; quatre dessins des ornements qui les décoraient sont gravés sur la planche : le premier est composé de nœuds et d'entrelacs ingénieusement disposés; en regard il est reproduit en pente, suivant l'inclinaison que lui donnait le profil. L'ornementation du second tailloir est formée de rinceaux richement terminés par des feuilles et des fruits; celle du troisième représente une natte compliquée. Deux animaux chimériques gravés au bas de la planche faisaient aussi partie de la décoration du sanctuaire.

ABBAYE DE SAINTE-GENEVIÈVE.

CHAPITEAUX DU CHŒUR.

Les cinq chapiteaux gravés sur la planche XIV faisaient partie des groupes qui surmontaient les colonnes placées à l'extrémité du chœur et à l'entrée du sanctuaire de l'abbatiale de Sainte-Geneviève. Le premier, conservé au musée de Cluny, représente un lion chimérique; de sa gueule partent des rinceaux ornés de feuilles et de nattes qui s'étendent gracieusement sur les parties hautes et basses de la corbeille, la queue de l'animal est terminée par un serpent. Le second chapiteau, déposé aujourd'hui dans les magasins de l'église impériale de Saint-Denis, montre deux aigles placés au centre d'amples volutes ornées de perles et de feuillages; une large palmette occupe l'angle inférieur de la composition. Le chapiteau gravé au milieu de la planche est à l'école des Beaux-Arts, ainsi que les deux derniers; sa partie supérieure présente de fines volutes et une palmette dans le style antique; deux rangs de feuilles et de palmes reliées par des nervures couvrent l'ensemble de la corbeille. La décoration du qua-

Planche
XIV.

trième chapiteau réunit les motifs des volutes et des palmes; les tiges contournées qui leur servent de supports sont reliées par des nœuds décorés de perles. La cinquième composition, plus riche que les deux précédentes, comporte une tête d'animal chimérique; de ses oreilles et de sa gueule partent les tiges de riches rinceaux ainsi que celles qui supportent une large palme dont l'angle inférieur du chapiteau est décoré.

ABBAYE DE SAINTE-GENEVIÈVE.

Planche
XV.

La planche XV, exécutée en lithographie, contient plusieurs dessins relatifs à sainte Geneviève. Sous le n° 1 est reproduite, au cinquième de l'exécution, une statue de la sainte conservée au lycée Napoléon, et provenant de la façade de l'église. Cette figure, qui date du XIIIe siècle, est placée devant une colonne surmontée d'un chapiteau en forme de dais; trois arcs aigus accompagnés d'édifices et de feuilles d'eau ornent ce couronnement de la colonne. La sainte est coiffée d'un léger voile, un manteau placé sur ses épaules couvre une longue robe attachée à la taille par une ceinture, et, sur la poitrine, par une agrafe ornée d'une croix; de la main droite elle tient un livre, et de la gauche un cierge en partie détruit; de ce côté, sur son épaule, sont les restes d'une figure de diable qui soufflait le cierge, sur l'épaule droite repose un ange qui en protégeait la flamme; elle foule aux pieds un monstre en partie détruit.

Sous le n° II est un chapiteau, très-orné dans le style du XIIe siècle, qui fut trouvé dans les démolitions de la crypte en 1807; il est présumable qu'il provient de l'ancienne décoration de l'église souterraine et qu'il fut mis dans les remblais lorsque le cardinal de la Rochefoucauld, en 1628, fit décorer cette crypte et remplacer les anciennes colonnes en pierre par des marbres précieux.

Au bas de la planche, sous le n° IV, est le plan de la partie centrale de la crypte et du tombeau de sainte Geneviève, placé entre quatre colonnes; au-dessus de ce plan, au n° III, est la coupe du tombeau qui s'élevait sur deux marches; l'ancien cercueil était placé dans un cénotaphe peu élevé et de forme allongée, orné de moulures en bas et en haut. Les restes de ce monument, qui fut brisé à l'époque de la révolution de 1789, ont été recueillis et placés dans l'église de Saint-Étienne-du-Mont, où ils occupent une chapelle consacrée à sainte Geneviève.

ABBAYE DE SAINTE-GENEVIÈVE.

CRYPTE. TOMBEAUX DE SAINT PRUDENT ET DE SAINT CÉRAN.

Dans deux niches ménagées latéralement à la chapelle souterraine, auprès du tombeau de sainte Geneviève, on voyait deux cénotaphes de formes parfaitement semblables, et composés chacun d'un grand cercueil en pierre plus haut vers la tête que vers les pieds; le dessus était disposé en pente sur les quatre faces; des marbres décoraient la partie antérieure, et des boules servaient de supports. Ces monuments, d'une simplicité primitive, étaient les tombeaux de deux évêques de Paris qui gouvernèrent son église durant les premiers siècles du christianisme; l'un, dessiné à la gauche de la planche XV *bis*, était celui de Prudent, qu'une inscription placée au fond de la niche indiquait comme ayant été évêque avant saint Marcel, vers l'an 400. Le second tombeau était celui de saint Céran, qui fut évêque en l'an 600, sous le règne de Clotaire II.

Les deux inscriptions faisaient connaître qu'en 1628 les reliques de ces deux prélats, transportées de l'ancienne place qu'elles occupaient dans la crypte, avaient été placées dans ces tombeaux; cette date est celle des restaurations que fit faire le cardinal de la Rochefoucauld; les marbres qui décoraient les murailles et les pilastres dataient aussi de cette époque.

Planche
XV *bis*.

ABBAYE DE SAINTE-GENEVIÈVE.

CALICE.

Planche
XVI.

L'abbaye de Sainte-Geneviève avait possédé un trésor qui fut dispersé à diverses époques; on le renouvela jusqu'en 1789. Il consistait en vases sacrés, destinés au service religieux, en objets divers offerts pour être placés à la châsse de la sainte, et en riches vêtements d'autel. La salle qui le contenait fut reconstruite, au commencement du xvie siècle, par l'abbé Guillaume Le Duc, dont les armoiries étaient sculptées sur les murs de ce trésor. Le dessin d'un des calices qu'il contenait est dessiné à la planche XVI; le plan gravé par moitié en indique les divisions multiples; le pied, d'une forme élégante, soutenait huit niches ornées dans le style du commencement du xve siècle. Chacune d'elles contenait une figure d'apôtre, des pierres précieuses ornaient le nœud ou partie ronde placée au-dessous de la coupe. La patène gravée au-dessus du calice présentait au fond, et exécutée au repoussé, une figure du Père éternel entouré des attributs des quatre évangélistes et s'appuyant sur un triangle, symbole de la Trinité. A la gauche de ce calice est reproduite l'hostie qui se fabriquait à la sacristie de l'église abbatiale pour les besoins des autels.

ABBAYE DE SAINTE-GENEVIÈVE.

CHÂSSE DE SAINTE GENEVIÈVE.

Planche
XVII.

La planche XVII fait connaître les détails relatifs à la châsse de sainte Geneviève; elle y est reproduite deux fois d'après d'anciennes gravures. La première est celle qui fut exécutée, en 1242, par les soins de Robert de la Ferté-Milon, abbé de Sainte-Geneviève; la seconde, qui a les caractères de l'art du xviie siècle, indiquerait qu'un renouvellement de la châsse fut fait alors.

Sainte Geneviève étant la patronne de Paris, son intercession, dans les calamités publiques, était jugée nécessaire pour les faire cesser.

On descendait alors sa châsse pour la porter processionnellement dans
la ville. Une miniature du xviie siècle, représentant la descente de la
châsse, est gravée au milieu de la planche ; on y voit que, dans ces
occasions, elle était attachée à des cordes venant de la voûte du sanctuaire et enlevée au moyen de poulies, par des religieux de l'abbaye.
La vignette montre que tout le clergé assistait à cette cérémonie ainsi
qu'un public nombreux placé dans des tribunes. Le tombeau de Clovis
est figuré au milieu du chœur.

Au-dessous de la vignette, la planche fait connaître l'ensemble des
dispositions qui furent prises par les soins du cardinal de la Rochefoucauld, en 1628, pour faire placer dignement la châsse de sainte
Geneviève. Le roi Louis XIII lui donna de précieuses colonnes de
marbre, au-dessus desquelles s'élevèrent quatre statues en bois attri-
buées à Germain Pilon ; elles portaient le plateau sur lequel était placée
la châsse. Ces statues furent recueillies au musée des Monuments
français par Alexandre Lenoir ; on les voit aujourd'hui au Louvre.

ABBAYE DE SAINTE-GENEVIÈVE.

TOMBE DE CHANOINE.

L'église de Sainte-Geneviève, comme la plupart de celles du moyen
âge, était pavée avec des dalles funéraires ; l'une d'elles est gravée
sur la planche XVIII avec ses nombreux détails. Elle fut recueillie
au musée des Monuments français par A. Lenoir, et se voit à l'école
des Beaux-Arts ; elle couvrait la sépulture d'un chanoine nommé *Jean
Disse,* du diocèse de Poitiers, et autrefois chanoine et chancelier de
l'église de Notre-Dame de Noyon ; il mourut le 3 juin de l'an 1350.
Ce chanoine tient en main un calice, il est très-richement vêtu. A sa
gauche une vigne, et à sa droite une longue tige de fleurs sortant de
la gueule d'un animal qu'il foule aux pieds, l'entourent entièrement
et remplissent l'arcade finement dessinée dans laquelle il est placé.

Cette arcade est encadrée par de nombreuses lignes d'architecture
formant trois étages, contenant les niches de six figurines avec ins-

Planche
XVIII.

criptions : ce sont un archange, un évêque, un abbé, un guerrier, un moine et une femme. Une zone formée de légères arcatures sépare cette partie de la composition de celle qui la domine, et sur laquelle sont trois niches richement ornées; dans celle du milieu est figuré le Christ, saint Jean est à sa droite et la Vierge à sa gauche. De nombreux clochetons et des arcs rampants accompagnent ces niches; sous les arcs sont figurés des morts sortant de leurs tombeaux. Deux anges portant des trompettes descendent des régions supérieures et remplissent les vides ménagés entre l'encadrement des trois niches et les clochetons qui les avoisinent.

ABBAYE DE SAINTE-GENEVIÈVE.

PORTEMENT DE CROIX.

Planche
XIX.

La planche XIX contient deux bas-reliefs exécutés en pierre et dorés en partie; ils étaient placés dans l'ancienne église abbatiale de Sainte-Geneviève. Le premier représente un portement de croix; il a été exécuté à la fin du xve siècle. Le Christ, entièrement vêtu, occupe le milieu de la composition; il porte la croix avec l'aide de Simon le Cyrénéen. Devant eux est un bourreau qui frappe avec des cordes les deux larrons presque nus; des soldats sont sur le second plan; à la gauche du sujet, un Juif, la tête couverte, semble injurier le Christ et Simon. Plus haut un homme lève un bâton, et une femme porte un enfant dans ses bras.

CHRIST AU TOMBEAU.

Le second bas-relief, plus grand que le premier, est entouré d'un cadre doré; le fond est couvert de légers ornements. A la droite un évêque ou un abbé mitré est à genoux devant un prie-Dieu sur lequel est un livre; le meuble est orné des armoiries du personnage qui, au commencement du xvie siècle, fit exécuter ce bas-relief. Le sujet principal est le Christ descendu de la croix et qui va être mis au tombeau; sa mère le soulève en pleurant, et un ange à genoux lui soutient la tête dans ses deux mains. Ces deux bas-reliefs, recueillis au musée des Monuments français par A. Lenoir, sont placés aujourd'hui au musée du Louvre.

ABBAYE DE SAINTE-GENEVIÈVE.

TOMBEAU DU CARDINAL DE LA ROCHEFOUCAULD.

Le tombeau du cardinal de la Rochefoucauld, réformateur et bien-faiteur de l'abbaye de Sainte-Geneviève en 1628, et mort en 1645. est gravé dans son ensemble sur la planche XX, et au-dessous est reproduite la statue sur de plus grandes dimensions, afin d'en faire mieux connaitre les ajustements; elle est due au talent de Philippe Buyster, sculpteur du roi; recueillie au musée des Monuments fran-çais par A. Lenoir, elle a été transportée, en 1817, dans la chapelle des Incurables, rue de Sèvres, dont le cardinal était le fondateur.

TOMBEAU DE DESCARTES.

Ce monument, élevé dans l'église de Sainte-Geneviève à René Descartes, lorsque ses restes furent rapportés de Suède par Pierre Dalibert, a été recueilli au musée des Monuments français par A. Le-noir. En 1817, les cendres ont été placées dans l'église de Saint-Germain-des-Prés. Le médaillon de Descartes, représenté sur des globes, sur des instruments de musique, de mathématique, et sur des livres, est au Louvre.

HORLOGE D'ORONZE-FINÉ.

Une grande horloge en bois sculpté, et du xvie siècle, gravée sur la planche, se voit à la bibliothèque de Sainte-Geneviève; elle est d'O-ronze-Finé, célèbre mathématicien du temps de François Ier, et qui se livra aux travaux de mécanique.

Aux angles inférieurs de la planche ont été reproduites les armoiries de l'abbaye de Sainte-Geneviève au xve et au xviiie siècle, telles qu'on les voit sur des manuscrits provenant de la bibliothèque des religieux.

Entre ces armoiries sont gravées deux bornes, limites de la censive de l'abbaye de Sainte-Geneviève, et qui sont déposées au musée de Cluny.

ABBAYE DE SAINT-GERMAIN-DES-PRÉS.

Planche I.

Le roi Childebert, fils de Clovis, fonda sur le territoire méridional de Lutèce une basilique dans le style de l'architecture latine; ce temple fut dédié par saint Germain, évêque, le 23 décembre 558, et consacré à saint Vincent et à la sainte Croix; un monastère fut construit auprès de l'église. La planche Ire reproduit un chapiteau très-mutilé, qui fut trouvé, le 22 germinal an II, sous le pavé de l'église actuelle, et dont le style et la sculpture indiquent l'époque mérovingienne; il fit sans doute partie de la décoration de la basilique primitive. Une restauration gravée auprès de ce fragment fait connaître sa forme lorsqu'il était complet. Il a été recueilli par A. Lenoir au Musée des monuments français. En 1643, deux inscriptions mérovingiennes ont été lues sur un sarcophage en pierre, découvert auprès de l'église, dans le cloître; par la première, qui était gravée en dehors de ce cercueil, Hilpéric, qui y fut enseveli, prie qu'en aucun temps on n'enlève ses os de ce tombeau. L'inscription reproduite en rouge sur la planche était peinte dans l'intérieur du cercueil; Hilpéric y fait la même prière à l'égard de ses ossements.

Saint Germain avait fait construire, au midi de la basilique de Saint-Vincent, un oratoire sous l'invocation de saint Symphorien, en souvenir du monastère d'Autun, qu'il avait quitté pour l'évêché de Paris; il fut enterré dans cet oratoire. Le 25 juillet 754, ses restes mortels, ceux de son père Éleuthère et de sa mère Eusébie furent transportés de cet oratoire dans le sanctuaire de l'église abbatiale, en présence du roi Pépin, qui, à cette occasion, fit don à l'abbaye de sa terre de Palaiseau avec toutes ses dépendances. L'inscription ornée d'une croix au centre, qui est reproduite sur la planche, fut gravée alors pour conserver le souvenir de cette donation. On y lisait : « Hic « pausante sancto Germano in die translationis dedit ei rex Pipinus

« fiscum Palatiolum cum appenditiis suis omnibus. » Cette pierre resta jusqu'en 1793 dans l'oratoire de Saint-Symphorien; elle a été détruite.

Une inscription tumulaire, gravée sur la planche, fut trouvée, en 1793, dans les substructions de l'église; elle couvrait le tombeau d'Érotrude, dont on lit le nom dans le nécrologe de l'abbaye, à l'époque carlovingienne. Cette inscription est déposée à Saint-Denis.

ABBAYE DE SAINT-GERMAIN-DES-PRÉS.

ANCIENNE DISPOSITION DU SANCTUAIRE. TOMBEAUX DES ROIS ET DES ABBÉS.

La basilique de Saint-Vincent et de la Sainte-Croix fut dédiée par saint Germain au mois de décembre 558. Le roi Childebert Ier, mort le même jour, y fut enterré, et l'édifice devint alors un des lieux consacrés à la sépulture des rois, des reines et des princes de la première race; la reine Ultrogothe et ses filles, Chrotberge et Chrodesinde, Chilpéric Ier en 584 et Frédégonde en 597, Bertrude en 620, et Clotaire II en 628, Childéric II, Bilihilde et Dagobert leur fils, en 674, y furent déposés; les tombeaux de Charibert, des filles d'Ultrogothe et des princes Mérovée et Clovis, assassinés, en 585, par Frédégonde, n'ont pas été découverts; tous les autres ont été reconnus ainsi que celui d'Hilpéric, que Mabillon a considéré comme un prince du sang royal.

Dès le viie siècle l'église avait pris le nom de Saint-Germain; de 845 à 884 les Normands pillèrent et détruisirent plusieurs fois cet édifice ainsi que le monastère; les tombes royales furent brisées, mais les cercueils n'ayant pas été spoliés, l'abbé Morard, en faisant reconstruire l'église au xie siècle, les conserva dans les dispositions du nouveau sanctuaire, qui ne fut terminé qu'au xiie siècle, tel qu'on le voit aujourd'hui.

Le plan gravé sur la planche II fait voir les emplacements réservés aux tombeaux des rois et reines, qui furent refaits alors; plusieurs ont été renouvelés au xviie siècle, ainsi qu'on peut le voir par les

Planche II.

planches suivantes. Des tombeaux d'abbés avaient été placés aussi dans
le sanctuaire. Le plus ancien était celui de Morard, qui fit reconstruire l'église en 990, et mourut en 1014; auprès de ce tombeau
fut déposé, en 1334, celui de l'abbé Pierre II de Courpalay. En 1387
on plaça devant le grand autel le cercueil de l'abbé Richard. François
de Bourbon, prince de Conti, qui posséda les biens de l'abbaye de
1594 à 1614, a été enterré auprès du grand autel. Le cœur d'Henri
de Bourbon, abbé, mort en 1682, a occupé un caveau préparé au
milieu du sanctuaire. Enfin Louis César de Bourbon, comte de
Vexin, mort à dix ans et demi, et que Louis XIV destinait à la direction de l'abbaye, a été enterré en 1683 où était précédemment le
grand autel qu'on avait rapproché des transepts. Les monuments et
les inscriptions des abbés sont reproduits sur les planches IX, XV,
et XXXV.

ABBAYE DE SAINT-GERMAIN-DES-PRÉS.

TOMBEAU DE CHILDEBERT.

Planche
III.

Le tombeau du roi Childebert, reproduit sur la planche III, était
placé, comme l'indique le plan gravé sur la planche II, entre la troisième et la quatrième colonne du rond-point de l'église; il était peu
élevé au-dessus du sol, sa longueur était de $2^m,40$; la largeur, vers la
tête, de 89 centimètres, et, vers les pieds, de 73 centimètres. Recueilli au musée des Monuments français par A. Lenoir, le 22 ventôse
an III, il a été, depuis, transporté à l'église de Saint-Denis. La sculpture
de ce monument est rude et porte le caractère du XIIe siècle; le roi
est représenté avec les cheveux longs et la barbe frisée; une couronne ornée de pierreries et d'ornements peu détaillés est sur sa tête;
il est vêtu d'une tunique et d'un grand manteau noué sur la poitrine; la main gauche, placée avec roideur en avant, porte un sceptre
dont le sommet est orné d'un fleuron composé d'enroulements variés.
La main droite soutient un modèle de l'église qu'il a fondée; elle est
figurée seulement par un des petits clochers des transepts et par

l'abside; des fenêtres sont percées dans ces diverses parties de l'édifice. Les pieds du roi sont chaussés de bottines pointues.

STATUE DE CHILDEBERT.

La statue de Childebert, rehaussée de couleurs et de dorure, reproduite auprès du tombeau, est du XIIIe siècle; elle fut exécutée pour orner le réfectoire de l'abbaye, construit en 1239, sous l'abbé Simon, par le célèbre architecte Pierre de Montereau; elle est haute de 1^m,80; le roi porte une couronne ornée de pierres précieuses et de fleurons finement sculptés; un sceptre est dans sa main droite, sa tunique descend jusqu'aux pieds; une ceinture ornée y est agrafée; le manteau, placé en arrière, est attaché par un cordon que le roi tient de la main gauche; les souliers dorés sont pointus et découverts. Cette statue, recueillie au musée des Monuments français par A. Lenoir, a été transportée au Louvre.

ABBAYE DE SAINT-GERMAIN-DES-PRÉS.

TOMBEAU DE CHILPÉRIC.

Le tombeau de Chilpéric Ier, lithographié sur la planche IV, était placé auprès du mur septentrional du sanctuaire de l'église abbatiale de Saint-Germain-des-Prés, comme on le voit sur le plan gravé à la planche II; il était semblable, pour ses dispositions générales, à celui de Childebert, gravé à la planche III, et présentait comme lui plus de largeur vers la tête que du côté des pieds; les dimensions de longueur étaient les mêmes. Détruit en 1793, il fut reproduit sur une dalle, en 1817, d'après Montfaucon, et placé dans les caveaux de l'église impériale de Saint-Denis. La sculpture indique par son style que ce monument a été exécuté après l'achèvement de l'église, au XIIe siècle; le roi est chevelu, sa barbe est longue et frisée; une couronne simple, sans pierreries, et surmontée de fleurons découpés, est sur sa tête; il porte une longue robe recouverte par un ample manteau; de la main gauche il tient sa barbe, de la droite il porte un sceptre que termine

Planche
IV.

un riche bouquet de feuilles; ses pieds sont chaussés de bottes pointues par le bout. Sur l'encadrement extérieur qui entoure la statue
on lit, gravé en grandes lettres du temps : « Rex Chilpericus hoc te-
« gitur lapide. » Le roi Chilpéric est couvert par cette pierre.

ABBAYE DE SAINT-GERMAIN-DES-PRÉS:

TOMBE DE FRÉDÉGONDE.

Planche
V.

Le plan du sanctuaire gravé sur la planche II indique, à l'orient
du tombeau de Chilpéric, entre l'extrémité du gros mur septentrional du sanctuaire et la première colonne du même côté, la situation de la tombe de Frédégonde, dessinée sur la planche V. Ce monument curieux diffère des précédents en ce qu'au lieu d'être exécuté en
sculpture, il est formé d'une sorte de mosaïque composée de matières
vitreuses, colorées de divers tons, et réunies par un ciment très-dur;
des dessins tracés par des filets de cuivre enveloppent des morceaux
de la même matière vitreuse qui simulent des pierreries. Ce travail
est analogue aux émaux cloisonnés; des fils de métal tracent un dessin dentelé autour du cadre de cette tombe et sur la robe de la
reine. Toute cette mosaïque délicate est établie dans une pierre dure
d'un grain très-fin, dont certaines parties ont été conservées au niveau
du reste, tant pour indiquer largement les contours et les plis du
vêtement que pour laisser une place importante au visage, aux mains
et aux pieds; la pierre étant très-polie en ces divers endroits, il est
probable qu'elle a été peinte dans l'origine, pour mieux figurer ce
que les parties ménagées dans la pierre devaient exprimer.

La reine, couchée, a la tête couronnée de lis et de pierreries; la
main gauche, ouverte, est appliquée sur la poitrine; de la droite elle
porte un sceptre surmonté d'un fleuron. Une longue robe attachée
par une ceinture la couvre, les manches sont bordées d'un galon; des
filets de métal, incrustés dans la matière de la mosaïque, divisent la
robe en douze zones horizontales, dont la plus basse est de largeur
double et terminée par une grande bordure; un manteau placé sur

cette robe est fixé sur la poitrine par une agrafe; il est bordé sur tous ses contours. Les chaussures, terminées en pointe, sont, comme le masque et les mains, dépourvues des détails que probablement la peinture ajoutait aux silhouettes, qui seules existent aujourd'hui.

On a pensé que ce monument pouvait être celui qui fut originairement placé sur la sépulture de Frédégonde en 594; cela paraît peu probable. Tous les autres tombeaux mérovingiens ont disparu, puisqu'ils ont été renouvelés après la reconstruction de l'église; celui-ci, dont la fabrication est des plus fragiles, n'a pu survivre seul à la destruction de la basilique primitive par les Normands, qui, en l'incendiant, ont dû amener la chute du toit et des constructions supérieures sur le pavé, et détruire tout ce que renfermait l'édifice. Bien que le travail qui constitue ce monument offre de l'analogie avec les émaux cloisonnés qu'on rencontre dans les sépultures de cette époque, les lis de la couronne, le nœud et la disposition de la ceinture, le galbe et la forme aiguë des souliers, ont une allure du moyen âge qui peut faire douter de l'ancienneté de cette mosaïque, qui doit dater de l'achèvement de l'église au XIIᵉ siècle. Le tombeau de Frédégonde, recueilli au musée des Monuments français par A. Lenoir, le 22 ventôse an III, a été transporté à l'église impériale de Saint-Denis.

ABBAYE DE SAINT-GERMAIN-DES-PRÉS.

TOMBES DE CHILDÉRIC II, DE CLOTAIRE II ET DE BERTRUDE.

La planche VI reproduit, d'après les monuments conservés à l'église impériale de Saint-Denis, trois pierres tumulaires gravées en 1656, lorsque, pour établir des stalles dans le chœur de l'église abbatiale de Saint-Germain-des-Prés, et construire un maître-autel plus près de la nef, on changea l'ancienne disposition des tombes royales pour leur en donner une nouvelle.

Planche
VI.

Les sarcophages de Childebert et d'Ultrogothe furent réunis en un seul monument qu'on éleva au milieu de l'ancien sanctuaire, devenu alors le chœur des religieux. Des grilles, placées entre les gros piliers du chœur et ceux de la nef, fermèrent les transepts ou nefs transversales, et, dans l'espace carré qu'elles limitèrent au milieu de la croix, on plaça d'abord, du côté de l'Évangile, la tombe de Frédégonde, gravée à la planche V; après elle, le monument de Chilpéric Ier, publié à la planche IV; puis, au pied du gros pilier de la nef, la pierre tumulaire de Childéric II, reproduite à la gauche de la planche VI, et qui fut exécutée exprès pour occuper cette place. Du côté de l'épitre, auprès du gros pilier du chœur, le premier tombeau mis en place fut celui de la reine Bertrude, femme de Clotaire II, exécuté alors tel qu'il est gravé sur la planche VI, à la droite; au delà de cette tombe on éleva celle de Clotaire II, reproduite au milieu de la même planche. Enfin un dernier tombeau, gravé à la planche IX d'après un dessin de la collection Gaignières conservée à Oxford, fut exécuté à la même époque pour couvrir les restes mortels de la reine Bilihilde et de son fils Dagobert; il fut placé auprès du pilier de la nef. Ce dessin fait connaître la forme et la décoration adoptées pour ces nouveaux sarcophages.

ABBAYE DE SAINT-GERMAIN-DES-PRÉS.

TOMBEAU DE SAINT GERMAIN.

Planche
VII.

Saint Germain, évêque de Paris, mourut à l'âge de quatre-vingts ans, le 28 mai 576; il fut enterré dans l'oratoire de Saint-Symphorien, martyr, qu'il avait fait élever au bas de la basilique de Saint-Vincent et de la Sainte-Croix, du côté du midi, et dans lequel il avait choisi sa sépulture. Son tombeau, placé au côté droit de l'autel, était fort simple; mais saint Éloi, suivant le récit qu'en fait saint Ouen, y déposa des ouvrages d'or et d'argent de sa façon pour le décorer. Les reliques de saint Germain furent transférées, en 754, en présence du roi Pépin, dans l'église abbatiale, et placées dans une châsse; mais le tombeau ou cénotaphe qui couvrait son cercueil fut conservé à la place primitive pour en garder le souvenir. On y scella la pierre commémorative de la donation de la terre de Palaiseau, faite

par Pépin à l'abbaye le jour de la translation des reliques, et publiée
sur la planche Ire. A plusieurs époques ce monument commémoratif
de la sépulture du saint évêque fut réparé. Au xiiie siècle, une longue
dalle de pierre y fut placée; elle est figurée au bas de la planche VII
avec l'inscription gravée à cette époque; on y lit : « Hic fuit primo tu-
« mulatus beatus Germanus. » Au commencement du xvie siècle, un
dais en marbre, orné de colonnes torses et de deux anges soutenant
un cartel et portant les instruments de la Passion, fut ajouté à l'ancien monument; enfin, en 1690, dom Bernard Joli, sacristain de
l'abbaye, fit rétablir à ses frais le tombeau de pierre et de marbre
tel qu'il est représenté sur la planche VII, en faisant entrer dans sa
composition la pierre de Pépin, celle du xiiie siècle et le dais en
marbre du xvie siècle. Ce monument a été détruit après la révolution
de 1789.

ABBAYE DE SAINT-GERMAIN-DES-PRÉS.

DESCENTE DE CROIX, PEINTE EN 1410.

Le fond représente l'abbaye et le Louvre.

Le tableau reproduit sur la planche VIII était conservé dans la sacristie de l'église abbatiale de Saint-Germain-des-Prés. Il fut recueilli
au musée des Monuments français, après la révolution de 1789, par
A. Lenoir; porté, en 1817, à l'église de Saint-Denis, il en a été retiré
pour être placé au musée du Louvre, où on le voit aujourd'hui. Ce tableau précieux de la peinture française au xve siècle est ainsi décrit
par dom Bouillart, historien de l'abbaye[1] :

« On voit dans la sacristie un ancien tableau qui a servi autrefois
« dans quelque chapelle, où l'abbé Guillaume est représenté à genoux,
« soutenant avec respect par-dessous les bras un Christ détaché de la
« croix, accompagné de plusieurs autres figures assez mal dessinées,
« selon la manière de ce temps-là, mais dont les têtes sont bonnes et

Planche
VIII.

[1] Dom Bouillart, *Histoire de l'abbaye royale de Saint-Germain des-Prés*, page 169.

« le coloris d'une grande fraîcheur. Ce qui est le plus à estimer dans
« ce tableau, c'est le lointain où l'abbaye est représentée au milieu des
« prés, environnée de tours rondes, de hautes murailles et de fossés
« profonds, comme Richard, prédécesseur de l'abbé Guillaume, les
« avait fait faire. Le Louvre avec ses grosses tours y paraît aussi de
« l'autre côté de la rivière, dans le même état qu'il avait été cons-
« truit par Philippe-Auguste. Le petit Bourbon, à présent le garde-
« meubles du roy, y est dépeint de la même manière qu'il est encore
« aujourd'hui, surtout du côté de la rivière. On voit encore, plus loin,
« derrière ces édifices, la butte Montmartre, et au sommet l'ancienne
« église avec le monastère des religieuses tel qu'il était pour lors. »

ABBAYE DE SAINT-GERMAIN-DES-PRÉS.

TOMBEAU ET ÉPITAPHES.

Planche
IX.

Le tombeau gravé sur la planche IX est celui qui fut exécuté, en
1656, pour couvrir les restes de la reine Bilihilde ou Blithilde, femme
du roi Childéric II et assassinée avec lui et leur jeune fils Dagobert,
dans la forêt de Livry, par Bodillon. Le cercueil de la reine avait été
retrouvé et ouvert en 1645, lorsqu'on fit des réparations au sanctuaire de l'église abbatiale. Le squelette avait été vu alors enveloppé
encore dans une partie des vêtements; un coussin d'herbes odori-
férantes était sous la tête; le corps du jeune Dagobert reposait sur
celui de sa mère. Ce tombeau de Bilihilde n'a pu être recueilli,
comme les précédents, au musée des Monuments français, et prendre
ensuite sa place chronologique dans la série des tombes royales à
l'église de Saint-Denis, parce qu'il avait été détruit à l'époque de
la révolution de 1789. Le seul document qui reste pour le faire
connaître est le dessin de la collection Gaignières publié sur cette
planche.

Au-dessus du caveau situé au milieu de l'ancien sanctuaire de l'abbatiale de Saint-Germain-des-Prés, et indiqué sur la planche II, on
lisait l'inscription gravée en haut de la planche IX; elle apprenait que

les religieux bénédictins y avaient placé le cœur du prince Henri de Bourbon, duc de Verneuil, leur abbé, mort en 1682.

Plus bas, sur la même planche, est reproduite la pierre tumulaire qui couvrait la sépulture du jeune Louis-César de Bourbon, comte de Vexin, mort à l'âge de dix ans et demi, en 1683. Louis XIV, son père, le destinait à la direction de l'abbaye de Saint-Germain-des-Prés; il avait été enterré, comme l'indique le plan gravé à la planche II, à l'endroit qu'avait occupé précédemment l'autel principal de l'ancien sanctuaire devenu le chœur des religieux par les changements opérés en 1656.

ABBAYE DE SAINT-GERMAIN-DES-PRÉS.

PLAN DE L'ABBAYE DE SAINT-GERMAIN-DES-PRÉS AU MILIEU DU XVIe SIÈCLE.

Le dessin original sur parchemin, reproduit à la planche X, est conservé aux Archives de l'Empire; il a été exécuté, en 1541, pour un procès qu'eurent à soutenir les religieux de Saint-Germain-des-Prés. On lit dans l'histoire de l'abbaye, par dom Bouillart, à l'année 1541, page 184, les détails de cette affaire : « Les religieux de l'ab-
« baye, dont le terrain étoit fort resserré à cause des fortifications et
« des fossés qu'ils avoient fait faire par ordre du roy en 1368, vou-
« lurent cette année (1541) l'augmenter de sept arpens de terre
« situés au bout de leur jardin. Lorsque les murs de clôture furent
« commencés, le prévôt de Paris, à la requête du procureur du roy,
« leur fit défense de les continuer, et ordonna même qu'ils seroient
« démolis, sous prétexte qu'il y avoit un chemin public entre les sept
« arpens et leur jardin, dont ils ne pouvoient disposer. Les religieux en
« appelèrent au parlement, lequel nomma deux conseillers pour faire
« une descente sur les lieux, et ensuite faire leur rapport à la cour. Le
« procureur général intervint pour son substitut, et le prévôt des mar-
« chands et les échevins pour la ville. Les commissaires, ayant entendu
« les témoins de part et d'autre, reconnurent qu'il n'y avoit jamais eu

« de grand chemin dans l'endroit en question, et en firent leur rapport
« à la cour. Le roy, dans le même temps, sollicité apparemment par
« le cardinal de Tournon (alors abbé de Saint-Germain-des-Prés),
« évoqua cette affaire à son conseil privé, et rendit un arrêt, le 1er mars
« suivant 1543, par lequel il permit aux religieux de Saint-Germain
« de rétablir la démolition et d'achever leurs murailles; ce qui fut
« exécuté la même année. » Le chemin, objet du procès, est marqué
sur le dessin original de la lettre C, et il est tracé entre les fossés de
l'abbaye et le clos marqué des lettres F. G. H. Sa longueur était de
46 perches; les divers côtés du clos sont marqués aussi par les mesures de longueur, ce qui était nécessaire pour éclairer les juges;
enfin, sur la légende, on a la confirmation du motif qui fit exécuter ce
dessin, en y voyant ces mots : *CCCC, le chemin sur les fossez, prétendu
être royal par parties adverses.*

Dom Bouillart a publié dans son ouvrage un dessin analogue à
celui-ci, mais qui en diffère en plusieurs points; peut-être est-ce le
même qu'il a fait modifier par son graveur. Il l'indique comme représentant l'abbaye de Saint-Germain-des-Prés, telle que l'abbé Richard
la fortifia en 1368. Il n'a pas remarqué, s'il a eu entre les mains le
dessin reproduit à la planche X, qu'il a été évidemment exécuté pour
venir à l'appui de la défense des droits de l'abbaye sur le chemin
qui la séparait du *clos vers Saint-Père.*

ABBAYE DE SAINT-GERMAIN-DES-PRÉS.

PLAN DE L'ABBAYE AU XVIe SIÈCLE.

Planche
XI.

En 1368, Charles V ayant déclaré la guerre à l'Angleterre, fit
compléter les fortifications de Paris. L'abbé Richard eut ordre de faire
de nouvelles murailles à son abbaye, d'y élever des tours, de creuser
des fossés profonds, enfin d'abattre les anciens bâtiments qui, par
leur proximité, pourraient favoriser l'ennemi et faire tort à la ville
ainsi qu'au monastère. Les ordres du roi furent exécutés, et la chapelle de Saint-Martin-des-Orges, située à l'extrémité des murailles

du jardin de l'abbaye, du côté du Pré-aux-Clercs, fut abattue avec le
logement du chapelain. Les vues de l'abbaye, publiées aux planches VIII et X, font connaître, indépendamment des dispositions générales que reçut alors l'abbaye, le pont-levis placé sur les fossés du
côté de la ville, les grosses tours situées dans les angles de l'enceinte,
les tourelles ou échauguettes distribuées sur les murailles; toutes ces
constructions militaires enveloppaient l'église, la chapelle de la Vierge,
les lieux réguliers, les jardins et les dépendances de l'abbaye. Le plan
gravé sur la planche XI donne tous les détails de ces diverses parties; il fait connaître, en outre, des modifications qui s'opérèrent en
1585. La rue du Colombier, située au nord du monastère, fut ali-
gnée par la construction de murailles renfermant les fossés; le même
travail se fit à l'ouest de l'enceinte, sur la rue de l'Égout, nommée
depuis rue Saint-Benoît; de ce côté la muraille enveloppa une partie
du clos de sept arpents qui avait amené, en 1541, une contestation
au sujet d'un chemin; à l'intérieur de l'abbaye les infirmeries furent
améliorées, des écuries et dépendances construites pour le service de
l'abbé, dont la maison était encore appuyée contre la partie méridionale de l'église, vers les chapelles latérales du chœur.

ABBAYE DE SAINT-GERMAIN-DES-PRÉS.

VUE GÉNÉRALE DE L'ABBAYE.

Le XVIIe et le XVIIIe siècle contribuèrent à la prospérité de l'abbaye
de Saint-Germain-des-Prés; la vue générale gravée sur la planche XII
fait voir dans quel état elle se trouvait lorsqu'elle fut supprimée par
l'Assemblée nationale. Ainsi, en 1634, l'ancienne porte de l'abbaye
avait été remplacée par celle dite de Sainte-Marguerite, la rue de ce
nom ayant été ouverte sur les fossés du monastère; les bâtiments de
l'audience et de la prison étaient élevés sur l'emplacement de l'ancienne entrée; en 1637 les religieux ayant aliéné les terrains qu'ils
possédaient du côté de l'hôpital de la Charité, la rue Saint-Benoît
avait été tracée et bâtie; en 1671 les eaux d'Arcueil, amenées dans

Planche
XII.

l'abbaye, étaient distribuées par des fontaines; en 1684 on construisait, auprès du réfectoire, de nouvelles cuisines et leurs dépendances, les bureaux des officiers du monastère, et, au-dessus, des dortoirs et des chambres pour loger les hôtes. Le cloître fut reconstruit en partie; en 1699 l'enclos abbatial étant aliéné à des particuliers, ils purent y construire des maisons d'habitation; les diverses cours et les jardins furent séparés par des grilles étendues. Le cardinal de Bourbon, en 1586, avait fait élever avec luxe le palais abbatial, un vaste jardin y était annexé, et de grandes dépendances s'étendant jusqu'à la rue du Colombier précédaient cet édifice, qui est encore en partie conservé aujourd'hui. Toutes ces additions modernes faites à l'abbaye de Saint-Germain-des-Prés sont indiquées sur la vue; quant aux constructions anciennes qui y figurent, telles que l'église, la chapelle de la Vierge, elles sont publiées séparément dans les planches suivantes. Lors de la suppression de l'abbaye, deux rues nouvelles furent percées à travers ses jardins et ses plus riches édifices. La rue Bonaparte, parallèle à la rue Saint-Benoît, en s'alignant avec les édifices construits à l'extrémité du réfectoire, a détruit le jardin, la grande cour, le bâtiment situé au fond, et, passant sur la place de l'église, a coupé les maisons élevées vers la rue Sainte-Marguerite; la rue de l'Abbaye a détruit la chapelle de la Vierge, le réfectoire, le chapitre et le cloître.

ABBAYE DE SAINT-GERMAIN-DES-PRÉS.

ÉTOFFES DE SOIE ET OR TROUVÉES DANS DES TOMBEAUX.

Planche XIII.

En 1799, MM. Leblond, Poirier et Alex. Lenoir firent, dans l'église de l'abbaye de Saint-Germain-des-Prés, la découverte de deux tombeaux, dans lesquels étaient les restes de personnages dont les noms sont restés inconnus; le squelette de l'un portait une mitre, dont l'étoffe de soie est reproduite en haut de la planche XIII; le squelette de l'autre était entièrement enveloppé dans un linceul de soie et or dont un fragment est publié au bas de la même planche. L'étoffe de la mitre était un fond de soie à simple tissu, enrichi de dessins exécutés au moyen des lisses; la chaîne de cette étoffe était une soie jaune aurore et brillante qui avait servi à figurer les différents dessins détachés sur le fond. Ces dessins étaient composés de cercles concentriques entre lesquels courait un ornement en forme de rinceau; deux perroquets affrontés et séparés par des dessins délicats occupaient le milieu de chaque cercle interne. Les intervalles laissés par les cercles externes étaient remplis par des combinaisons ingénieuses de losanges enlacés autour d'un carré. Le centre de chacune de ces figures géométriques était occupé par un fleuron, puis des palmettes finement tracées se dirigeaient vers les espaces courbes ménagés entre les cercles pour les remplir.

Le fragment de linceul gravé au bas de la planche était bordé par un dessin courant de rinceaux faisant encadrement à l'étoffe; les dessins dont celle-ci était couverte se composaient de cercles dans lesquels marchaient des lions et des aigles d'un caractère héraldique bien prononcé; des ronds d'un très-petit diamètre étaient tangents aux grands pour les relier entre eux, et des rosaces occupaient les espaces laissés libres entre les cercles. Tous ces ornements étaient tissés en fil d'or sur un fond de soie de couleur violette.

La décoration de ces deux étoffes, composée de cercles ou d'écus ornés, se rapporte à ce que dit Pline des anciens procédés inventés par les Gaulois pour tisser des ornements encadrés de cercles ou de polygones dans les étoffes. C'est ce que l'auteur romain nomme tissus scutulés; « textum scutulis dividere Gallia invenit, » dit-il. (Pline, livre VIII, chap. LXXIV.)

ABBAYE DE SAINT-GERMAIN-DES-PRÉS.

VÊTEMENT D'ABBÉ DÉCOUVERT DANS UN TOMBEAU, EN 1799.

Les fouilles opérées dans l'église de Saint-Germain-des-Prés, en 1799, mirent à découvert un sarcophage en pierre de Saint-Leu, dans lequel était un squelette vêtu, et que la planche XIV représente en B. La tête appuyée sur un coussin était couverte d'une mitre en soie

Planche
XIV.

11.

blanche et moirée, une soutane en taffetas couvrait entièrement le corps; la moitié de ce vêtement est reproduite sur la planche XIV; une bordure en fil d'or en faisait le tour, et des galons de soie verte ornés de fleurons étaient cousus sur les coutures; par-dessus cette robe ou soutane on avait posé un manteau arrondi par le devant comme une chasuble; des gants de soie couvraient les mains, ils avaient été exécutés à l'aiguille; un dessin délicat et à jour donnait au travail l'aspect du point d'Alençon; un de ces gants est gravé sur la planche. Les jambes étaient couvertes de bottes en soie; elles étaient serrées par le haut avec un cordon de fil d'or. L'étoffe qui composait ces bottes était d'une exécution remarquable, ainsi qu'on peut le voir sur le détail donné au bas de la planche. Les dessins dont cette étoffe était ornée se composaient de polygones encadrés par une frise représentant des lièvres que séparaient de deux en deux des palmettes d'or. Au milieu de chaque polygone étaient trois oiseaux exécutés en fil d'or; une étoile à huit pointes et ornée de palmettes leur servait de cadre; de légers traits ménagés dans le tissu, autour des pointes de l'étoile, formaient des caractères arabes. Cette étoffe, ainsi que celle qui a été publiée sur la planche XIII, peut être classée au nombre des tissus ornés de figures géométriques dont la fabrication était déjà connue dans l'antiquité, et dont parle Pline.

ABBAYE DE SAINT-GERMAIN-DES-PRÉS.

TOMBEAUX ET COSTUMES D'ABBÉS DE SAINT-GERMAIN-DES-PRÉS.

Planche
XV.

Les tombeaux figurés sur la planche XV sont les plus importants de ceux qui furent découverts dans l'église de Saint-Germain-des-Prés en 1799; celui qui est dessiné au bas de la planche dans l'état où il fut trouvé, à 2ᵐ,30 au-dessous du pavé de l'édifice, était fermé par un couvercle en marbre blanc, à quatre faces inclinées; les deux principales étaient ornées d'écailles au milieu desquelles on avait sculpté, dans un cadre, des pampres et une palme sortant d'un vase; des feuillages ornaient les extrémités de ce couvercle qui avait été

brisé à l'un de ses angles; il fut recueilli au musée des monuments
français par A. Lenoir, avec le cercueil qu'il couvrait, et placé depuis
au musée du Louvre; il date des premiers temps du christianisme
en France. Dans le cercueil A fermé par ce couvercle on trouva un
squelette entièrement vêtu; la robe ou soutane était en laine d'un
ton rouge brun, au bas une bordure aussi de laine avait été ornée
par un gaufrage combiné avec le tissu de l'étoffe; par-dessus ce premier vêtement on avait posé un ample manteau formant de larges
plis et en taffetas très-fort; la couleur, quoique passée, paraissait avoir
été d'un beau rouge foncé. Les chaussures en cuir noir avaient la
forme de pantoufles; à la droite du squelette était placée une longue
canne surmontée d'un tau en ivoire sculpté et monté sur une douille
de cuivre ouvragée de même; le dessin en est reproduit en grand
sur la planche XVI; l'emplacement où fut trouvé ce tombeau est indiqué sur la planche II, et le style de la sculpture du tau a fait penser
que l'abbé dont on trouvait les restes pouvait être Morard, qui fit reconstruire l'église abbatiale.

Le second tombeau, marqué B, contenait aussi un squelette, dont
les vêtements ont été publiés à la planche XIV; il avait auprès
de lui une crosse en bois sculpté dans le style du xive siècle, on y
voyait quelques restes de dorure; elle est reproduite au bas de la
planche XVI. Cette tombe, trouvée à l'orient de la précédente et indiquée sur la planche II, était aussi celle d'un abbé; la place qui lui
fut donnée dans l'église est indiquée par dom Bouillart comme celle
de Pierre de Courpalay, qui mourut en 1334.

ABBAYE DE SAINT-GERMAIN-DES-PRÉS.

CROSSES DES ABBÉS DE SAINT-GERMAIN-DES-PRÉS.

La planche XVI contient la reproduction de trois objets trouvés
dans des tombeaux d'abbés de Saint-Germain-des-Prés. Le premier,
exécuté en ivoire et couvert de palmettes et de tresses sculptées à
jour avec soin, était fixé à l'extrémité d'une hampe en bois d'environ

Planche
XVI.

1^m,65 de longueur, au moyen d'une douille en cuivre sur laquelle sont des ornements dans le même style que ceux qui couvrent la partie supérieure placée transversalement. Ce tau était placé à la droite du personnage dont le squelette vêtu a été trouvé dans la tombe marquée A sur la planche XV, et que, d'après les indications données par dom Bouillart, on a supposé être celui de l'abbé Morard, ce qui ferait remonter l'exécution de ce tau jusqu'au xie siècle; le style de la sculpture et le soin apporté dans l'exécution semblent en porter la date au commencement du xiie siècle. Ce tau est au musée de Cluny.

Le second monument reproduit sur la planche est une crosse du xiiie siècle, exécutée en cuivre doré; au milieu est représenté l'archange saint Michel combattant le dragon; des émaux bleus imitant la turquoise ont été incrustés dans la partie courbe de la crosse, que termine une tête de serpent. Cette crosse était conservée par les religieux de Saint-Germain-des-Prés, probablement parce qu'elle avait appartenu à l'un des abbés du monastère.

Le troisième monument publié sur la planche XVI est le sommet de la crosse de l'abbé dont le squelette vêtu a été reproduit sur la planche XV en B, et que, d'après les indications données par dom Bouillart, on peut considérer comme celui de Pierre de Courpalay. Cette crosse, exécutée en bois, conservait quelques traces de dorure; elle était montée sur une hampe aussi en bois, le tout avait environ 1^m,6o de longueur; le style de la composition et de la sculpture de cette crosse se rapporte au commencement du xive siècle, époque à laquelle l'abbé Pierre de Courpalay dirigeait le monastère de Saint-Germain-des-Prés; il mourut en 1334.

ABBAYE DE SAINT-GERMAIN-DES-PRÉS.

PLAN DU REZ-DE-CHAUSSÉE DE L'ÉGLISE DE SAINT-GERMAIN-DES-PRÉS.

Le plan gravé sur la planche XVII est celui du rez-de-chaussée de l'ancienne église abbatiale de Saint-Germain-des-Prés, dans l'état où elle se trouve depuis les changements qu'on dut y apporter lorsqu'elle fut convertie en paroisse. L'ancienne porte de l'église située à l'occident est précédée d'un porche construit au xviie siècle. Le bas du grand clocher avait servi jusqu'alors de vestibule; au sud s'étend la chapelle de saint Symphorien, reconstruite sur l'emplacement de l'oratoire élevé dans l'origine par saint Germain, et dans lequel il fut inhumé; c'est aujourd'hui la chapelle des catéchismes. La partie antérieure de l'église, composée de trois nefs divisées en cinq travées, est, avec le clocher, ce qui fut reconstruit par les soins de l'abbé Morard à la fin du xe siècle et au commencement du xie; une chapelle du baptème a été disposée à l'extrémité de la nef latérale du nord, en forme de demi-cercle, lorsque l'église est devenue paroissiale. A partir de la quatrième travée de la nef latérale du sud, une entrée à l'église, une chapelle et le mur du transept méridional, ont été refaits au xviie siècle; au delà, une sacristie des messes a été établie à la place qu'occupait une chapelle consacrée à saint Julien martyr, pour remplacer la sacristie ancienne, qui était située du côté septentrional de l'église, et qui fut détruite à la fin du siècle dernier. A partir des transepts toute la construction de l'église est d'une date postérieure à celle des nefs; elle contient le sanctuaire, les bases de deux clochers secondaires et leurs escaliers, le chœur des religieux récemment converti en chapelle des apôtres, la galerie de circulation autour du chœur, huit chapelles particulières et celle de la Vierge. Celle-ci a été reconstruite, à une époque récente, à la place qu'occupait l'ancienne, dont les dispositions étaient semblables à celles des quatre chapelles de l'abside.

Indépendamment du plan des dispositions générales de l'église, la planche XVII contient les détails des divers points d'appui des grosses constructions. Au n° 1 est le plan d'un des huit piliers qui séparent la grande nef des collatéraux; ils se composent de quatre colonnes groupées autour d'une pile carrée. Sous le n° 2 est le plan de l'un des gros piliers d'angle de la nef principale, auprès des transepts. Au n° 3 est figuré le plan de l'extrémité orientale du mur qui limite le

sanctuaire au midi. Le n° 4 donne le plan de l'un des groupes de colonnes qui séparent entre elles les chapelles de l'abside.

ABBAYE DE SAINT-GERMAIN-DES-PRÉS.

PLAN DU PREMIER ÉTAGE DE L'ÉGLISE DE SAINT-GERMAIN-DES-PRÉS.

Planche
XVIII.

Le plan du premier étage de l'église de Saint-Germain-des-Prés,
gravé sur la planche XVIII, fait voir à l'occident les dispositions d'une
salle située dans le clocher, au-dessus de l'entrée de l'église; un petit
escalier à vis y conduit; un escalier en bois, établi dans la salle même,
est destiné au service du buffet d'orgues placé à la partie antérieure
de la grande nef. Dans cette salle du premier étage du clocher était
autrefois une chapelle consacrée à l'archange saint Michel, comme on
l'apprend des us et coutumes de l'abbaye, rédigés par l'abbé Guillaume III, au XVe siècle[1]; aux environs de cette salle sont tracés les
toits du porche extérieur et de la chapelle de saint Symphorien. Deux
plans gravés au bas de la planche font connaître les dispositions des
étages supérieurs de la tour; celui qui est indiqué par le n° 1 devait
contenir le beffroi qui portait les grosses cloches. Sous le n° 2 est le
plan de l'étage supérieur du clocher; il est décoré de colonnes engagées dont les détails sont publiés à la planche XXVIII.

Au delà du clocher occidental, le plan indique les hautes murailles
de la nef principale, percées de dix fenêtres; au nord et au midi de
ces murs sont tracés les toits qui couvrent les bas côtés de l'église;
les murs des transepts sont indiqués ensuite, puis se développent
parallèlement à l'axe de l'église les hautes parois du sanctuaire auprès desquelles sont les plans des deux petits clochers qui étaient
voisins. Autour du chœur s'étend une galerie faisant tribune : elle est
composée de gros et de minces piliers alternés et ornés de colonnettes engagées; des colonnes isolées les séparent. Autour de cette

---

[1] « Ad altare B. Michaelis in magna turri....., incensabunt altare B. Michaelis in
« majori turri. »

galerie, sur les toits des chapelles, sont tracés les plans de nombreux
contre-forts qui soutiennent les voûtes du chœur, et enfin, à l'abside,
est légèrement exprimé le plan de la chapelle moderne de la Vierge,
dans les parties qui s'élèvent plus haut que les combles voisins. Aux
deux angles supérieurs de la planche ont été gravés deux détails du
plan de la galerie en tribune ; au n° 3 est celui d'un des gros piliers,
et au n° 4 celui d'un des petits piliers de cette galerie.

ABBAYE DE SAINT-GERMAIN-DES-PRÉS.

FAÇADE OCCIDENTALE DE L'ÉGLISE, RESTITUÉE.

La façade occidentale de l'église de Saint-Germain-des-Prés a été
dégagée, sur la planche XIX, de toutes les constructions secondaires
ou d'une époque postérieure au XIᵉ et au XIIᵉ siècle, qui en ont successivement altéré le caractère primitif. Cette façade se compose d'un
grand clocher, consolidé à ses angles par des contre-forts vigoureux,
s'élevant jusqu'à la base d'une partie supérieure qui contient aujourd'hui les cloches, et qui est décorée d'arcades supportées par des
groupes de colonnes engagées ; cette partie du clocher est donnée en
détail sur la planche XXVIII. Une flèche en bois, d'une grande hauteur et flanquée à sa base de quatre clochetons, couronne l'ensemble
de la tour. Au-dessous de cette partie supérieure de l'édifice ont été
percés trois étages de fenêtres ; celles du haut sont doublées. A rez-
de-chaussée de la tour est un large portail surmonté d'arcs aigus, et
qui, jusqu'à l'époque de la Révolution française, fut orné de statues
qui ont été détruites alors. La planche XX fait connaître la disposition et le caractère de ces sculptures ; un toit couvrant cette porte de
l'église a été supposé, dans la restitution, pour protéger ces statues
contre la pluie.

Au delà du clocher, dans la partie inférieure et au second plan, la
gravure fait voir les extrémités des bas côtés de l'église couverts de
toits en appentis ; aux angles sont figurés des contre-forts dont plusieurs se voient encore dans l'étendue des murailles latérales ; plus loin

Planche
XIX.

12

que les bas côtés s'élèvent les murs des transepts percés chacun de deux fenêtres, dont on retrouve les traces sur le monument et qui ont été murées; les contre-forts d'angles existent encore en partie. Enfin les deux clochers secondaires qui s'élevaient auprès du sanctuaire ont été restitués sur cette planche tels qu'ils furent conservés depuis leur construction au xiie siècle jusqu'en 1822, époque à laquelle ils ont été démolis, dans la pensée qu'ils surchargeaient trop les murailles voisines du sanctuaire, et qu'ils compromettaient la conservation de l'édifice. Cette destruction a complétement dénaturé l'aspect général de la belle église abbatiale de Saint-Germain-des-Prés.

ABBAYE DE SAINT-GERMAIN-DES-PRÉS.

PORTE DE L'ÉGLISE.

Planche XX.

Les diverses parties du portail occidental de l'église de Saint-Germain-des-Prés qui contenaient des sculptures, ou en présentent encore aujourd'hui, ont été indiquées, dans de petites dimensions, sur la planche XIX; la planche XX les reproduit en grand. Le linteau qui surmonte la baie d'entrée est composé d'une seule pierre sur laquelle est sculptée la cène; ce bas-relief est dessiné dans son état actuel en haut de la planche. Le Christ y est représenté assis entre les apôtres; saint Jean, placé à sa droite, s'incline sur la table; un apôtre à genoux en avant de Jésus lui présentait un calice; cette figure a été détruite à l'époque de la Révolution de 1789. Le dessin fait voir aussi la double série de chapiteaux qui surmontaient autrefois huit statues dont le portail était décoré; ces chapiteaux existent encore, mais ils surmontent aujourd'hui des colonnes qui remplacent les figures détruites à la Révolution.

Au bas de la planche est représentée toute la statuaire du portail, telle qu'on la voyait dans le siècle dernier; elle est publiée ici d'après le dessin original qui fut exécuté pour être gravé à la planche VII du grand ouvrage intitulé : *Trésor des antiquités de la couronne de France,* publié en 1745 par Montfaucon. Cette reproduction du dessin est plus précise que celle qui est gravée dans l'ouvrage précité et présente avec elle des différences. Le caractère des têtes et de la sculpture en général a été altéré par un graveur inhabile.

On a longuement discuté au sujet des statues qui décoraient le portail de l'église abbatiale de Saint-Germain-des-Prés; Dom Mabillon y a vu, à la partie gauche en entrant dans l'église, les représentations de saint Germain, auprès de la porte, et ensuite celles de Clovis, de sainte Clotilde et de Clodomir; puis, à la partie droite, celles de Chilpéric, auprès de la porte, de Childebert, et celles d'Ultrogothe et de Clotaire. Dom Ruinart pensait que la figure d'évêque était celle de saint Rémy. Il conservait les autres désignations de ce côté; en face, sur l'autre paroi du portail, il substituait Thierry à Chilpéric proposé par Mabillon. Un autre auteur, qui a gardé l'anonyme, voulait que les statues placées à la droite de l'évêque, qu'il considérait comme saint Germain, fussent Pépin, Bertrade et Charlemagne; vis-à-vis il plaçait Carloman d'abord et conservait les trois autres noms donnés par Mabillon. Dom Ruinart avait retrouvé les noms de Clodomir, CLODOMRIVS, et celui de Clotaire, CHLO....VS, inscrits sur les deux rouleaux que tenaient les dernières statues de chaque série; on ne pouvait donc admettre, à cause de ces dénominations, que ces huit figures aient représenté des personnages de l'ancien testament, comme cela fut presque généralement pratiqué par les sculpteurs du moyen âge lorsqu'ils décoraient les portails d'églises. Quoi qu'il en soit, ces sculptures dataient du xiiᵉ siècle et non de l'époque de la première construction de l'église, comme l'ont pensé les différents auteurs cités plus haut. Le portail ainsi que le clocher auraient été construits dans le xiᵉ siècle, mais le style des statues et des chapiteaux qui les surmontaient indique que la décoration n'aurait été terminée que dans le siècle suivant.

Les portes en bois qui servent encore aujourd'hui à clore l'église sont du commencement du xviᵉ siècle; deux anneaux en bronze, soutenus par des têtes de lion, qui étaient placées sur les panneaux infé-

rieurs de la menuiserie, dataient du xiie siècle; l'un d'eux est dessiné
de face et de profil au milieu de la planche.

ABBAYE DE SAINT-GERMAIN-DES-PRÉS.

FAÇADE LATÉRALE RESTITUÉE.

Planche
XXI.

La façade latérale de l'église de Saint-Germain-des-Prés, gravée
sur la planche XXI, est celle du côté du nord; elle a été dégagée de
toutes les constructions secondaires qui s'y appuient afin de faire
mieux connaître le style de son architecture. Toute la partie occidentale, depuis le grand clocher de la façade jusqu'à celui qui s'élève
auprès du sanctuaire, est dans le style du xie siècle et peut être attribuée à l'abbé Morard. Cette première moitié de l'édifice comporte
le clocher principal dont la façade septentrionale offre la plus grande
similitude avec celle de l'occident, publiée à la planche XIX, moins
le portail servant d'entrée à l'église. Au delà de ce clocher se présente, à rez-de-chaussée, le mur extérieur de la nef latérale du nord
avec les contre-forts qui soutiennent la poussée des voûtes. Contre ce
mur s'appuyaient les voûtes du cloître. Au-dessus du toit en appentis
de ce bas côté s'élève la haute muraille de la nef principale de l'église,
percée de cinq grandes fenêtres qui l'éclairent; elles sont encadrées de
moulures et de billettes, sortes de denticules arrondies; ces moulures
forment un bandeau continu qui passe sur les contre-forts destinés à
soutenir le mur et les voûtes. Une corniche ornée de modillons couronne la façade.

Au delà des constructions de la nef s'avance le transept du nord,
dont les contre-forts et la corniche existent encore, mais dont toute
la façade est occupée par une grande fenêtre en ogive de construction
moderne remplacée, sur la gravure, par deux baies en plein cintre
dans le style de celles de la nef; plus loin que le transept s'élèvent
les murailles des chapelles situées latéralement au chœur : elles ont
le même caractère que les constructions de la nef; une petite porte,
bouchée aujourd'hui, y était pratiquée pour aller à l'ancienne sacristie

placée de ce côté. Le clocher voisin du sanctuaire est rasé depuis 1822 à la hauteur de son premier étage; il présentait, par son architecture, une grande analogie avec celle des parties occidentales de l'église, et se divisait en cinq étages apparents, dont trois ouverts de fenêtres doubles et décorées de pilastres et d'archivoltes; une flèche en bois et quatre clochetons couvraient la tour. L'architecture des chapelles de l'abside et celle des hautes constructions du chœur diffèrent de celle du reste de l'édifice, et elles sont d'une époque postérieure; l'arc aigu y surmonte toutes les baies; dans les parties hautes les fenêtres sont doublées et des colonnettes supportent les archivoltes; d'épais arcs-boutants maintiennent la poussée des voûtes du chœur. Une corniche ornée de modillons couronne l'édifice et soutient la saillie du toit.

ABBAYE DE SAINT-GERMAIN-DES-PRÉS.

ABSIDE DE L'ÉGLISE RESTITUÉE.

L'abside de l'église de Saint-Germain-des-Prés, gravée sur la planche XXII, offrait un aspect monumental remarquable lorsque les deux tours du sanctuaire étaient encore debout; le grand clocher de la façade principale se groupait avec elles d'une façon heureuse; plus prépondérant par sa masse, il contribuait à donner de l'élégance à ces deux clochers secondaires, et la distance qui le séparait d'eux contribuait au jeu des lignes, aux effets de la perspective aérienne. Les chapelles arrondies groupées autour du chœur, les vigoureux arcs-boutants qui soutiennent la poussée des voûtes supérieures, et tout ce qui complète l'abside, amenait auprès de ces clochers une variété de style qui ne nuisait pas à l'unité générale.

Plusieurs restitutions ont été faites sur la planche pour ramener l'édifice à son caractère primitif. La chapelle de la Vierge, située au milieu de l'abside et reconstruite sur un plan moderne, a été rétablie dans son premier état; le toit qui surmonte le chœur et la nef principale a été baissé de façon à recevoir son ancienne inclinaison, dont on retrouve la trace dans le comble actuel, sur la face orientale du

Planche
XXII.

grand clocher. Les deux tours voisines du sanctuaire ont été rétablies dans leurs formes et proportions anciennes d'après des documents authentiques; auprès de celle du midi a été rétablie la tourelle qui contenait l'escalier destiné à monter jusqu'au beffroi des cloches; enfin les extrémités des transepts qui apparaissent aux deux côtés des petits clochers ont été percées de fenêtres en plein cintre comme on en voit des traces sur les faces opposées.

ABBAYE DE SAINT-GERMAIN-DES-PRÉS.

COUPE LONGITUDINALE DE L'ÉGLISE.

Planche XXIII.

La coupe longitudinale de l'église de Saint-Germain-des-Prés, publiée sur la planche XXIII, commence au grand clocher de la façade occidentale; le portail donne entrée au vestibule formé de l'étage inférieur du clocher; dans la voûte est pratiquée une ouverture circulaire pour le passage des cloches; au-dessus était la chapelle de Saint-Michel déjà mentionnée; de son sol on descend à celui de la tribune des orgues; trois planchers de construction moderne sont établis entre le premier étage de la tour et le beffroi destiné aux cloches; ce beffroi repose sur les moulures saillantes qui couronnent les pilastres, et sur des supports en consoles placés au-dessus des grands arcs de décharge construits au-dessous de l'étage supérieur de la tour; la flèche a été indiquée ici sans les détails de sa charpente.

A l'est du clocher se développent les travées de la nef principale : elles sont percées, à rez-de-chaussée, d'arcades en plein cintre surhaussé et reposant sur les chapiteaux de colonnes engagées dans les piliers; au-dessus de ces arcs sont les fenêtres qui éclairent la nef; de longues colonnes séparent les travées et montent jusqu'à la naissance des voûtes, qui datent de 1644, époque à laquelle on les établit à la place d'une charpente apparente qui couvrait la nef depuis l'origine de la construction.

Les transepts sont séparés des nefs ainsi que du sanctuaire par des

' piliers composés de faisceaux de colonnes; le mur du fond est percé de
deux baies, restitution qui remplace une grande ouverture en ogive
faite en 1644.

Le sanctuaire auquel on monte par plusieurs marches est établi au
delà des transepts; les murs latéraux, décorés de doubles arcatures
en ogive et à colonnes, et plus haut d'une simple baie figurée, étaient
les principaux appuis des clochers secondaires dont un, celui du nord,
est reproduit sur la coupe. L'architecture du chœur, qui est du
xiie siècle, est composée, à rez-de-chaussée, de fortes colonnes surmontées de remarquables chapiteaux sur lesquels reposent les re-
tombés d'arcs en plein cintre d'abord, puis d'arcs en ogives; les mêmes
chapiteaux portent des faisceaux de colonnettes qui s'élèvent jusqu'à
la naissance des voûtes et se lient à leurs nervures; entre ces faisceaux
est ouverte la galerie ou tribune du chœur, décorée de colonnes isolées
en marbres de diverses couleurs et surmontées de chapiteaux variés
dans le style capricieux du xiie siècle; plus haut que la galerie sont
pratiquées les fenêtres doubles qui éclairent le chœur; les grosses
colonnes dont celui-ci est entouré le séparent de la galerie de circulation conduisant aux chapelles latérales et à celles de l'abside. L'ancienne chapelle de la Vierge a été rétablie dans la coupe suivant son
premier style; au-dessus de sa voûte sont dessinés les arcs-boutants
qui maintiennent les hautes constructions du chœur.

ABBAYE DE SAINT-GERMAIN-DES-PRÉS.

COUPES TRANSVERSALES.

Deux coupes transversales de l'église de Saint-Germain-des-Prés
sont gravées sur la planche XXIV : la première est tracée sur les nefs
en regardant vers l'entrée principale de l'église; une partie du grand
clocher paraît au-dessus du comble supérieur; la coupe de la nef
principale se compose des voûtes construites en 1644 à la place des
charpentes apparentes qui avaient été conservées jusqu'à cette époque;
le comble fut reconstruit aussi tel qu'on le voit aujourd'hui; plus bas

Planche
XXIV.

que les voûtes paraît l'arcade qui, du premier étage du clocher, donne
accès à la tribune des orgues; un plancher moderne est placé à la hauteur de l'imposte de cet arc. La tribune des orgues est formée d'un arc
surbaissé au-dessous duquel on voit la porte d'entrée de l'église. Les
bas côtés sont séparés de la grande nef par des arcades à colonnes; le
mur qui les surmonte est tracé ici en coupe; il en est de même à
l'égard des fenêtres ouvertes au-dessus; les nefs latérales, leurs voûtes
et les toits en appentis qui les couvrent s'étendent de chaque côté
de la nef principale.

La coupe gravée au-dessous de celle des nefs est prise dans toute
la longueur des transepts, en regardant vers le chœur; les deux clochers secondaires se voient en partie au-dessus; plus bas est le grand
comble transversal; aux deux extrémités des transepts sont figurées,
en coupe, les fenêtres restituées qui se voient sur la planche XXIII
en remplacement des grandes baies en ogive exécutées en 1644. Ces
baies se reproduisaient sur le mur oriental des transepts, elles ont
été bouchées. Plus bas sont de grandes arcades décorées de colonnes
engagées, donnant entrée à la galerie de circul.tion établie autour du
chœur; on voit par ces arcades les colonnes qui ornent les chapelles
rangées circulairement autour de l'abside. Au milieu des transepts
s'ouvre le sanctuaire par une immense ouverture qui permet de voir
le chœur, dont les grosses colonnes supportent des arcs aigus; au-
dessus est tracée la galerie en tribune indiquée déjà dans la coupe
longitudinale; plus haut on voit les croisées qui éclairent le chœur
ainsi que les voûtes qui le couvrent.

ABBAYE DE SAINT-GERMAIN-DES-PRÉS.

CHAPITEAUX DE LA NEF PRINCIPALE.

Planche
XXV.

Les chapiteaux de la nef de l'église de Saint-Germain-des-Prés
ont un caractère particulier qui exprime l'état de l'art au XIe siècle;
ils sont tous variés, d'un style et d'une exécution barbare. Quatre de
ces chapiteaux sont gravés à la planche XXV. Sur le premier est

sculpté le Père éternel placé dans une auréole elliptique : il est assis,
sa main gauche repose sur un livre, de la main droite levée il bénit
le monde ; un personnage, qui paraît être Moïse tenant les tables de
la loi, est à sa droite ; deux colonnes torses qui encadrent la composition forment les angles saillants du chapiteau.

Le second exemple est décoré d'un rang de grandes feuilles qui
rappellent grossièrement les acanthes ; à la base de chacune d'elles
sont des demi-palmettes qui, par leur rencontre deux à deux, forment
un rang inférieur d'ornements semblables ; dans les parties hautes du
chapiteau, des feuillages aujourd'hui incomplets encadrent des animaux d'une exécution barbare.

On reconnaît dans le troisième chapiteau une inspiration plus vraie
de l'architecture antique : plusieurs rangs de feuilles sont superposés
comme dans le corinthien, des palmettes renversées remplacent les
volutes des angles.

Le quatrième chapiteau est orné de sculpture barbare : un lion se
dresse pour déchirer un centaure qui occupe la place principale dans
la composition ; un aigle est représenté à l'endroit ordinairement
occupé par le fleuron du chapiteau.

Lorsqu'en 1822 l'église de Saint-Germain-des-Prés a été entièrement restaurée, les chapiteaux de la nef furent refaits avec plus ou
moins d'intelligence. Ceux qui sont gravés sur cette planche ont été
dessinés d'après les originaux déposés aujourd'hui au musée de Cluny.

ABBAYE DE SAINT-GERMAIN-DES-PRÉS.

CHAPITEAUX DE LA NEF.

Les quatre chapiteaux de la nef de l'église de Saint-Germain-des-
Prés, gravés sur la planche XXVI, ont été dessinés, ainsi que les
précédents, d'après les originaux. Le premier représente un bestiaire
placé entre deux lions, dont l'un dévore un agneau ; l'homme tient
dans ses mains deux instruments qu'il est difficile de définir en
raison de la façon barbare dont ils sont exécutés ; il est vêtu d'une

Planche
XXVI.

13

longue tunique par-dessus laquelle sont placées des bandes de fer couvrant sa poitrine, comme en portaient les bestiaires lorsqu'ils descendaient dans l'arène des amphithéâtres.

Dans le second chapiteau on reconnaît une inspiration ignorante du corinthien. Deux volutes grossières forment les angles saillants : un animal occupe la place donnée ordinairement au fleuron entre les deux volutes ; deux rangs de feuilles superposées décorent l'ensemble du chapiteau : celles du haut sont d'une grandeur démesurée et s'étendent à plat pour couvrir la surface courbe de la corbeille ; sous les angles saillants formés par les volutes se développent des palmettes d'un assez bon goût.

Le troisième chapiteau est couvert de figures ; on y voit un prêtre portant le calice ; à sa droite en est un second qui paraît tenir un livre ; d'autres figures, drapées et incomplètes, décorent le reste de la surface arrondie de la corbeille.

Le quatrième exemple est entièrement dans le goût de l'ornementation du XIᵉ siècle ; il est décoré, dans le bas, d'une suite de canaux verticaux qui s'interrompent pour laisser place à une large feuille. Au-dessus, de nombreux feuillages donnent naissance à une bande plate et inclinée qui se dirige vers l'angle saillant du chapiteau. Sous cet angle, d'amples enroulements de feuilles et une palmette qui les surmonte occupent la double courbure formée par la saillie angulaire et une portion de la corbeille du chapiteau.

ABBAYE DE SAINT-GERMAIN-DES-PRÉS.

CHAPITEAUX DU CHOEUR.

Planche
XXVII.

Les chapiteaux du chœur de l'église de Saint-Germain-des-Prés, qui datent du XIIᵉ siècle, sont d'un style très-différent de ceux des nefs, et expriment bien un art plus avancé. Quatre types variés sont gravés sur la planche XXVII ; le premier surmonte l'une des grosses colonnes du chœur, il est inspiré du chapiteau corinthien ; de fines volutes, partant d'une tige commune et enrichies de feuillages, se dirigent vers

les angles saillants, et, sur le milieu du chapiteau, de larges feuilles
d'acanthe remplissent les intervalles et les dessous de ces volutes; un
rang inférieur de feuilles, qu'enveloppent de riches palmettes, complète la décoration de la corbeille.

Le second chapiteau, qui couronne aussi l'une des grosses colonnes
du chœur, est formé de deux rangs superposés d'animaux imaginaires,
dont les ailes pliées ou étendues se mêlent à des feuilles d'acanthe
ou à des volutes; ces feuillages sont disposés comme dans les parties
supérieures du chapiteau corinthien.

Les deux exemples placés au bas de la planche sont au nombre de
ceux qui surmontent les colonnes de marbre placées à la galerie ou
tribune du chœur. La disposition du premier est une simplification
du corinthien; on y trouve la double combinaison des volutes dont
la saillie, dans les angles, est soutenue par des feuilles d'acanthe;
d'autres feuilles occupent le milieu de la composition.

Le second chapiteau est orné de quatre rangées de feuilles aiguës
très-simples, dont les tiges de plus en plus larges, en s'élevant, con-
tribuent à couvrir la corbeille qu'elles enveloppent; des pointes de
diamants, taillées sur les nervures des feuilles et dans les vides ménagés entre elles, enrichissent cette composition singulière et d'une
symétrie parfaite.

ABBAYE DE SAINT-GERMAIN-DES-PRÉS.

CLOCHER DE LA FAÇADE.

Le grand clocher qui s'élève sur la façade occidentale de l'église
de Saint-Germain-des-Prés offre, dans sa partie supérieure, des détails qui sont reproduits en grand sur la planche XXVIII; l'étage qui
porte directement la flèche en bois est décoré de colonnes engagées,
dont les bases et les chapiteaux sont d'une grande simplicité, nécessaire à une aussi haute élévation; ces colonnes supportent des arcs
en plein cintre très-bien construits et qui sont disposés sur deux plans
différents, ce qui résulte de la disposition des colonnes; le plan par-

Planche
XXVIII.

tiel, gravé au-dessous de l'élévation, en explique la combinaison; des frettes décorent les archivoltes de ces arcs. La corniche qui surmonte cet étage est formée de consoles sur lesquelles reposent, horizontalement, des dalles de pierre disposées régulièrement et taillées en biseau par-dessous pour simuler une moulure.

La coupe gravée au bas de la planche indique comment sont construites à l'intérieur les fenêtres doubles des deux étages supérieurs du clocher, ainsi que les grands arcs de décharge qui supportent des consoles sur lesquelles repose le poids principal du beffroi. Ces consoles sont aidées dans leur fonction par des moulures saillantes placées à la hauteur de l'imposte des fenêtres, et sur lesquelles s'appuient des contre-fiches en bois qui portent une partie de la charge de cette lourde charpente; ce beffroi, cependant, est moderne et bien moins important que celui qui devait supporter autrefois les grosses cloches de l'abbaye, lesquelles, en 1580 et 1581, furent fondues de nouveau par un nommé Pierre Leroy, très-habile fondeur; elles étaient considérées comme les plus harmonieuses et les mieux d'accord qu'il y eût à Paris.

ABBAYE DE SAINT-GERMAIN-DES-PRÉS.

CHAPELLE DE LA VIERGE, PLAN ET DÉTAILS.

Planche
XXIX.

En 1244, l'abbé de Saint-Germain-des-Prés, Hugues d'Issy, fit reconstruire une chapelle de la Vierge, qui depuis longtemps était érigée dans l'intérieur du monastère, au nord de l'église abbatiale, et qui tombait en ruine. Le célèbre architecte, Pierre de Montereau, avait déjà construit le réfectoire de l'abbaye; il fut chargé d'élever cette chapelle. L'historien Dom Bouillart la décrit ainsi : « Elle a dans œuvre « cent pieds de longueur sur vingt-neuf ou environ de largeur. Sa « hauteur, sous voûte, est de quarante-sept pieds deux pouces et demi; « elle a quatre arcades et autant de grandes vitres peintes qui en oc« cupent toute la largeur jusqu'au chevet ou rond-point, lequel en a « sept. Il y a au-dessus de la porte une grande fenêtre en forme de

« rose, d'un ouvrage et d'une délicatesse admirables, qui remplit toute
« la largeur de la chapelle. Hugues d'Issy ne put la voir achevée. . . »

Le plan de cette chapelle remarquable est gravé au bas de la
planche XXIX; la façade se composait d'une épaisse muraille dans
laquelle était la porte; le pilier du milieu portait la statue de la
Vierge gravée au-dessus du plan. Quatorze contre-forts divisaient
l'édifice en quinze grandes fenêtres subdivisées elles-mêmes par d'é-
troits meneaux en pierre soutenant les vitraux; au milieu de la chapelle était la clôture du chœur contre laquelle s'appuyaient deux
autels; au fond de l'édifice on montait, par deux marches, au sanctuaire et à l'autel de la Vierge. Hugues d'Issy fut enterré, le 5 décembre 1247, dans le chœur de la chapelle non achevée, et,
le 17 mars 1266, on y plaçait l'architecte Pierre de Montcreau; sa
tombe le représentait avec une règle et un compas à la main.

La célèbre chapelle de la Vierge fut détruite pour le percement
de la rue de l'Abbaye, des fragments ont été recueillis au musée des
Monuments français, par A. Lenoir, ainsi que dans deux maisons de
la rue nouvelle; ces fragments sont gravés sur les planches suivantes.
La planche contient, dans sa partie supérieure, des détails qui décoraient la chapelle au dehors : balustrades, dais, gargouilles; plus bas
sont reproduites des parties de l'intérieur, tels que clefs et nervures
de voûtes, chapiteaux, plan des meneaux, etc.

ABBAYE DE SAINT-GERMAIN-DES-PRÉS.

RESTES DE LA CHAPELLE DE LA VIERGE. — PORTE.

Le plan et l'élévation de la porte de la chapelle de la Vierge à l'abbaye de Saint-Germain-des-Prés font le sujet de la planche XXX;
cette porte fut recueillie, après la destruction de la chapelle, au
musée des Monuments français, par A. Lenoir; elle a été transportée,
lors de la suppression de ce musée, à l'église de Saint-Denis, où elle
est restée déposée, en désordre, dans l'ancien cimetière des Valois,
au nord de l'église.

Planche
XXX.

Le plan de la porte gravé au bas de la planche est orné de douze colonnettes disposées de manière à porter les voussures de l'arc; celles-ci forment sur le devant une ouverture de 5 mètres qui, par l'inclinaison, se réduit à 3^m,6o au fond, auprès de la baie; au milieu de la porte, le plan finement profilé du pilier qui la divise est précédé d'un piédestal octogone sur lequel était placée la statue de la Vierge, gravée au milieu de la planche XXIX.

L'élévation et la coupe de la porte sont tracées au-dessus du plan; on voit sur l'un et l'autre de ces dessins les nombreuses colonnettes qui portent les voussures; elles s'élèvent sur un piédestal et sur des bases dont les profils sont dessinés en grand en A, B, C, auprès du plan; les chapiteaux qui surmontent les colonnettes et les moulures verticales qui les isolent les unes des autres sont décorés de fleurs et de branchages, d'une délicatesse extrême par leur composition et par le travail du ciseau; les profils des chapiteaux sont tracés en D, E, au bas de la planche. Le même soin d'exécution a été apporté dans la sculpture des détails qui ornent le pilier placé au milieu de la porte, dans ceux du linteau qui le surmonte, et dans les riches ornements qui décorent les nombreuses moulures dont est formé l'arc aigu, de proportion remarquable, placé au sommet. On reconnaît, dans la pureté des lignes de ce précieux fragment d'architecture du xiiie siècle, le talent d'invention et l'étude délicate qui caractérisaient l'habile artiste chargé, par l'abbé Hugues d'Issy, des projets et de l'exécution de la chapelle de la Vierge.

ABBAYE DE SAINT-GERMAIN-DES-PRÉS.

DÉTAILS INTÉRIEURS DE LA CHAPELLE DE LA VIERGE.

Planche XXXI.

Quelques détails de la décoration intérieure de la chapelle de la Vierge construite, à l'abbaye de Saint-Germain-des-Prés, par Pierre de Montereau, se voient encore dans la rue de l'Abbaye, qui fut percée, comme il est dit précédemment, dans la partie du monastère où elle avait été élevée. Deux maisons de cette rue ont conservé ces précieux débris, dont la réunion forme la planche XXXI. La partie principale de ces restes consiste en un fragment du mur d'enceinte de la chapelle, depuis le sol jusqu'au-dessous des grandes fenêtres. Ce fragment, gravé au milieu de la planche, et dont une partie, reproduite plus bas, est restituée d'après des détails qu'on retrouve, présente de légères arcatures en ogive, encadrées et couronnées de feuillage; au-dessus régnait une sorte d'attique formant l'appui des fenêtres. Les arcatures reposaient sur des chapiteaux ornés de crossettes délicatement sculptées; des colonnettes légères placées auprès du mur d'enceinte portaient les chapiteaux. Les travées de la chapelle étaient séparées entre elles par des groupes de colonnes portant les nervures de la voûte; ces groupes, en s'élevant du sol et en s'appuyant sur le mur d'enceinte, interrompaient les arcatures, comme on peut le voir par les fragments reproduits sur la planche. De nombreux profils et des projections horizontales complètent les dessins de ce fragment, auquel sont joints tous les chapiteaux doubles et simples qu'on rencontre auprès de cette ruine d'un des monuments les plus célèbres de l'architecture du xiiie siècle en France.

ABBAYE DE SAINT-GERMAIN-DES-PRÉS.

FRAGMENTS DE LA VITRERIE.

L'abbaye de Saint-Germain-des-Prés était riche en vitrerie peinte, et c'était particulièrement au xiiie siècle que ce genre de décoration avait été grandement employé dans les constructions que les abbés Simon, Hugues d'Issy et Gérard de Moret, avaient fait élever à cette époque. En effet, l'historien de l'abbaye, Dom Bouillart, mentionne les vitraux peints que l'abbé Simon fit exécuter, en 1239, pour décorer le réfectoire, dont il avait confié la construction à Pierre de Montereau. Ce célèbre architecte ayant été chargé, en 1244, par l'abbé Hugues d'Issy, de construire la grande chapelle de la Vierge, terminée sous l'administration de Thomas de Mauléon, les quinze fenêtres de cet édifice remarquable furent closes avec de riches vitraux peints dans

Planche
XXXII.

le goût du temps. En 1273, l'abbé Gérard de Moret faisant bâtir une grande salle du chapitre et un parloir qui lui était contigu, la vitrerie peinte orna les fenêtres de ces deux constructions nouvelles, et Dom Bouillart la mentionne. Indépendamment de toutes ces peintures sur verre, l'église elle-même devait en posséder, bien que l'historien de l'abbaye n'en parle pas.

De toutes ces richesses produites par nos peintres verriers, à peine reste-t-il quelques fragments pour indiquer avec quel soin et quel luxe de couleurs avaient été fabriquées ces nombreuses verrières. Elles ont été presque entièrement détruites en 1793. Quelques débris en furent réunis au musée des Monuments français par les soins d'Alexandre Lenoir, qui, le 5 frimaire an V, en reçut, en outre, huit panneaux des mains de l'abbé Roussineaux, curé de Saint-Germain-des-Prés. On en voit encore des restes dans une chapelle de l'abside de l'église. La planche XXXII reproduit quelques parties de cette vitrerie remarquable.

ABBAYE DE SAINT-GERMAIN-DES-PRÉS.

TOMBEAU DE GUILLAUME DE DOWGLAS.

Planche
XXXIII.

La chapelle de Saint-Christophe, située au midi du chœur de l'église de Saint-Germain-des-Prés, la seconde à droite en entrant par le transept méridional, fut destinée, en 1611, à la sépulture de la famille de Guillaume de Dowglas, prince écossais mort la même année. On lui érigea un mausolée orné de sa statue. Ce monument, composé dans le goût de la première moitié du XVIIe siècle, est gravé sur la planche XXXIII; excepté la statue recueillie par Alexandre Lenoir au musée des Monuments français le 20 brumaire an II, l'ensemble du tombeau fut détruit en 1793; après la suppresssion du musée, la statue a été replacée dans une chapelle au nord. Le mausolée était composé d'un sarcophage élevé sur deux marches et décoré, dans la partie basse, de deux figures de pleureuses, d'accessoires relatifs à la mort et d'instruments de mathématiques et d'astronomie. La statue à demi couchée reposait sur ce cénotaphe; plus haut un ordre de pilastres corinthiens encadrait des tablettes de marbre noir; un attique placé au-dessus de cet ordre contenait les armoiries de la famille de Dowglas, et deux figures ailées portant des flambeaux s'y appuyaient; une croix accompagnée de cassolettes d'encens surmontait le monument.

TOMBEAUX DES CASTELLAN.

En 1675, Charles de Castellan, abbé de Saint-Èvre de Toul et de la Seauve, fit décorer à ses frais la chapelle de Sainte-Marguerite située dans le transept méridional de l'église de Saint-Germain-des-Prés, pour y établir sa sépulture et celle de sa famille; un mausolée y fut élevé à la mémoire de son père, Olivier de Castellan, lieutenant général des armées du roi, et de Louis de Castellan, son frère, morts tous deux en combattant pour la France; l'exécution du mausolée fut confiée au célèbre statuaire Girardon, le dessin en est reproduit sur la planche XXXIII. Une colonne en marbre, surmontée d'une urne, portait les armes de la famille; deux statues, la Piété et la Fidélité, soutenaient deux portraits en médaillons; un sarcophage, orné d'attributs militaires, contenait les cœurs de MM. de Castellan; plus haut deux squelettes développaient des rideaux pour laisser voir l'ensemble du monument; les inscriptions funéraires se lisent dans l'histoire de l'abbaye par Dom Bouillart.

Ce riche mausolée a été en partie détruit en 1793. Les statues ayant été recueillies au musée des Monuments français par Alexandre Lenoir, le 4 floréal an II, elles ont pu être replacées dans la chapelle de Sainte-Marguerite.

ABBAYE DE SAINT-GERMAIN-DES-PRÉS.

TOMBEAU DE JACQUES DE DOWGLAS, PRINCE D'ÉCOSSE.

Au-dessous de la fenêtre qui éclaire la chapelle de Saint-Christophe dans l'église de Saint-Germain-des-Prés, on éleva, à la fin de l'année 1668, un tombeau à Jacques de Dowglas, prince écossais,

Planche XXXIV.

14

petit-fils de Guillaume de Dowglas, et tué au service du roi de France,
en 1645. Ce monument, reproduit à la planche XXXIV, fut détruit
en 1793. La statue, recueillie au musée des Monuments français par
Alexandre Lenoir, le 20 brumaire an II, a été replacée dans l'église
en 1817; l'ancien monument consistait en un sarcophage de marbre
noir sur lequel était placée la statue se détachant sur un fond de
marbre. Deux colonnes élevées devant des pilastres supportaient un
couronnement au milieu duquel étaient suspendues les armoiries du
défunt. Ce monument avait été élevé par le père et par le frère de
J. de Dowglas.

TOMBEAU DE CASIMIR, ROI DE POLOGNE,

ABBÉ DE SAINT-GERMAIN-DES-PRÉS.

Jean Casimir, roi de Pologne et abbé de Saint-Germain-des-Prés,
mourut à Nevers, le 16 novembre 1672; son cœur fut déposé dans
la chapelle de Saint-Placide, nommée depuis de Saint-Casimir, et
située dans le transept du nord à l'église de l'abbaye. On lui éleva
un tombeau qui se voit encore aujourd'hui et qui est gravé sur la
planche XXXIV; l'exécution de ce mausolée fut confiée à Marcy,
sculpteur du roi. Sur un sarcophage de marbre noir, dont le soubassement est orné d'un bas-relief en plomb représentant une bataille que
le roi de Pologne gagna, en 1661, contre les Moscovites, Casimir est
représenté à genoux, revêtu de ses habits royaux et offrant à Dieu son
sceptre et sa couronne: des captifs turcs et tartares, enchaînés à des
trophées d'armes, rappellent les victoires du roi. Ce monument est
encadré d'un ordre de pilastres corinthiens et d'une arcade à laquelle
est suspendu un manteau royal que soulèvent des génies.

En 1793 ce mausolée fut mutilé; l'épitaphe qu'on peut lire dans
l'historien Dom Bouillart, fut détruite; la statue, recueillie alors au
musée des Monuments français, par Alexandre Lenoir, a pu être
replacée dans l'église après la suppression du musée. Les figures de
captifs sont au Louvre.

ABBAYE DE SAINT-GERMAIN-DES-PRÉS.

CHARLES-QUINT, PAR JEAN COUSIN.

Un médaillon en bronze, attribué à Jean Cousin, décorait la salle des manuscrits à l'abbaye de Saint-Germain-des-Prés; il est reproduit en haut de la planche XXXV. Il représente Charles-Quint la tête ceinte d'une couronne de laurier; l'empereur porte une cuirasse et le collier de l'ordre de la Toison d'or. Un cadre remarquable par la richesse et l'ingénieuse composition des arabesques entoure ce beau portrait, qui est déposé aujourd'hui dans une des salles de la sculpture moderne, au Louvre. Ce bronze fut recueilli à l'abbaye de Saint-Germain-des-Prés le 14 fructidor an II de la République, par Alexandre Lenoir, administrateur du musée des Monuments français, où il a été exposé jusqu'en 1817.

Planche
XXXV.

CASIMIR, ROI DE POLOGNE.

La statue de Jean-Casimir, roi de Pologne, abbé de Saint-Germain-des-Prés, exécutée par Marcy, sculpteur du roi Louis XIV, et qui se voit dans le transept nord de l'église, a été reproduite en grand sur la planche XXXV, afin de faire connaître ce bel ouvrage de sculpture d'une façon plus complète que par l'ensemble du mausolée gravé sur la planche XXXIV.

Le roi, agenouillé, a la main droite sur la poitrine; de la main gauche il porte en avant son sceptre et sa couronne, dont il fait hommage à Dieu. Le mouvement de la tête et l'expression de la physionomie sont en harmonie avec la pensée qui le dirige dans cet acte important; les armes de Casimir sont placées derrière lui : ce sont, un casque, un bouclier, un sabre et un carquois; devant lui est un amas d'armes composé de casques, de cuirasses, de drapeaux enlevés aux ennemis; une couronne et un sceptre moscovites, joints à ces dépouilles des vaincus, sont placés aux pieds de Casimir, pour rappeler la victoire qu'il remporta, en 1661, en Lithuanie.

14.

ABBAYE DE SAINT-GERMAIN-DES-PRÉS.

ARMOIRIES DE LA FAMILLE DE DOWGLAS.

Planche
XXXVI.

Les armoiries de la famille de Dowglas ayant été détruites en 1793, on dut en faire exécuter de nouvelles, lorsque les deux monuments furent rétablis dans l'église de Saint-Germain-des-Prés, après 1817; elles sont dessinées sur la planche XXXVI; le cartouche, les feuillages et autres accessoires qui les encadrent, sont d'invention moderne, et remplacent leurs anciens supports, qui étaient un sauvage et une licorne; le casque et la couronne de comte ont été rétablis assez fidèlement; l'écu est une reproduction exacte de celui des anciennes armoiries.

STATUE DE GUILLAUME DE DOWGLAS.

Guillaume de Dowglas, prince écossais, comte d'Auguise, était venu à la cour de Henri III et avait abjuré la religion protestante; il ne put rester en Écosse à cause des persécutions religieuses, et revint à Paris. Son grand zèle de catholique fut cause qu'à sa mort, en 1611, l'abbé de Saint-Germain-des-Prés concéda la chapelle de Saint-Christophe à sa famille pour lui élever le tombeau dont l'ensemble est gravé à la planche XXXIV. La statue placée sur ce tombeau est ici reproduite en grand pour faire mieux connaître sa physionomie et les détails du costume. L'armure est dans le style de celles qui s'exécutaient à l'époque de la renaissance; de riches ornements en décorent les parties principales.

STATUE DE JACQUES DE DOWGLAS.

Jacques de Dowglas, petit-fils de Guillaume, ayant été tué au service de la France, en 1645, fut inhumé dans la chapelle de Saint-Christophe, auprès de son grand-père; on lui éleva le tombeau gravé sur la planche XXXIV. Sa statue est reproduite ici pour donner plus en grand sa figure ainsi que le costume de guerre, qui, sous Louis XIII, avait subi déjà des modifications importantes. En 1793, lorsqu'on ouvrit le cercueil de Jacques de Dowglas, on trouva le corps bien conservé et vêtu d'un manteau ducal.

ÉGLISE DE SAINT-JULIEN-LE-PAUVRE.

PLAN DE L'ÉGLISE.

L'église de Saint-Julien-le-Pauvre est de fondation mérovingienne; elle existait avant l'année 580; Grégoire de Tours la qualifie de *basilique* et y demeurait lorsqu'il venait à Paris. Cet édifice, situé auprès de la porte du faubourg méridional de la ville, fut rebâti au XII⁰ siècle tel qu'on le voit aujourd'hui. Le mur de face est démoli aux deux tiers, ainsi que les deux premières travées de la nef latérale du midi; ces parties sont teintées moins noires que le reste du plan. Un mur, tracé par un ton gris, remplace l'ancienne façade; il date du XVII⁰ siècle ainsi qu'un autre mur moins épais, élevé dans les deux premiers entre-colonnements de la nef latérale du nord, pour former une sacristie. L'église, divisée en trois nefs composées de six travées, percées latéralement d'un nombre égal de fenêtres sur chaque face, était originairement ornée de douze colonnes isolées : la première à droite n'existe plus; neuf sont encore debout aux nefs et à la sacristie. Deux colonnes situées près du sanctuaire servent de lien entre les piliers d'angles des absides et ceux qui séparent les nefs de l'entrée du chœur. Les absides sont au nombre de trois : une grande, ornée de colonnettes et percée de trois fenêtres, c'était le sanctuaire, et deux petites, ornées aussi de fines colonnes, et ouvertes, celle du midi, d'une fenêtre, celle du nord, de deux. Cette dernière abside est moins profonde que l'autre : un ancien puits est établi derrière. Le mur latéral du midi est dépourvu de contre-forts; une tourelle s'y appuie, elle contient l'escalier qui conduit au-dessus des voûtes de l'église.

Planche
1.

ÉGLISE DE SAINT-JULIEN-LE-PAUVRE.

A, FRAGMENT DE L'ANCIENNE FAÇADE. — B, FAÇADE MODERNE.

Planche
II.

L'ancienne façade de l'église de Saint-Julien-le-Pauvre avait été construite au XIIIe siècle; un fragment existe encore en avant de la façade moderne; on y voit un contre-fort, auprès duquel, à rez-de-chaussée, s'élèvent quelques colonnettes qui décoraient la porte d'entrée de la nef principale. Au-dessus de cette porte avait été pratiquée une galerie ornée de colonnettes, dont quelques-unes se voient auprès du contre-fort; elles devaient faire partie de la première baie.

La façade moderne est du XVIIe siècle; elle est incomplète, parce que le bas côté nord de l'église a été conservé dans toute son étendue. Quatre pilastres d'ordre dorique la décorent; ils sont surmontés d'un entablement à triglyphes et d'un grand fronton percé d'un œil-de-bœuf. Une porte très-simple et une fenêtre cintrée, aujourd'hui murée, occupent les entre-pilastres. Au loin, à la droite du dessin, on voit une tourelle qui contient un escalier à vis par lequel on monte au-dessus des voûtes de l'église.

ABSIDE.

L'abside principale de l'église de Saint-Julien-le-Pauvre, divisée par deux contre-forts ornés d'une moulure et de nombreux larmiers, contient deux étages de fenêtres terminées en arcs aigus et qui éclairent le sanctuaire; une corniche à consoles très-simples supporte la saillie du toit. Deux absides secondaires s'élèvent auprès de la grande : celle du sud est percée d'une seule fenêtre. Au nord, deux fenêtres séparées par un contre-fort sont pratiquées dans la petite abside. A la gauche du dessin, la tourelle indique l'arrivée de l'escalier à vis et les degrés établis à découvert pour aller au-dessus des voûtes de l'édifice.

ÉGLISE DE SAINT-JULIEN-LE-PAUVRE.

COUPE LONGITUDINALE DE L'ÉGLISE.

La coupe longitudinale de l'église de Saint-Julien-le-Pauvre, gravée sur la planche III, indique cinq époques différentes : 1° celle de la façade, qui datait du xiiiᵉ siècle; 2° celle de la partie antérieure de la nef conservée pour faire une sacristie et qui est de l'époque romane; 3° le mur de la façade actuelle, présenté ici en coupe et qui date du xviiᵉ siècle; 4° la grande nef, terminée probablement à la fin du xiiᵉ siècle, et dans laquelle on a construit les fenêtres; 5° le chœur et le sanctuaire, où le style à ogive de la fin du xiiᵉ siècle a été adopté.

Le fragment de la façade gothique présente le profil d'un contre-fort, les colonnettes qui décoraient la porte principale, au-dessus celles de la galerie supérieure, l'étroit passage de cette galerie et des restes de sa décoration à l'intérieur de l'église, puis quelques colonnes et sommiers d'arcs indiquant un projet qui n'a pas été réalisé. Au delà de cette façade, la partie antérieure de l'ancienne nef fait voir deux arcs en plein cintre, surhaussés et portés par des colonnes romanes; ces arcs sont bouchés par un mur moderne dans lequel on a pratiqué des baies en ogive pour éclairer la sacristie. Au-dessus, un bandeau avec lequel se raccorde la galerie gothique de la façade supporte les appuis de deux baies en ogive, murées aujourd'hui, et qui faisaient partie de la première disposition de la grande nef de l'église.

Au delà du mur en coupe de la façade du xviiᵉ siècle se présente la grande nef dans ses proportions actuelles réduites à quatre travées; de fortes colonnes, surmontées de chapiteaux alternativement simples et ornés, supportent les arcs. Une moulure placée plus bas que celle qu'on voit dans la partie antérieure de la nef supporte quatre fenêtres en ogive, qui éclairent l'église. Une voûte formant berceau sans nervures surmonte cette partie de l'édifice.

Le chœur, construit dans le style de la fin du xiiᵉ siècle, est séparé de la nef par un gros pilier formé d'un groupe de colonnes qui supportent les grands arcs supérieurs; ce pilier est séparé de celui de l'abside par une grosse colonne courte, sur le chapiteau de laquelle reposent deux arcs aigus, et une colonnette qui porte les nervures supérieures; elle divise la travée du chœur en deux parties égales; des fenêtres géminées, ornées de colonnettes, éclairent le chœur par le haut. L'abside ou sanctuaire est ornée de colonnes isolées, placées dans sa courbe, entre trois fenêtres richement décorées de colonnettes et d'archivoltes; au-dessus sont pratiquées trois baies plus petites et dépourvues de moulures.

ÉGLISE DE SAINT-JULIEN-LE-PAUVRE.

COUPE SUR LA CHAPELLE MÉRIDIONALE.

Planche IV.

La chapelle méridionale de l'église de Saint-Julien-le-Pauvre, gravée sur la planche IV, est plus importante que celle du nord; la coupe en fait voir les dispositions intérieures; des piliers ornés de nombreuses colonnettes la séparent de la nef latérale; une épaisse colonne, dont le riche chapiteau est reproduit à la planche V, décore la face septentrionale de la chapelle : il est placé entre deux étroites arcades communiquant avec le chœur. Sur ce chapiteau reposent des nervures de la voûte et deux colonnettes qui font partie de la décoration d'arcs de décharge supportant les voussures. L'abside, précédée de colonnettes qui soutiennent les nervures de sa voûte, est ornée de colonnettes isolées placées auprès de la seule fenêtre qui éclaire cette partie de la chapelle. Au-dessus de la coupe, le dessin fait voir les hautes constructions du chœur et la grande abside de l'église.

COUPE TRANSVERSALE.

La seconde coupe gravée sur la planche est tracée au milieu du chœur; elle fait voir les deux chapelles latérales et leurs absides, dont l'une, celle du midi, est ornée de colonnes auprès de la fenêtre. Entre ces chapelles et le chœur s'élèvent deux courtes colonnes surmontées d'arcs qui portent les murs latéraux; plus haut sont tracées des fenê-

tres éclairant le chœur; le comble, les grandes voûtes et leurs nervures, encadrent l'ensemble de l'abside principale enrichie de colonnes et de deux étages de fenêtres; des colonnettes et de nombreuses moulures accompagnent les ouvertures inférieures.

ÉGLISE DE SAINT-JULIEN-LE-PAUVRE.

DÉTAILS DE LA CHAPELLE MÉRIDIONALE, AU QUART DE L'EXÉCUTION.

Le chapiteau reproduit au quart de l'exécution, en haut de la
planche V, est celui qui surmonte la colonne placée entre le chœur de
l'église de Saint-Julien-le-Pauvre et la chapelle méridionale; il est couronné par un tailloir, dont les moulures, finement profilées, sont en
harmonie avec l'ensemble de la composition; la corbeille du chapiteau est décorée, sous les angles du tailloir, d'oiseaux à tête hu-
maine, aux ailes éployées, et conçus dans l'esprit des nombreuses
productions hybrides du XIIe siècle; ces oiseaux reposent sur des folioles qui se développent gracieusement pour encadrer une large feuille
d'acanthe, imitée de celles qui ornent le chapiteau corinthien.

Trois chapiteaux de la même chapelle sont dessinés au bas de la
planche; ils font connaître, par leur variété, combien étaient féconds
les artistes du moyen âge pour créer des motifs de décoration; les
détails en sont puisés dans les plantes aquatiques qui, par leur simplicité, admettent peu de subdivisions de folioles, et conviennent pour
orner les couronnements de colonnettes légères. Les tailloirs de ces
chapiteaux offrent des profils sévères; ils sont tracés géométralement
en haut de la planche.

ÉGLISE DE SAINT-JULIEN-LE-PAUVRE.

CHAPITEAU ET BASE DU CHŒUR, CÔTÉ SEPTENTRIONAL.

Le chapiteau et la base que présente la planche VI sont situés entre
le chœur et la chapelle septentrionale de l'église de Saint-Julien-le-
Pauvre. Un tailloir très-finement profilé et d'un bon effet surmonte la

corbeille, dont la décoration est inspirée de celle du corinthien. Sous les angles du tailloir s'enroulent des volutes; elles sont soutenues par de belles feuilles d'acanthe que caractérisent les détails aigus de leurs folioles. Au milieu de chacune des faces du chapiteau s'étendent de larges feuilles de même style, et dont le sommet renversé laisse voir le revers; plus haut les petites volutes du corinthien sont remplacées par des folioles disposées avec goût. La base de la colonne présente de l'analogie avec celle qu'inventèrent les Grecs et qu'on nomme *base attique;* les éléments sont à peu près les mêmes, les proportions ont été changées : ainsi le tore supérieur, au lieu de se relier au fût de la colonne par un filet et un congé, est refouillé, comme on peut le voir au profil placé en regard, à la droite de la planche. Le tore inférieur, proportionnellement plus grand que celui de la base attique, est de forme écrasée; il est relié aux angles de la plinthe par de larges feuilles dont les extrémités s'enroulent sur elles-mêmes; un socle élevé, que surmonte un large chanfrein, supporte cette base. A la gauche de la planche est tracé le profil de la base de la colonne placée entre le chœur et la chapelle méridionale, et dont le chapiteau est publié à la planche V. Deux profils, dessinés plus haut que ceux des bases des grosses colonnes, appartiennent à des colonnettes; le tailloir du chapiteau est profilé à droite au sommet de la planche.

ÉGLISE DE SAINT-JULIEN-LE-PAUVRE.

CHAPITEAUX DE LA CHAPELLE SEPTENTRIONALE,

Au cinquième de l'exécution.

Planche
VII.

Les quatre chapiteaux dessinés sur la planche VII surmontent des colonnettes de la chapelle septentrionale de l'église de Saint-Julien-le-Pauvre; ils sont tous variés, bien que l'élément de leur composition, la feuille d'eau, leur soit commune à tous. Tous les tailloirs sont dessinés avec le même profil; au-dessous paraît le sommet de la corbeille; c'est là que commence la variété. Sur le premier chapiteau de la planche, les volutes d'angles sont remplacées par de larges feuilles placées de profil; leur pointe est enroulée; un seul rang de feuilles est placé symétriquement au-dessous, et repose sur l'astragale de la colonne.

Le second chapiteau est plus simple que le premier; les feuilles, dessinées de profil, se dirigent de la circonférence de la corbeille à l'axe de la composition; elles supportent les angles du tailloir avec leurs tiges, et les extrémités s'enroulent pour former le fleuron. Du bas de la corbeille sortent deux grandes feuilles retroussées à leurs extrémités pour soutenir les tiges supérieures. Le troisième chapiteau est plus simple encore que le précédent; il se compose de deux volutes d'angle dont la tige sort de la base de deux grandes feuilles qui se courbent par le haut.

Enfin le quatrième chapiteau présente, dans sa partie supérieure, de larges feuilles placées de profil, mais dans le sens inverse de celles qui figurent sur les deux premiers exemples; de leurs tiges sortent des folioles qui ornent le milieu de la corbeille; de larges feuilles appuyées sur l'astragale de la colonne supportent cette décoration supérieure.

ÉGLISE DE SAINT-JULIEN-LE-PAUVRE.

Les détails dessinés sur la planche VIII datent de diverses époques : deux chapiteaux, copiés dans le chœur de l'église, occupent le haut de la planche; ils sont dans le même style que ceux qui ont été précédemment décrits. Entre ces chapiteaux est reproduit un bas-relief de pierre du XIVᵉ siècle qui est incrusté dans le maître-autel; il représente le Christ en croix, la Vierge, saint Jean et deux personnages à genoux, homme et femme, qui, sans doute, sont ceux qui firent exécuter le bas-relief. A la gauche de la planche, dans la partie basse, sont tracées deux coupes, l'une d'un tailloir de chapiteau, l'autre d'une base des grandes colonnes de la nef principale. Au milieu est figuré un fragment important de l'ancienne façade de l'église, élevée

Planche
VIII.

15.

au xiii⁰ siècle; on y voit plusieurs chapiteaux qui couronnent les colonnettes de la porte, et une partie de la frise sculptée sur la muraille. A la droite de ce fragment est dessinée la coupe du chapiteau principal et de la colonnette qu'il surmonte.

ÉGLISE DE SAINT-JULIEN-LE-PAUVRE.

Planche IX.

Le sommet de la planche IX contient trois chapiteaux de colonnettes engagées, qui ont été copiés dans la chapelle de la Vierge; les deux premiers sont composés de larges feuilles d'eau que surmontent des volutes; sur le troisième, les feuilles sont subdivisées comme le faisaient les anciens et reproduisent l'acanthe. Dans la région inférieure de la planche, un groupe de chapiteaux est extrait de la façade du xiii⁰ siècle; au-dessous une inscription contenant ces mots, *Ludovicus rex*, était à l'Hôtel-Dieu sous une statue de Louis XI.

Au milieu de la planche est dessinée une des clefs de voûte de la grande nef; elle est formée d'une large rosace composée de feuillages et de fruits, près desquels se réunissent les nervures; deux têtes sont sculptées dans la direction de l'axe de l'église. Un chapiteau extrait de la chapelle septentrionale termine cette planche. Au-dessous du tailloir s'enroulent de gracieuses palmettes dans le style du xii⁰ siècle; elles sont soutenues par des tiges vigoureuses posées sur l'astragale de la colonne et séparées par une large feuille.

ÉGLISE DE SAINT-JULIEN-LE-PAUVRE.

Planche X.

Le haut de la planche X contient un bas-relief qui date du xiii⁰ siècle, il est incrusté dans le mur d'une maison de la rue Galande et provient de l'ancienne façade de l'église; il représente le Christ debout dans un bateau que conduisent saint Julien en batelier et une femme. Derrière eux, sur la rive, est sculptée une chapelle auprès de laquelle s'élève un arbre. La sacristie de l'église renferme deux statues de pierre, dont l'une, reproduite à gauche de la planche, est celle de saint Landry. Cet évêque de Paris est coiffé de la mitre : il porte une chape que retient une agrafe ; le saint tient de la main gauche sa crosse, dont le sommet est en partie détruit. Cette figure décorait une façade de l'Hôtel-Dieu.

Du côté opposé est dessinée une statue de Charlemagne, exécutée au commencement du xviᵉ siècle : l'empereur est couvert d'une armure complète et du manteau impérial ; il tient de la main gauche un globe. Au-dessous de ces statues ont été reproduits deux supports : l'un, composé d'une large feuille d'acanthe, l'autre, d'arabesques gracieuses du xviᵉ siècle. Entre ces deux dessins est celui d'une pierre sépulcrale qui se voit dans la nef méridionale de l'église ; elle fut élevée à la mémoire de maître Henri Boisseau, jadis avocat au Parlement, qui fonda des messes à l'église de Saint-Julien-le-Pauvre. Il est figuré enveloppé d'un linceul, les mains jointes et se soulevant de son tombeau pour adresser au Christ, sculpté devant lui, une prière dont les termes sont gravés sur un phylactère. Les armoiries du défunt ont été tracées au milieu de trèfles gothiques placés aux quatre angles de la pierre sépulcrale. Ce monument avait été brisé, il a été restauré dans sa partie supérieure. Deux rosaces, servant de clefs de voûte dans la chapelle septentrionale de l'église, sont reproduites au bas de la planche.

ÉGLISE DE SAINT-BENOÎT.

PLAN DE L'ÉGLISE.

L'église de Saint-Benoit, entièrement détruite lors du percement de la rue des Écoles, était située rue Saint-Jacques. Son origine, qui n'est pas connue d'une manière précise, est très-ancienne. Ce fut probablement une chapelle élevée, au viᵉ ou au viiᵉ siècle, sur le bord de la voie antique, et consacrée à saint Bacche et à saint Serge, martyrs. Ce ne fut qu'au xiiᵉ siècle qu'on la désigna sous le nom de *Saint-Benoît*. Située sur le bord occidental de la voie, son chevet n'était pas orienté suivant l'usage, ce qui lui fit donner le surnom de *bétournée*

Planche
1.

ou mal tournée. Le plan gravé sur la planche I fait voir le tracé de l'abside primitive, puis un canal de construction romaine qui amenait les eaux d'Arcueil au palais des Thermes; ils ont été l'un et l'autre découverts en 1831, lorsque l'église fut convertie en théâtre du Panthéon. L'église de Saint-Benoît avait été reconstruite sous le règne de François Ier, telle qu'elle est tracée par le plan gravé sur la planche; et l'abside placée à l'orient, vers la rue Saint-Jacques, la fit nommer alors *Saint-Benoît-le-Bientourné*. Le sanctuaire, reconstruit en 1680, par le célèbre architecte Perrault, a été conservé jusqu'à l'entière destruction de l'édifice. On entrait dans l'église par deux portes, situées sur une rue étroite communiquant avec le cloître Saint-Benoît; la plus grande de ces deux portes donnait accès à la nef principale, et la plus petite à une nef latérale située au sud. Des colonnes et des piliers séparaient les nefs; latéralement étaient placées des chapelles particulières: six au midi et trois au nord. Sur ce dernier côté, une porte latérale communiquait avec le cloître. Au sud de l'édifice étaient le cimetière et les charniers; sous la nef méridionale de l'église, de nombreux caveaux, éclairés par des soupiraux ouverts sur le cimetière, servaient à la sépulture. Une coupe de ces caveaux, dans lesquels on descendait par un escalier voisin de la façade, est tracée en haut et à la droite du plan.

ÉGLISE DE SAINT-BENOÎT.

FAÇADE DE L'ÉGLISE.

Planche
II.
La façade de l'église de Saint-Benoît, reconstruite sous le règne de François Ier, était dans le style gothique, modifié par les premières dispositions de la renaissance. Elle était surmontée de trois pignons, dont un, plus important que les deux autres, était celui de la nef principale. Une grande rose servait à éclairer cette nef; plus bas était la porte principale décorée d'arcs aigus, de trèfles et de feuillages. Un pilier, portant la statue de la Vierge, divisait l'entrée en deux parties égales: les statues de saint Benoît et de sainte Scolastique, surmon-

tées de dais à jour, décoraient les parties latérales de cette porte.
qui, lors de la destruction de l'édifice, a été transportée au musée
de Cluny. Au sud de cette porte, on en voyait une plus petite, qui
servait d'entrée à la nef méridionale. De grandes fenêtres à meneaux
donnaient du jour aux nefs secondaires. Un petit clocher du XVIIe siècle
surmontait la façade.

ÉGLISE DE SAINT-BENOÎT.

FAÇADE LATÉRALE.

La façade latérale de l'église de Saint-Benoît, gravée sur la planche II *bis* est celle qui s'élevait au nord sur le cloître; elle était composée de quatre travées, séparées par des pilastres que surmontaient
des pinacles placés aux extrémités des arcs-boutants. Chacune des divisions de cette façade portait un pignon orné. La première division,
voisine de la façade occidentale, était percée de deux demi-fenêtres
qui éclairaient la chapelle du Saint-Sépulcre; la seconde et la quatrième chapelle étaient éclairées par de larges baies fermées par des
meneaux soutenant des verrières. Entre ces deux chapelles et au-dessous d'une large fenêtre en ogive, on avait construit, à une époque
moderne, la porte latérale du nord, qui donnait entrée à l'église par
le cloître. Au delà de toutes ces constructions s'élevaient le bas côté
du nord et le chœur de l'église qui furent reconstruits, au XVIIe siècle,
par l'architecte Perrault. L'étage inférieur était percé de trois fenêtres en plein cintre, que séparaient des pilastres; des arcs-boutants,
en forme de consoles renversées, soutenaient les voûtes supérieures,
éclairées par trois baies, dont deux en ogive. Une corniche surmontait
tout l'édifice et portait un comble uniforme sur lequel s'élevait le
petit clocher moderne.

L'entrée du cloître avait été ménagée sur la rue Saint-Jacques, dans
un bâtiment de construction récente.

Planche
II *bis*.

ÉGLISE DE SAINT-BENOÎT.

COUPE LONGITUDINALE.

Planche
III.

La coupe longitudinale gravée sur la planche III indique les six travées et l'abside qui composaient l'ensemble de l'église de Saint-Benoît, à l'intérieur. Entre la première travée et le mur de la façade occidentale, un petit escalier conduisait dans les combles. Cette première travée était percée d'une arcade surbaissée ouverte sur la chapelle du Saint-Sépulcre. Les cinq travées suivantes contenaient chacune une grande arcade en ogive, donnant entrée dans les chapelles et dans les galeries latérales.

La porte du cloître s'ouvrait dans le collatéral du nord; l'abside et le sanctuaire, reconstruits par Perrault, avaient été décorés de pilastres corinthiens supportant un entablement complet orné de rosaces et de guirlandes. La voûte de l'abside était ornée, de même, dans le goût du XVIIe siècle. Le sanctuaire, construit sur la rue Saint-Jacques, était élevé de cinq marches; une large fenêtre surmontée d'un fronton l'éclairait à l'orient.

Un petit caveau de sépulture était pratiqué dans l'axe de l'église, devant la cinquième travée; il est tracé sur la coupe. Le chenal de l'aqueduc romain et les fondations de l'abside de l'ancienne église, indiqués sur le plan, sont dessinés au bas de cette coupe à leurs niveaux relatifs. Ils furent détruits, l'un et l'autre, lorsqu'on fit les substructions nécessaires à l'établissement du théâtre.

ÉGLISE DE SAINT-BENOÎT.

COUPES TRANSVERSALES.

Planche
III bis.

La coupe transversale de l'église de Saint-Benoît, gravée sur la planche III *bis*, est tracée à la hauteur de la porte latérale qui donnait sur le cloître; elle indique d'abord l'entrée de l'église de ce côté et

une arcade qui conduisait au collatéral du nord. Après la grande nef
on voit plus loin l'abside et le sanctuaire, construits par Perrault et
décorés dans le style du XVIIᵉ siècle.

A la droite de cette grande nef sont figurées celles qui se trouvaient
au midi, ainsi que l'une des chapelles du même côté; elle était éclairée sur le cimetière.

Au-dessous de cette chapelle et de la nef voisine, sont tracés les
caveaux funéraires, qui recevaient le jour par des soupiraux pratiqués
sur le cimetière. Les parties supérieures de la coupe montrent les
arcs-boutants et les contre-forts soutenant la poussée des voûtes,
ainsi que les toits et les combles qui couvraient les constructions secondaires et la nef principale.

ÉGLISE DE SAINT-BENOÎT.

NEF MÉRIDIONALE.

La vue reproduite sur la planche IV est prise de l'extrémité orientale de la nef latérale du midi; on voit au fond une des fenêtres, pratiquée sur la façade occidentale de l'église.

Les travées sont divisées à droite par de grosses colonnes, et à
gauche par des piliers ornés de colonnettes dont les chapiteaux supportaient les nervures des voûtes. Entre les arcades, s'étendent, d'un
côté, les chapelles du midi, et, de l'autre côté, les deux premières
travées de la nef principale.

Cette vue a été dessinée lorsqu'on préparait les travaux qui, en
1831, furent entrepris, pour établir, dans l'église de Saint-Benoît, le
théâtre du Panthéon.

Planche
IV.

ÉGLISE DE SAINT-BENOÎT.

CHAPELLE DE LA TOURELLE.

A l'extrémité occidentale de la seconde nef du midi était une chapelle dite *de la Tourelle*. Elle était éclairée sur le cimetière par une

Planche
V.

étroite fenêtre. Une porte pratiquée à droite donnait entrée à la galerie des charniers.

Au-dessus de cette porte en était une plus petite, à laquelle on arrivait par un escalier tournant qui faisait suite à un escalier plus étendu, pratiqué dans une tourelle située à l'angle de la chapelle.

L'ensemble de ces dispositions est reproduit sur la planche V. En avant de l'escalier de la tourelle, on voit la petite porte de l'église, et au-dessus, la fenêtre qui éclairait cette partie antérieure de l'édifice. Plus en avant est l'ouverture par laquelle on descendait aux caveaux funéraires, placés au-dessous du collatéral et des chapelles du midi.

DÉTAILS DE LA PORTE PRINCIPALE.

Le pilier qui divisait la porte principale de l'église en deux parties est reproduit à la droite de la planche; il est orné d'une riche console soutenue par une tête d'ange; au-dessus était une statue de la Vierge. (Voir la planche VI.)

Un dais richement découpé surmontait la statue; ce fragment a été recueilli au musée de Cluny.

À la gauche de la planche est dessinée une partie de la menuiserie ornée d'arabesques provenant de la porte de l'église, à l'intérieur.

ÉGLISE DE SAINT-BENOÎT.

DÉTAILS DE LA FAÇADE.

La planche VI reproduit en grand la décoration principale de la façade de l'église de Saint-Benoît. La porte qui, ainsi qu'on l'a dit plus haut, a été réédifiée au musée de Cluny, se composait de deux baies divisées par un pilier portant la statue de la Vierge; un œil-de-bœuf avait été percé, à une époque moderne, dans le tympan de la porte; l'ensemble était encadré de nombreuses moulures gothiques prenant la forme de l'arc aigu, et décorées de feuillages profondément évidés. Sur les moulures situées en avant, se détachaient des arcatures en

trèfles; de larges feuilles et deux animaux chimériques décoraient
l'extrados de l'arcade; la partie qui la couronnait était terminée par
une fleur de lis occupant le milieu d'une large rose donnant du jour à
la nef principale; des moulures et des feuillages encadraient cette rose.
De doubles pilastres, ornés de moulures et de clochetons variés, s'élevaient, aux deux côtés de la porte, sur des consoles portant des figures
d'anges et des écussons.

Ces pilastres étaient divisés, dans leur hauteur, par une longue corniche. Deux statues représentant, l'une, saint Benoît, et l'autre, sainte
Scolastique, s'élevaient sur des piédestaux; elles étaient couronnées
de dais richement découpés.

ÉGLISE DE SAINT-BENOÎT.

DÉTAILS.

La planche VII contient de nombreux détails de l'église de Saint-
Benoît, dessinés à l'époque de sa destruction. Sous les numéros 1, 2
et 8, sont reproduites des clefs pendantes, des armoiries et de riches
nervures qui décoraient les voûtes des chapelles du nord. Les numéros 3, 3 *bis*, 4 et 5, représentent des rosaces exécutées à la rencontre
des nervures de plusieurs voûtes de l'église. Sous le numéro 6 est un
bas-relief représentant le Père éternel bénissant la Vierge; il formait
panneau au milieu de la voûte d'une des travées du bas côté du nord.
Au numéro 7 est un fragment de nervure portant des traces de couleurs. Le numéro 9 est une chimère formant support. Les numéros 10, 11, 12, 13 et 14 reproduisent des vases du moyen âge,
trouvés dans les fouilles. Une poterie romaine est dessinée au numéro 15. Les fragments d'un tombeau en plâtre, ornés de croix
et de signes variés, sont reproduits au numéro 16. Le numéro 17
indique la forme de plusieurs tuiles trouvées dans les fouilles exécutées
en 1831 et 1832. Aux numéros 18, 19 et 20, sont des fragments de
sculptures qui décoraient l'église. Quelques-uns de ces détails ont été
déposés au musée de Cluny.

Planche
VII.

16.

ÉGLISE DE SAINT-BENOÎT.

DÉTAILS.

Planche
VIII.

Sur la planche VIII ont été dessinés des détails variés, trouvés dans les fouilles, ou ayant fait partie de la décoration de l'église. Les chapiteaux tracés sous les numéros 1, 2, 3 et 4, ont été découverts dans les fondations du deuxième et du troisième pilier, situés à droite de la nef principale. Le style de leur architecture indique qu'ils ont fait partie de la décoration de l'édifice antérieur à celui qui fut reconstruit sous le règne de François Ier. Au numéro 5 est une des consoles qui servaient de supports aux pilastres voisins de la porte principale, et au numéro 6 figure un des ornements qui surmontaient la corniche de cette porte. Sous les numéros 7, 8, 9, 10 et 11, sont dessinées les chimères ou gargouilles qui éloignaient la chute des eaux pluviales des diverses façades de l'église. Le numéro 12 reproduit un des panneaux en basrelief, dont étaient décorées les voûtes des bas côtés du nord; il représente la Salutation angélique. Le numéro 12 *bis* est un détail peint du cadre de ce panneau sculpté. Enfin, au numéro 13, est un fragment de tombeau du xviie siècle. Quelques détails de cette planche sont au musée de Cluny.

PRIEURÉ DE SAINT-MARTIN-DES-CHAMPS.

PLAN GÉNÉRAL DU PRIEURÉ.

Planche
I.

Une église ou chapelle, bâtie sous l'invocation de saint Martin, existait dans la campagne, en dehors de l'enceinte septentrionale de Paris, au vi^e ou au viie siècle de notre ère; Grégoire de Tours en fait mention; elle devait être située vers l'emplacement occupé encore aujourd'hui par l'église de Saint-Martin-des-Champs, devenue une dépendance du musée des Arts et Métiers.

La première église, détruite par les Normands, fut reconstruite par le roi Henri Ier, en 1060; son fils, Philippe Ier, en fit faire la dédicace en 1067.

Des chanoines avaient été établis d'abord à l'abbaye de Saint-Martin-des-Champs; mais, en 1079, Philippe Ier leur substituant des religieux de Cluny, cette maison descendit au rang de prieuré et devint le premier de cet ordre. Hugues Ier, prieur de 1130 à 1142, fit entourer le monastère de murailles fortifiées qu'on renouvela au XIIIe siècle, telles qu'on les voit tracées sur le plan gravé à la planche Ire et sur la vue perspective placée au-dessus. Cette enceinte se composait de quatre grosses tours d'angle et de dix-huit tourelles élevées sur des murs crénelés; on en voit encore des restes rue Saint-Martin et rue du Vert-Bois; l'église, trois chapelles, les lieux réguliers, leurs dépendances et de vastes jardins, étaient renfermés dans ces murailles.

L'échelle ou poteau de justice des religieux s'élevait devant la porte du prieuré située en A; à droite était logé le portier; à gauche, en C, était une chapelle dédiée à saint Nicolas, destinée aux gens de la maison et qui fut l'origine de l'église de Saint-Nicolas-des-Champs, qui était déjà paroissiale en 1184.

L'emplacement situé en E formait un cimetière, dans lequel, au XIIIe siècle, Nicolas Arrode fit construire une chapelle dédiée à saint Michel et marquée D. Après avoir franchi la cour F, on entrait dans l'église par deux porches, I et J; la nef H, sans bas côtés, existe encore, ainsi que le sanctuaire et l'abside. Une longue chapelle de la Vierge, tracée en O, s'élevait au nord de l'église.

Le cloître N, reconstruit au XVIIIe siècle, le beau réfectoire L, reproduit sur les planches suivantes, le chapitre R, la salle mortuaire S, les salles V, la tour des archives T, les celliers K, les dortoirs P et Q formaient l'ensemble des lieux réguliers; la cuisine M s'élevait sur une cour de dépendances X. La plupart de ces constructions, modifiées au commencement du XVIIIe siècle, l'ont été encore de nos jours pour le service du musée des Arts et Métiers.

En 1765 un marché fut établi dans les jardins du monastère; il a été reconstruit depuis, c'est le marché Saint-Martin.

Le plan et la vue du prieuré de Saint-Martin-des-Champs, repro-

duits sur la planche 1re, ont été gravés d'après des dessins originaux
conservés aux Archives impériales.

PRIEURÉ DE SAINT-MARTIN-DES-CHAMPS.

PLAN ET COUPE DE L'ÉGLISE.

Planche
II.

Le plan de l'église du prieuré de Saint-Martin-des-Champs présente deux caractères distincts, comme on le voit sur la planche II :
le sanctuaire, les galeries qui l'entourent, les chapelles de l'abside et
le clocher, sont dans le style du xie et du xiie siècle; une vaste nef sans
bas côtés y a été ajoutée plus tard dans le style à ogive. Une grande
irrégularité se remarque dans toute la partie orientale de l'église; le
plan du sanctuaire présente une déviation marquée vers le sud; de ce
côté les arcades sont plus étroites que celles du nord; les mêmes
observations se font dans la galerie qui environne le sanctuaire. Les
trois chapelles méridionales de l'abside ont des formes irrégulières,
elles sont plus profondes que celles du nord; la grande chapelle de
l'abside, disposée en forme de trèfle, offre aussi avec l'axe de l'église
une déviation marquée. Les plans du clocher, de la sacristie et de la
nef, sont formés de murs droits soutenus par des contre-forts saillants;
plusieurs portes et des niches profondes y sont pratiquées.

COUPE DE L'ÉGLISE.

La coupe de l'église de Saint-Martin-des-Champs, gravée sur la
planche, se compose, dans sa partie orientale, d'un sanctuaire élevé,
entouré à rez-de-chaussée de grands arcs aigus que séparent de hautes
colonnes; des fenêtres en ogives et décorées de colonnettes éclairent
cette partie de l'édifice. Les galeries de circulation qui relient les
chapelles entre elles, et ces chapelles mêmes, sont plus basses que le
sanctuaire; leurs fenêtres sont en plein cintre orné de pointes de diamant; de riches chapiteaux, dans le style du xiie siècle, surmontent
les pilastres et les colonnes.

La nef de l'église est d'une architecture très-simple; elle est com-

posée d'une partie inférieure ou soubassement contenant les portes
nécessaires au service, et supportant la partie plus élevée, dans laquelle sont pratiquées de hautes fenêtres contenant des meneaux.
Neuf grandes fermes en charpente soutiennent une voûte en bois et la
couverture de l'édifice. La façade a été récemment décorée dans le
même style que la nef.

PRIEURÉ DE SAINT-MARTIN-DES-CHAMPS.

ABSIDE DE L'ÉGLISE.

L'abside de l'église du prieuré de Saint-Martin-des-Champs est la
plus belle et la mieux conservée qu'il y ait à Paris dans le style de
l'architecture romane ; elle est reproduite sur la planche III dans son
ensemble, ainsi que la partie inférieure du clocher qui s'élevait auprès d'elle. Tout le bas de cette abside est formé d'un soubassement orné de moulures et dont le couronnement présente trois niveaux différents ; le plus élevé est celui des appuis de fenêtre de la
grande chapelle du milieu. De nombreux contre-forts divisent verticalement l'ensemble de l'abside ; entre eux sont pratiquées les fenêtres qui éclairent les chapelles ; elles s'y trouvent tantôt seules,
tantôt deux à deux, puis elles sont au nombre de trois au milieu de
la chapelle principale. Les arcs en plein cintre des fenêtres sont supportés par des colonnes, ou seulement par des chapiteaux engagés
dans les murs, selon que l'espace a permis de le faire ou qu'il y a eu
groupement d'ouvertures. La corniche de couronnement est ornée de
corbeaux sculptés ; au-dessus de la grande chapelle du milieu, elle
suit les lignes courbes déterminées par son plan ; mais, afin d'éviter
d'y multiplier les courbes, au-dessus des six chapelles secondaires, qui
forment des renfoncements très-prononcés, l'architecte a relié entre
eux les contre-forts par des arcs placés au-dessus des renfoncements,
ce qui régularise la courbe générale de la corniche. Un vaste toit
s'élève jusqu'aux appuis des fenêtres qui éclairent le sanctuaire, elles
sont au nombre de sept ; celle du milieu est en plein cintre, les six

Planche.
III.

autres ont été surmontées d'arcs aigus; de riches archivoltes les encadrent et sont supportées par des colonnettes. Entre les fenêtres s'élèvent des colonnes engagées; elles soutiennent une corniche ornée de modillons sculptés; de là un toit aigu s'étend sur tout le sanctuaire jusqu'au pignon de la nef. Par une restauration récente, ce pignon a été complété; il présente une rose à jour qui donne de l'air dans la charpente de la nef; trois fleurons surmontent les angles du fronton; une corniche reliée à celle du sanctuaire couronne extérieurement l'édifice ainsi que les contre-forts latéraux qui portent les gouttières.

Le clocher n'a conservé de ses dispositions anciennes que les deux étages inférieurs; une grande baie est ouverte dans le bas, elle est en partie cachée, sur le dessin, par la saillie des chapelles méridionales de l'abside. Plus haut ces fenêtres sont doubles et décorées de colonnes; leurs baies, en partie murées, ne sont évidées que par d'étroites barbacanes; d'épais contre-forts soutiennent les constructions de cette tour.

PRIEURÉ DE SAINT-MARTIN-DES-CHAMPS.

STATUES DE PHILIPPE DE MORVILLIERS ET DE JEANNE DU DRAC.

Une des chapelles de l'abside de l'église de Saint-Martin-des-Champs était sous le vocable de saint Nicolas, elle avait été fondée par Philippe de Morvilliers, premier président du parlement de Paris, qui la consacra à la sépulture de sa famille. Devant les deux piliers qui supportaient l'arcade servant d'entrée à cette chapelle, étaient adossées deux statues représentant Philippe de Morvilliers d'une part, et de l'autre Jeanne du Drac, sa femme; elles sont gravées sur la planche IV. Le président du parlement était représenté avec la robe rouge et les ornements de cérémonie; sa femme était vêtue d'une robe dorée couverte de broderies. Les statues s'élevaient sur des consoles sculptées, de riches dais ornés de détails d'architecture surmontaient leurs têtes. Les nombreuses colonnes dont les deux piliers de la chapelle étaient composés avaient été couvertes de peintures arabesques parmi lesquelles figuraient les armoiries des défunts : on y voyait la Herse et l'Y des Morvilliers.

Sur une table de marbre attachée à l'un des piliers, était indiquée la fondation d'une messe perpétuelle faite par Philippe et par Jeanne, sa femme, en faveur de l'église de Saint-Martin-des-Champs, puis celle de présents offerts, en leur nom, chaque année, l'un au premier président du parlement, l'autre au premier huissier : ils consistaient, le premier en deux bonnets, l'un double, l'autre simple; le second présent était une paire de gants et une écritoire. L'inscription est reproduite sur la planche; on y lit : « Les dits bonnets de vingt sols parisis, « et les dits gants et écritoire de douze sols parisis. »

PRIEURÉ DE SAINT-MARTIN-DES-CHAMPS.

STATUE DE LA VIERGE.

L'église du prieuré de Saint-Martin-des-Champs était ornée d'une statue de la Vierge tenant sur ses genoux l'enfant Jésus; elle est gravée en haut de la planche V. Ce groupe, exécuté en bois au xiie siècle, présente le caractère grave et religieux qu'apportaient alors les statuaires dans la composition générale des figures, dans la précision du modelé, dans la disposition des plis étroits et pressés des vêtements. L'influence de l'art byzantin avait pénétré alors en France; ce monument est empreint du style de cette école. La tête de la Vierge est couronnée, une large agrafe attache son manteau, qui est bordé d'un galon orné de pierreries. L'enfant Jésus a la main droite levée, sa mère le soutient sur ses genoux avec la main gauche. Plus bas, le manteau, habilement drapé, serre la tunique, finement plissée. La Vierge de Saint-Martin-des-Champs fut recueillie au musée des Monuments français par A. Lenoir; elle se voit aujourd'hui dans l'église de Saint-Denis.

Planche
V.

TOMBEAU DE PHILIPPE DE MORVILLIERS ET DE JEANNE DU DRAC.

Le tombeau de Philippe de Morvilliers, premier président du parlement de Paris, et de Jeanne du Drac, sa femme, dont les statues sont gravées sur la planche IV, est dessiné au bas de la planche V.

Un grand sarcophage en marbre, orné d'arcatures gothiques, présentait quatre figurines, deux d'hommes et deux de femmes, à des âges différents; elles étaient suivies de représentations de morts enveloppés dans leurs linceuls : c'étaient des images de la postérité des deux défunts déposés dans ce tombeau.

Les statues couchées de Morvilliers et de Jeanne du Drac, les mains jointes, les pieds appuyés sur des chiens de chasse, étaient en pierre, les visages et les mains en albâtre; elles reposaient sur le sarcophage. Leurs costumes étaient fort simples; un dais finement sculpté dans le style du xve siècle surmontait chaque statue. Ce tombeau, placé à la droite de l'autel de la chapelle de Saint-Nicolas, dite *de Morvilliers,* dans l'église de Saint-Martin-des-Champs, a été détruit à la suite de la révolution de 1789.

PRIEURÉ DE SAINT-MARTIN-DES-CHAMPS.

PLAN DU RÉFECTOIRE.

Planche VI.

Le beau réfectoire du prieuré de Saint-Martin-des-Champs, tracé sur le plan général du monastère, au point L, et dont le plan particulier est reproduit sur de grandes dimensions à la planche VI, est l'œuvre de Pierre de Montereau, célèbre architecte de saint Louis; il a 11^m,70 de largeur, les murs compris, sur 42^m,80 de long. De nombreux contre-forts en pierre, placés à l'extérieur, le divisent en huit travées; sept colonnes isolées s'élèvent dans l'axe de l'édifice. On entrait au réfectoire par une belle porte située sous une des galeries du cloître; elle est reproduite à la planche XIV.

De nombreuses fenêtres sont percées dans les murs du réfectoire; les bancs et les tables des religieux étaient placés au-dessous; le

prieur, les principaux religieux du monastère et les hôtes qu'ils recevaient, étaient assis à l'extrémité orientale du réfectoire; à peu de
distance, au nord, est la tribune de lecture, décorée de colonnettes
et de riches détails, qui sont gravés à la planche XV. Le service des
cuisines se faisait à l'occident, vers la cour des dépendances, marquée X
sur le plan général.

Les divers profils d'architecture gravés auprès du plan du réfectoire sont ceux qui ornent les parties les plus importantes de la construction. A la droite est profilée d'abord la corniche qui surmonte
l'ensemble de l'édifice; plus bas est le couronnement des contre-
forts; le profil des moulures qui encadrent les roses est dessiné au-
dessous. Les trois profils tracés à la gauche du plan sont ceux qui
décorent les colonnes isolées dans l'axe du réfectoire; le premier est
celui des annelures qui divisent les fûts de ces colonnes; au-dessous
se profilent les bases et plus bas les piédestaux ou embasements qui
les supportent.

PRIEURÉ DE SAINT-MARTIN-DES-CHAMPS.

RÉFECTOIRE, FACE LATÉRALE.

La planche VII du prieuré de Saint-Martin-des-Champs reproduit
la façade septentrionale du grand réfectoire; elle est divisée en huit
travées que séparent de longs contre-forts soutenant des arcs aigus;
d'étroites fenêtres doubles, éclairant l'intérieur de la salle, sont percées dans toutes les travées; elles étaient closes par des vitres peintes,
ainsi que les roses percées à jour et encadrées de larges moulures qui
sont pratiquées au-dessus. La seconde travée à l'ouest est dépourvue de rose; une arcade qui conduisait aux cuisines et une porte de
service sont ouvertes dans le soubassement. A l'est s'élève, en saillie
sur la façade, la tribune de lecture et son escalier; le plan est un polygone; trois fenêtres éclairent la partie supérieure; le toit est composé de dalles de pierre; l'escalier, dont la saillie commence au milieu de la travée voisine de celle qu'occupe la tribune, est couvert

Planche
VII.

17.

comme elle en pierre. Une étroite corniche surmonte toute cette façade, qui est entièrement construite en grand appareil ; un vaste toit en tuiles émaillées couvre tout l'édifice et relie entre eux les deux pignons extrêmes.

PRIEURÉ DE SAINT-MARTIN-DES-CHAMPS.

FAÇADE ORIENTALE DU RÉFECTOIRE.

Planche VIII.

Les pignons du réfectoire de Saint-Martin-des-Champs sont divisés en deux travées que déterminent des contre-forts semblables à ceux de la façade septentrionale ; dans le soubassement sont ouvertes deux portes, l'une encadrée d'un chambranle dont les détails sont gravés au milieu de la planche VIII ; au-dessus des portes sont pratiquées de longues fenêtres géminées que surmontent des roses à jour, richement ornées, et dont les détails sont gravés à la planche XIII ; des arcs aigus appuyés sur les contre-forts indiquent la disposition des voûtes intérieures ; un œil-de-bœuf percé plus haut, dans le tympan, donne de l'air à la charpente qui supporte la couverture.

COUPE TRANSVERSALE DU RÉFECTOIRE.

La coupe transversale du réfectoire, gravée à la droite de la planche, est prise sur la tribune de lecture ; elle indique la disposition des deux nefs et l'aspect des colonnes légères qui les séparent, la forme et l'habile construction des voûtes et de leurs nervures, reposant sur des colonnes engagées dans les murs et sur celles qui occupent l'axe de la salle.

La tribune de lecture, ses colonnettes, sa voûte, sa balustrade et le riche encorbellement qui la supporte, sont indiqués sur le dessin ; au fond du réfectoire on voit les grandes fenêtres et les roses qui éclairent, par les extrémités, les arcades de sortie, le lambris en menuiserie formant le soubassement et les peintures exécutées sur la muraille.

PLAN DE LA PORTE, DÉTAIL DU CHAMBRANLE.

Au milieu de la planche sont tracés une partie de la porte percée dans la façade, son plan et le profil en grand du chambranle; au-dessus de ces détails ont été dessinés les profils des roses qui surmontent les grandes fenêtres géminées.

PRIEURÉ DE SAINT-MARTIN-DES-CHAMPS.

RÉFECTOIRE, COUPE LONGITUDINALE.

La coupe tracée dans la longueur du réfectoire du prieuré de Saint-Martin-des-Champs sur la planche IX indique la disposition de l'ensemble de cette construction remarquable. Le sol a été exhaussé dans la presque totalité de l'édifice, et les parties inférieures des piédestaux des colonnes sont enterrées; ces colonnes légères, qui divisaient la salle en deux nefs, ne sont pas également espacées entre elles; la troisième travée est plus large que les autres; la quatrième, au contraire, est plus étroite; les combinaisons des voûtes, l'assemblage de leurs nervures sur les chapiteaux des colonnes, les déviations motivées sans doute par quelques difficultés locales, sont retracés dans cette coupe. Sur le mur du fond ont été dessinées les deux portes déjà indiquées dans la façade septentrionale, à la planche VII, ainsi que les longues fenêtres et les roses qui éclairent l'intérieur; enfin la tribune de lecture et sa riche décoration se développent sur le mur, avec la balustrade en pierre que supporte un encorbellement couvert de feuillages sculptés; l'escalier est établi dans l'épaisseur du mur pour conduire le lecteur à la tribune; la coupe longitudinale a été complétée par le tracé de la grande charpente qui couvre tout l'édifice, entre les deux murs de pignon élevés à l'orient et à l'occident de la salle.

Planche IX.

PRIEURÉ DE SAINT-MARTIN-DES-CHAMPS.

VUE INTÉRIEURE DU RÉFECTOIRE.

Planche X.

Une vue perspective prise dans l'intérieur du réfectoire du prieuré de Saint-Martin-des-Champs fait le sujet de la planche X; elle est supposée dessinée à l'époque où les tables des religieux étaient encore placées dans toute l'étendue de la salle, auprès des parois latérales; le plan gravé à la planche VI fait voir la disposition que devaient avoir ces tables. Celle qui était particulièrement consacrée, à l'extrémité du réfectoire, au prieur chef du monastère, à ses sousprieurs et aux hôtes qu'ils recevaient au moment des repas, est indiquée, ainsi que leurs siéges surmontés de dais, au fond de la vue perspective; ils le sont aussi sur le plan.

Un lambris en menuiserie placé sur toute la partie inférieure des parois de la salle, pour éviter aux religieux la fraîcheur produite par les constructions, a été rétabli dans le dessin, ainsi qu'une frise peinte faisant le tour du réfectoire, entre le lambris et la partie inférieure des grandes fenêtres. Cette peinture est une restitution probable de celle qui put être exécutée dans l'origine; elle fut remplacée, au XVIIe siècle, par une suite de tableaux représentant les actions principales de la vie de saint Benoît. Ces peintures, alors très-estimées, étaient dues au pinceau de Louis Sylvestre, peintre habile de l'Académie royale de peinture de Paris. Galoche, peintre de la même Académie, en avait exécuté deux seulement, qui complétaient la longue suite de ces tableaux.

PRIEURÉ DE SAINT-MARTIN-DES-CHAMPS.

RÉFECTOIRE, CHAPITEAUX.

Planche XI.

Les chapiteaux gravés sur la planche XI couronnent quatre des colonnes isolées qui divisent le réfectoire du prieuré de Saint-Martin-des-Champs en deux nefs; ils supportent les retombées des voûtes et les nervures de la salle, et sont du plus beau dessin du xiiie siècle. Un tailloir octogone et d'un profil uniforme très-accentué les couronne tous ; la décoration de la corbeille varie à chacun d'eux, bien que le principe d'ornement offre une grande analogie ; quatre grands crochets composés de végétaux différents partent de la base et s'élèvent jusqu'au tailloir, en formant des volutes plus ou moins chargées de feuilles et de fruits. Les deux exemples dessinés en haut de la planche portent de larges feuillages qui, en reliant les crosses végétales deux à deux, cachent le bord de la corbeille ; un rang inférieur de feuilles recourbées rattache les parties supérieures de ces riches compositions aux moulures qui forment les astragales des colonnes ; les fûts de ces dernières étant très-minces à leur partie supérieure, ces chapiteaux épanouis qui les surmontent produisent un heureux effet.

PRIEURÉ DE SAINT-MARTIN-DES-CHAMPS.

RÉFECTOIRE, CHAPITEAUX.

Les colonnes isolées qui séparent le réfectoire du prieuré de Saint-Martin-des-Champs en deux nefs sont au nombre de sept ; les trois chapiteaux gravés sur la planche XII complètent, avec les quatre qui sont publiés à la planche XI, la série des couronnements de ces colonnes ; ces trois derniers chapiteaux sont d'une décoration plus riche que celle des précédents ; leur tailloir est identique ainsi que la distribution générale des crosses végétales ; mais celles-ci sont beaucoup plus ornées de feuillages et de fruits ; le second, en haut de la planche, est le plus orné de tous ; les nervures des feuilles y sont cachées par une riche végétation.

Auprès de ces trois chapiteaux, les profils des nervures de la voûte du réfectoire ont été dessinés de façon à en faire connaître les formes différentes. A la droite du chapiteau inférieur est profilé le formeret, arc qui surmonte les fenêtres et les roses ; au-dessus du chapiteau a été gravé le profil de l'arc-doubleau, et à la gauche du même chapiteau est reproduit le tracé de l'arc diagonal. Plus bas que

Planche XII.

ces profils, deux groupes de nervures sont des variantes des plans de retombées des voûtes sur les tailloirs des chapiteaux isolés, et sur ceux qui sont engagés dans les murs latéraux de l'édifice.

PRIEURÉ DE SAINT-MARTIN-DES-CHAMPS.

RÉFECTOIRE, DÉTAILS DES ROSES.

Planche
XIII.

Les roses pratiquées à l'extrémité du réfectoire du prieuré de Saint-Martin-des-Champs, pour éclairer les parties supérieures, sont d'une grande richesse par la multiplicité des ornements sculptés sur les moulures qui leur servent de cadres, ainsi que sur celles qui, disposées en portions de cercles plus petits, encadraient les vitres peintes; la planche XIII fait connaître, par moitié, la décoration sculptée de deux roses. Sur le premier de ces détails, la grande moulure du cadre qui enveloppe les cercles plus petits est couverte de feuilles saillantes entre lesquelles sont disposés, régulièrement, des boutons de fleurs non épanouies; dans les moulures des petits cercles le sculpteur a reproduit les mêmes feuillages, mais il a substitué des fruits aux boutons non développés; des crosses végétales, placées aux extrémités des moulures, réunissent les petits cercles deux à deux; une partie de la serrurerie qui maintenait les verrières du centre de la rose est figurée en teinte noire sur la gravure.

Le second exemple, placé en bas de la planche, présente des feuillages d'une autre nature que les précédents; ils suivent la courbure des cercles dont ils décorent les moulures, et se divisent en plusieurs rangs de folioles comme l'acanthe. Les crosses végétales qui terminent la décoration des moulures des petits cercles recouvrent des grappes de fruits, et sont surmontées de pommes de pin, au milieu desquelles passe la serrurerie qui maintenait la verrière centrale.

PRIEURÉ DE SAINT-MARTIN-DES-CHAMPS.
PORTE DU RÉFECTOIRE.

A l'extrémité de la galerie occidentale du cloître de Saint-Martin-des-Champs on a reconnu, il y a peu d'années, qu'une belle porte du XIIIᵉ siècle servait d'entrée aux religieux lorsqu'ils se rendaient au réfectoire. L'architecture et la décoration de cette porte, qui avait été longtemps murée, ont tous les caractères des œuvres de Pierre de Montereau, le célèbre architecte que les religieux chargèrent de la construction de cette partie importante du prieuré. Au-dessus de l'arc aigu de la porte qui est gravée sur la planche XIV, on voit les restes de la voûte de la galerie du cloître, et plus bas sont les ruines des arcs-doubleaux et de l'arc diagonal de la même voûte, qu'on détruisit au XVIIIᵉ siècle pour reconstruire le cloître.

La porte est de belle proportion, les courbes des arcs aigus descendent plus bas que leurs centres, et sont décorées de nombreuses moulures et de feuillages finement sculptés. Un grand trèfle occupe l'intérieur des arcs; il est enrichi lui-même de feuilles et de fleurs. Les pilastres latéraux de la baie supportent un linteau monolithe; le reste de l'arcade est clos par trois pierres placées verticalement. A la hauteur de l'imposte est un riche tailloir qui se profile au-dessus de chacun des chapiteaux dont sont couronnées les colonnes placées de chaque côté : de fines sculptures ornent ces chapiteaux ainsi que les intervalles qui séparent les colonnes. Cette décoration s'élève sur un piédestal dont la partie inférieure a été ruinée lorsqu'on a reconstruit le cloître et changé le niveau de ses galeries.

Planche
XIV.

PRIEURÉ DE SAINT-MARTIN-DES-CHAMPS.
RÉFECTOIRE, DÉTAILS DE LA TRIBUNE DE LECTURE.

La tribune de lecture du réfectoire de Saint-Martin-des-Champs, dont l'ensemble est tracé sur la coupe longitudinale, est remarquable

Planche
XV.

par ses détails, qui sont gravés sur la planche XV. L'ouverture de cette tribune, vers le réfectoire, se compose d'un premier arc aigu encadré de fortes moulures, et reposant sur deux chapiteaux; un second arc, dont l'intérieur est découpé en trilobe, s'applique sur le premier et s'en détache, comme l'indique le dessin placé en haut de la planche, par la finesse des profils et la richesse des ornements sculptés. Entre les courbes, et sur la moulure qui les encadre, s'élèvent de légers feuillages entremêlés de fruits; deux chapiteaux plus étroits que les premiers supportent cette arcature délicate.

L'intérieur de la tribune est surmonté d'une voûte d'arêtes dont les retombées et les nervures s'appuient sur des chapiteaux et sur des consoles d'une grande finesse; deux exemples sont reproduits au bas de la planche XV; le tailloir commun à ces chapiteaux, ainsi qu'à ceux qui supportent les deux arcs dessinés plus haut, est d'un profil très-accentué : il repose, dans l'exemple placé à gauche de la planche, d'abord sur deux larges feuilles enveloppant une grappe de fruits et dont l'ensemble forme une console, puis sur un chapiteau composé de feuilles subdivisées en plusieurs lobes, et supportant des crosses végétales très-fines. La corbeille du second chapiteau est couverte de feuilles et de fleurs de rosier se reliant à des crochets ornés qui soutiennent les angles du tailloir. La clef de voûte de la tribune forme une large rosace composée de cinq grandes feuilles groupées en cercle; le dessin en est gravé au milieu de la planche.

PRIEURÉ DE SAINT-MARTIN-DES-CHAMPS.

RÉFECTOIRE, CHAPITEAUX DES COLONNES ENGAGÉES.

*Planche
XVI.*

Le réfectoire du prieuré de Saint-Martin-des-Champs n'est pas seulement décoré, à l'intérieur, des sept colonnes isolées qui le divisent en deux nefs égales; des colonnes appliquées contre les murs, et en regard de celles qui occupent l'axe de la salle, servent à porter, sur leurs chapiteaux, les nombreuses nervures des voûtes, qui se réunissent en faisceaux pour en former les retombées. Ce sont cinq chapiteaux de ces colonnes engagées que fait connaître la planche XVI. Les deux premiers, vus de côté et en fuite, se composent d'un large tailloir sous lequel s'élèvent de longues feuilles et des crosses végétales; celles-là subdivisées et accompagnées de fruits, celles-ci fort simples et couvrant des grappes de raisin. Le troisième chapiteau, dessiné géométralement, est d'une disposition singulière : deux étages de feuilles sont superposés; dans le rang supérieur elles s'inclinent vers la droite, celles du bas, au contraire, sont toutes dirigées vers la gauche. Les deux exemples placés au bas de la planche offrent de l'analogie avec les premiers; dans l'un, les crosses végétales sont supportées par de lourds feuillages, dans l'autre, elles sont libres et séparées par de longues feuilles subdivisées comme l'acanthe.

PRIEURÉ DE SAINT-MARTIN-DES-CHAMPS.

RÉFECTOIRE, SUPPORTS DES COLONNES ENGAGÉES.

Les diverses colonnes appuyées contre les murs du réfectoire de Saint-Martin-des-Champs, dans le but de leur faire supporter les retombées des voûtes ainsi que leurs nervures, ont moins de longueur que les colonnes placées dans l'axe de la salle, et ne reposent pas sur le sol; leurs bases et piédestaux sont portés, à six mètres au-dessus de l'ancien pavé, par des consoles très-variées dans leurs formes et dans leur décoration; trois de ces supports sont gravés à la planche XVII : le premier est composé d'une tête barbue, d'un style sévère, et coiffée d'une sorte de couronne; des feuillages encadrent cette figure pour compléter et affermir la console qui est engagée dans le mur, ainsi que le piédestal et la base de la colonne. Le second exemple est formé de deux étages de feuilles, les unes très-amples et de formes alternées, les autres beaucoup plus petites et homogènes. Sur la troisième console, des grappes de fruits se mêlent à de grandes feuilles subdivisées en sept lobes. Au bas de la planche est gravé un profil géométral de

Planche XVII.

18.

l'une de ces consoles, avec toutes les mesures qui en indiquent les dimensions diverses en hauteur et en saillie sur le mur; ce profil fait voir, en outre, que les fûts des colonnes sont légèrement isolés des murailles; ils ont été taillés chacun dans un seul morceau de pierre, ce qui a été motivé par leur faible diamètre, dont les dimensions ne dépassent pas dix-huit centimètres.

PRIEURÉ DE SAINT-MARTIN-DES-CHAMPS.

RÉFECTOIRE, CLEFS DE VOÛTES.

Planche
XVIII.

Toutes les clefs qui ferment les divers compartiments des voûtes du réfectoire de Saint-Martin-des-Champs, à la rencontre de leurs nervures, sont sculptées et offrent, dans les combinaisons de leurs ornements, des motifs variés. La planche XVIII en présente huit qui ont été dessinées de face ou en perspective; l'une d'elles, en outre, est reproduite de profil. La première, composée de tiges entrelacées, porte des feuilles de vigne et des raisins; la seconde, en haut de la planche, est formée de crosses végétales, combinées, d'une façon assez confuse, avec des feuillages et des grappes. Plus bas, celle qui est vue de face présente, comme la première, des sarments chargés de fruits. La quatrième, placée à la droite de la planche, montre une grande analogie avec la précédente, si ce n'est que les feuilles sont plus multipliées. La cinquième rosace, placée dans l'axe de la planche, n'offre pas moins que les quatre précédentes le style de la sculpture du milieu du XIIIe siècle; quant aux trois autres et à celle qui est vue de profil, elles paraissent inspirées des compositions d'ornements et des détails de feuillage qui s'exécutaient au commencement du XIIIe siècle, et même à la fin du XIIe. On comprend qu'au nombre des seize clefs de voûtes qu'il fallait exécuter pour compléter l'ensemble, l'artiste n'ait pu se défendre de quelques réminiscences.

COMMANDERIE DE SAINT-JEAN-DE-LATRAN.

La commanderie de Saint-Jean-de-Latran, nommée d'abord de
Saint-Jean-de-Jérusalem et des frères hospitaliers, était située entre
les rues Saint-Jacques, des Noyers, de Saint-Jean-de-Beauvais et la
place Cambrai, comme on le voit sur le plan général gravé à la
planche II; les principales constructions qui ont survécu jusqu'à nos
jours consistaient, 1° en une vieille tour A, dans laquelle on logeait
les pèlerins de Jérusalem, 2° en un réfectoire B, 3° en une église C,
dont les détails sont gravés à la planche Iʳᵉ. L'origine de cette église
était une chapelle élevée vers le milieu du xɪɪᵉ siècle, lors de la fondation de la commanderie; une église plus étendue, dont le plan est
gravé au milieu de la planche, avait remplacé la chapelle au commencement du xɪɪɪᵉ siècle; on l'avait accrue, au xɪvᵉ, d'une chapelle
latérale A; l'abside fut refaite au xvɪᵉ siècle.

La façade consistait en une haute construction en grand appareil
de pierre, terminée en pignon, et dans laquelle étaient pratiquées une
porte en ogive dépourvue de tout ornement, et une grande fenêtre.
Au nord de cette façade s'élevait la chapelle latérale soutenue par
des contre-forts; on y avait établi une grande fenêtre close par des
meneaux. La coupe sur la ligne A B du plan, gravée à la droite
de la planche, fait connaître les dimensions relatives de la nef de
l'église et de la chapelle latérale, la forme de leurs voûtes et la disposition des charpentes de couverture. Une façade latérale, gravée au
bas de la planche, indique la construction peu soignée de l'église,
relativement à celle de la chapelle, puis la forme des hautes fenêtres
de la nef, ainsi que les traces d'une double voûte appuyée au nord
contre l'édifice, enfin l'ensemble de la chapelle latérale et les grandes
baies ornées de meneaux qui l'éclairaient de ce côté. Ces deux fenêtres ont été transportées au musée de Cluny lors de la destruction
du monument.

Une coupe longitudinale, montrant ce qui restait de l'église, est

gravée aussi au bas de la planche; l'ensemble est divisé en quatre
travées dont les retombées de voûtes et leurs nervures sont supportées par de courtes colonnes en faisceaux et posées sur des consoles,
à trois mètres au-dessus du pavé; de grandes fenêtres éclairaient
cette nef; dans la première travée une porte très-simple servait à
communiquer de la nef à la chapelle latérale.

COMMANDERIE DE SAINT-JEAN-DE-LATRAN.

DÉTAILS DE LA COMMANDERIE.

    La planche II de la commanderie de Saint-Jean-de-Latran contient
le plan général dans lequel de nombreuses habitations et des jardins
sont indiqués autour des trois édifices déjà mentionnés. A la gauche
de ce plan ont été tracés les trois étages de la grande tour A, qui servait à loger les pèlerins de Jérusalem; on entrait dans chacun de ces
étages par un escalier qui leur était commun et qui a été détruit
depuis longtemps. Les coupes dessinées en regard des trois plans indiquent la disposition de ces salles, qui étaient voûtées, et avaient été
décorées, au rez-de-chaussée, au premier et au second étage, de
piliers saillants supportant les nervures des voûtes, et de faisceaux de
colonnettes; les plans de ces diverses parties de la construction sont
tracés au bas de la planche. Au-dessous du plan général de la commanderie est dessiné celui d'un grand cellier situé sous le réfectoire
des pèlerins, et dont les restes ont été découverts il y a peu d'années
en B sur la place Cambrai. Le réfectoire était une longue salle
composée de treize travées, la voûte inférieure portait sur d'épaisses
colonnes de style roman, comme on peut le voir par la coupe tracée
plus bas.

    L'église de la commanderie de Saint-Jean-de-Latran était décorée
d'un remarquable tombeau élevé à la mémoire de Jacques de Souvré,
commandeur de Saint-Jean-de-Jérusalem, grand prieur de France,
mort en 1671; il avait été exécuté par Michel Anguier.

    L'ensemble du monument et le groupe qui représentent Jacques de Souvré sont dessinés au bas de la planche. Les sculptures ont été recueillies par Alexandre Lenoir, au musée des Monuments français. Le groupe de Souvré est maintenant au musée du Louvre.

ÉGLISE DE SAINT-SÉVERIN.

PLAN.

L'origine de l'église de Saint-Séverin, dont le plan d'ensemble et le plan particulier sont gravés sur la planche Ire, remonte aux premiers siècles de la monarchie; ce ne fut d'abord qu'une chapelle, qu'on agrandit successivement, et que les Normands détruisirent au IXe siècle; il en restait sans doute quelques vestiges au milieu du XIe siècle, car Henri Ier en fit don alors à l'église cathédrale de Paris. Une fenêtre d'architecture romane, située sur la façade à droite de la porte occidentale, et gravée du ton le plus noir sur le plan de l'église, doit faire admettre qu'une reconstruction fut commencée alors; on poursuivit les travaux au XIIIe siècle sur une grande partie de la façade et du clocher; six colonnes de la nef principale datent aussi de cette époque, ainsi que les travées qu'elles portent; ces diverses constructions sont teintées en noir sur le plan. En 1347, le pape Clément VI ayant accordé des indulgences pour la reprise des travaux, on éleva les deux nefs du midi. A la fin du XVe siècle la nef principale et le reste de l'édifice étaient achevés comme on les voit aujourd'hui.

Le plan de l'église de Saint-Séverin est à peu près régulier; de doubles nefs latérales enveloppent celle du milieu; quinze chapelles sont établies autour de ces nefs. On entre dans l'édifice par trois portes; l'une est ouverte à l'occident vers l'extrémité de la grande nef; il y en a deux au nord, la plus importante est à la base du clocher, dont la partie inférieure forme un porche; l'autre porte, très-secondaire, est située au fond de l'église et donne accès par une des chapelles de l'abside. Une quatrième porte, située au milieu des chapelles du midi, devant la quatrième travée des nefs, permet de passer de l'église dans un vaste terrain qui servait de cimetière.

et qu'enveloppaient des galeries de charniers marquées A sur le petit plan d'ensemble, et dont les parties teintées en noir sur ce plan existent encore.

ÉGLISE DE SAINT-SÉVERIN.

FAÇADE PRINCIPALE, ÉTAT ANCIEN.

La façade principale de l'église de Saint-Séverin, gravée sur la planche II, fait voir les diverses constructions successives qui contribuèrent à en former l'ensemble; au sud de la porte d'entrée, une fenêtre en plein cintre, surmontée d'une archivolte taillée en pointes, indique une première période qui peut remonter au commencement du XIIe siècle. L'architecture des parties basses et moyennes du mur antérieur de la grande nef, et d'une partie du clocher, porte le caractère du XIIIe siècle; on a complété, durant le siècle suivant, les parties hautes de la façade et du clocher, ainsi que les bas côtés qui complètent, au midi, les constructions dessinées sur la planche. Le grand réseau en pierre découpée qui ferme la haute fenêtre de la façade date du XVe siècle.

Depuis peu d'années, la façade de l'église de Saint-Séverin a subi quelques modifications qui n'ont pas été indiquées dans cette planche, sur laquelle ont été conservées les dispositions anciennes. La fenêtre romane a été retouchée; une porte plus riche que celle qui est tracée sur le dessin a été incrustée dans la façade; elle provient de l'église de Saint-Pierre-aux-Bœufs, édifice situé dans la Cité, et que fit disparaître le percement de la rue d'Arcole; un bas-relief moderne a été sculpté dans le tympan de cette porte. Le sol de l'ancienne rue des Prêtres-Saint-Séverin, qui est indiqué ici en pente, devant l'église, a été abaissé, ce qui a permis d'établir un perron entouré d'une grille pour monter jusqu'à la porte de l'édifice.

Le sommet de la façade était précédemment composé d'un mur brut percé d'une petite baie et laissant voir, sur ses pentes, les bois de construction du toit; les restaurations modernes ont fait disparaître ces incohérences en modifiant le comble de l'église. La flèche qui surmonte la tour a été ornée de lucarnes dans le style de l'édifice; la lanterne qu'elle porte, et dans laquelle se trouve une ancienne cloche du XIV\ siècle, a été consolidée.

ÉGLISE DE SAINT-SÉVERIN.

PLAN ET COUPE DU CLOCHER.

Tous les détails du clocher de l'église de Saint-Séverin sont réunis sur la planche III. Les plans du premier et du deuxième étage en occupent le milieu; ils ont été tracés l'un et l'autre à la hauteur des fenêtres qui décorent les deux étages. A la gauche de ces plans est dessinée la coupe générale du clocher; la partie inférieure, servant de porche à l'église, est précédée d'une porte très-richement ornée de colonnettes et de moulures; une voûte, dont les nervures reposent sur des colonnes, et dont le milieu présente une large ouverture circulaire, couvre le porche, dont le fond est occupé par une seconde porte plus riche encore que la première, et donnant une entrée directe dans l'édifice.

Le premier étage est d'une hauteur double de celle du porche; l'intérieur, décoré de fenêtres qui ne sont ouvertes que par le haut, est surmonté d'une voûte semblable à celle du bas et percée comme elle d'une ouverture qui permettait de monter des cloches dans le beffroi. Le second étage, moins élevé que le premier, contient de hautes fenêtres, au-dessous desquelles de fortes consoles en saillie sur les quatre murs soutenaient l'appareil de charpente qui portait la sonnerie. La tour est couronnée de balustrades et de clochetons dessinés, dans leur ensemble et dans leurs détails, en haut de la planche; les corniches qui les supportent sont profilées auprès du plan du second étage, ainsi que la projection horizontale d'une des fenêtres de la façade; à droite de la planche est gravé le dessin d'une niche située à l'angle de la façade septentrionale de l'église, auprès du porche; elle présente les dispositions les plus capricieuses de l'architecture de

Planche III.

19

la fin du xvᵉ siècle : pour protéger ces découpures si délicates, l'architecte a surmonté le tout d'un toit en pierre orné dans le style de la
Renaissance; le fleuron qui le surmontait est malheureusement détruit
en partie.

ÉGLISE DE SAINT-SÉVERIN.

FAÇADE LATÉRALE, CÔTÉ DU NORD.

Planche
IV.

La façade septentrionale de l'église de Saint-Séverin gravée sur la
planche IV s'élève, dans toute son étendue, sur la rue Saint-Séverin.
La partie inférieure du clocher contient, de ce côté, la porte d'entrée
du porche; elle est composée d'une baie carrée et de colonnettes supportant un tympan encadré de moulures en arc aigu; un fronton
orné de crosses végétales et d'un fleuron complètent cette porte.
Le reste de la tour reproduit les dispositions de la façade occidentale.

Cinq grandes fenêtres divisées par des meneaux éclairent les chapelles du bas-côté, sur la façade du nord; une baie plus étroite est
ouverte à l'extrémité. L'angle voisin du clocher porte la niche très-
ornée dont le dessin est gravé sur la planche précédente; six frontons enrichis de découpures variées surmontent cette façade et indiquent la division des chapelles et des toits qui les couvrent. A l'est,
deux bâtiments très-simples sont les sacristies et dépendances nécessaires au service intérieur de l'église; ces constructions, conservées
dans leur intégrité, ont été reproduites dans leurs détails intérieurs à
la planche XIII.

Au delà des sacristies, la planche fait voir les chapelles de l'abside; à la partie inférieure, dans le soubassement, est tracée la petite
porte déjà mentionnée dans la description du plan; au-dessus, les
grandes fenêtres qui éclairent les chapelles sont surmontées de frontons; ils sont ornés de moulures variées mais d'un style différent de
celles qui ont été taillées sur les frontons des collatéraux. Au-dessus
des bas-côtés de l'église s'élèvent les constructions de la nef principale

et du chœur; elles se composent d'arcs-boutants dont quelques-uns
portent des clochetons; entre ces arcs sont pratiquées les hautes fenêtres qui éclairent l'édifice. Les deux premières vers le clocher sont
du XIIIᵉ siècle et d'une architecture simple; toutes les autres, d'une
construction plus récente, sont divisées par de riches meneaux qui
soutiennent les verrières. Au-dessus des fenêtres règne une corniche
dont les moulures et la décoration varient suivant les époques de la
construction. Le grand toit qui surmonte l'édifice offrait autrefois les
différences de hauteur qui sont tracées sur la planche. Les d rnières
restaurations ont donné de l'unité à ce toit.

ÉGLISE DE SAINT-SÉVERIN.

FAÇADE ET COUPE DU PORCHE.

Les deux portes établies, l'une à l'extérieur du clocher, l'autre
sous le porche, composent, avec leurs divers détails, la planche V.
La première de ces portes, indiquée déjà dans l'ensemble de la façade du nord de l'église, est élevée sur perron; un piédestal orné
de moulures supporte, de chaque côté de la baie, cinq colonnettes
de diamètres différents; leurs bases et leurs chapiteaux sont exécutés dans le style le plus délicat du XIIIᵉ siècle. Le profil D du piédestal, le plan et le géométral de la base C, le profil O des tailloirs,
sont reproduits sur une plus grande échelle en haut de la planche.
Au-dessus des chapiteaux repose le cintre en arc aigu qui surmonte
l'ouverture de la porte; il est composé de nombreux claveaux dont
le profil K fait voir les refouillements variés. Le tympan, composé
d'une seule pierre qu'encadrent les claveaux, est orné d'un trèfle peu
saillant; au-dessus de la pointe de l'arc a été sculptée une rosace P,
dont l'intérieur forme aussi un trèfle. Le fronton H se compose de
crosses végétales appuyées sur une moulure en larmier: un riche
bouquet de feuillage couronne l'ensemble.

Les contre-forts du clocher, entre lesquels cette porte est établie,
sont ornés de colonnes, d'arcs et de frontons. Les détails G et F des

Planche
V.

chapiteaux et des trèfles sont gravés en haut de la planche. Lorsqu'au xve siècle on éleva le bas côté septentrional de l'église, une partie des constructions vint couvrir les bases de deux contre-forts du clocher et faire disparaître les ornements; ils ont été rétablis ici dans leur état primitif.

La porte située sous le porche pour donner entrée à l'église est dessinée sur la planche, à côté de la précédente; elle est formée d'une baie ornée de colonnes qui reposent sur un socle B établi au niveau d'un banc placé sous le porche. Les profils A et B sont reproduits en haut de la planche, ainsi que la projection M des nombreuses moulures qui encadrent le tympan. La coupe du porche fait connaître aussi les profils des deux baies qui lui donnaient du jour, ainsi que l'ouverture pratiquée dans la voûte pour le passage des cloches.

ÉGLISE DE SAINT-SÉVERIN.

ÉLÉVATION EXTÉRIEURE DE DEUX TRAVÉES.

Planche VI.

Deux travées de la façade latérale du nord de l'église de Saint-Séverin font le sujet de la planche VI; elles ont été dessinées au point de jonction des grandes fenêtres du xiiie siècle et de celles du xve, afin d'en faire connaître la différence; la corniche supérieure de l'édifice présente aussi des caractères variés qu'il était utile d'indiquer en grand; les détails de celle du xiiie siècle sont placés en marge : elle est ornée de crosses végétales isolées; des feuilles frisées décorent la seconde corniche; les anciennes fenêtres sont plus élevées que les autres, et les meneaux qui les divisent présentent une grande simplicité, qui contraste avec ceux du xve siècle. Des pinacles, dont un plan est gravé en marge, ornent les arcs-boutants; ils se reproduisent tous identiquement, et des animaux sont sculptés à leur base; ils étaient accompagnés de clochetons délicats généralement détruits.

Les frontons qui masquent les toits des chapelles latérales de l'église au nord sont très-ornés; les crosses végétales et les fleurons placés à l'extérieur de leurs pentes et à leur sommet ont disparu; mais les moulures internes et les tympans sont demeurés intacts; leurs profils sont gravés en marge. De riches feuillages mêlés de fruits encadrent les fines moulures contournées, formant des cercles enlacés, des trèfles, et autres combinaisons variées qui remplissent ces frontons. Au-dessous règne une corniche sculptée qu'interrompent, devant les arcs-boutants, de longues gouttières, sous forme d'animaux fantastiques. Au-dessous de chaque fronton est une fenêtre qui éclaire la chapelle qu'il surmonte; ces baies, dont les proportions et les moulures d'encadrement sont harmonieuses, ont été closes par des meneaux variés; les dispositions intérieures des chapelles ont donné à l'extérieur, entre les fenêtres, des trumeaux inégaux; le plan de l'un d'eux est gravé en marge. Un soubassement de trois mètres de hauteur s'élève au-dessous des fenêtres; des moulures très-simples l'ornent dans toute sa longueur.

ÉGLISE DE SAINT-SÉVERIN.

RÉSEAUX, FENÊTRES ET TRAVÉE DE L'ABSIDE.

La planche VII de l'église Saint-Séverin réunit la plupart des dessins de réseaux qui soutiennent les verrières. Au milieu de la planche est une travée de l'abside, deux fenêtres de formes différentes y sont superposées; leurs plans dessinés au-dessous par moitiés en expliquent les dispositions aux deux niveaux. La fenêtre inférieure est formée d'un arc surbaissé, que divise, au milieu, un meneau vertical orné de moulures; aux deux tiers de sa hauteur il supporte des arcs découpés à jour et dont l'intrados est décoré de trèfles; au-dessous règne une corniche qui ne s'étend pas au delà de l'abside, et dont le profil C est gravé au bas de la planche. La grande fenêtre supérieure offre un réseau porté par un seul meneau vertical; un cœur s'y dessine au milieu des trèfles.

La première claire-voie placée en haut de la planche, à gauche, est celle de la fenêtre de la septième travée de l'église, au nord; les ré-

Planche
VII.

seaux y dessinent une fleur de lis. Au-dessous de ce dessin est celui de la baie, qui surmonte la porte pratiquée dans le mur méridional de l'édifice, pour aller dans l'ancien cimetière. Au bas de la planche est figuré le réseau compliqué d'une baie du second bas côté du sud : un détail du plan est gravé au-dessous.

A la droite de la planche sont dessinés deux autres réseaux : le premier, composé de lobes alternés et de trèfles, est placé à la sixième travée de la façade du nord; le second est celui de la baie de la seconde chapelle du chevet, du côté méridional.

ÉGLISE DE SAINT-SÉVERIN.

TRAVÉE DES CHARNIERS.

Planche VIII.

A l'angle méridional du vaste terrain situé auprès de l'église de Saint-Séverin, et qui servit de cimetière paroissial, on voit les restes des charniers formant sa clôture à l'est, au sud et à l'occident. Cette construction importante, dont un plan général est publié sur une petite échelle à la planche Ire, est reproduite par un plan partiel, par une façade et une coupe sur la planche VIII. Elle était composée de galeries analogues à celles d'un cloître : de forts piliers saillants à l'extérieur, vers le cimetière, maintenaient la poussée des voûtes; un détail de ces piliers est gravé à la gauche de la planche.

La façade de chacun de ces piliers est finement décorée d'arcatures légères, et surmontée d'une pointe portant des feuilles contournées; de longues gouttières ornent ces piliers. Les arcades, formant des travées entre ceux-ci, sont construites en arcs aigus encadrés de moulures, et supportés, à la hauteur d'imposte, par des colonnettes appuyées contre les piliers. La coupe de la travée placée à la droite de la planche indique la disposition de ces colonnettes, qui reposent sur un bahut en pierre fermant les travées, et s'appuyant contre les parties latérales des piliers; un profil est dessiné dans son ensemble ainsi qu'une des gouttières supérieures. Les moulures d'encadrement des arcs, les nervures des voûtes, les piliers intérieurs qui les supportent, ainsi que les arcs-doubleaux, sont figurés sur la coupe, avec les divers profils des moulures dont ces parties de la construction sont ornées.

ÉGLISE DE SAINT-SÉVERIN.

COUPE LONGITUDINALE.

La coupe longitudinale de l'église de Saint-Séverin, gravée sur la planche IX, indique les principales différences de style qui se remarquent dans les constructions de cet édifice. Les trois premières travées de la nef datent du xiiie siècle; elles reposent sur de courtes colonnes couronnées de chapiteaux, dont les angles sont formés de crosses végétales; au-dessus s'élèvent des arcs d'une décoration simple: entre eux, des groupes de colonnes légères montent jusqu'aux nervures multiples des voûtes de l'église. Au-dessus des arcades inférieures se développe un triforium, légère galerie à jour, qui s'étend depuis la façade de l'édifice jusqu'à l'abside; les arcs subdivisés en trèfles reposent sur de minces colonnettes; plus haut s'ouvrent les grandes fenêtres qui éclairent la nef.

Les cinq travées qui suivent ont été élevées au xve siècle; elles diffèrent des trois premières en plusieurs points : leurs arcades inférieures, plus élevées, s'encadrent de nombreuses moulures dépourvues de chapiteaux à la hauteur des impostes; de longues lignes verticales multipliées s'élèvent sans interruption jusqu'aux nervures des voûtes, qui sortent directement de ces moulures; le triforium garde à peu près les mêmes proportions que celui du xiiie siècle, mais tous les détails sont changés. Les hautes fenêtres de la nef sont closes par des meneaux contournés, dont les principaux sont gravés à la planche VII.

Les arcades inférieures de l'abside ont été modifiées à une époque moderne : au-dessus s'élèvent cinq travées décorées de deux rangs de fenêtres, dont un détail est reproduit à la planche VII. Au delà de cette abside, la coupe fait voir les deux galeries de circulation qui font suite aux bas côtés, puis une chapelle. Les piliers de ces diverses constructions ne sont indiqués ici qu'en profil, parce qu'ils occupent l'axe de l'édifice. Au-dessus des voûtes de ces diverses galeries et de la chapelle, le dessin fait voir les toits qui couvrent les parties voisines et les arcs-boutants de l'abside. Le grand comble qui surmonte l'église est représenté, dans la coupe générale, selon ses dispositions anciennes; par les restaurations récentes on a mis de niveau les deux faîtages. Le sommet du clocher paraît au-dessus du toit, à l'angle occidental du monument.

ÉGLISE DE SAINT-SÉVERIN.

ÉLÉVATION INTÉRIEURE DE DEUX TRAVÉES.

Planche
X.

Les deux nuances bien distinctes qui caractérisent les constructions de la nef de l'église de Saint-Séverin sont tracées en grand sur la planche X, ainsi que les divers plans détaillés et les profils qui en complètent les développements; la coupe est prise devant le point où se relient les styles du XIIIe et du XVe siècle.

Au bas de la travée, à gauche, sont dessinées les grosses colonnes et leurs chapiteaux à crochets; ils sont restitués, ainsi que les bases, d'après ceux qui se voient plus près de la façade. A l'étage du triforium, les trumeaux présentent des dispositions qui sont reproduites en marge par le plan A. La base des colonnettes est présentée en B; plus haut les arcs et les trèfles de cette galerie donnent en coupe les profils C et D. Si de là on passe à l'examen des grandes fenêtres, elles ont pour appui une moulure courante dont le dessin *g* donne la coupe. Les trumeaux des fenêtres sont détaillés sur le plan *e* : on y distingue les trois hautes colonnes, les colonnettes d'angle et celles du meneau vertical; la coupe du cercle évidé qui porte la plus haute partie de la vitrerie est tracée en K; le profil H est celui des nervures de l'arc-doubleau de la voûte, et le profil *i* indique la forme des nervures diagonales.

Des dispositions à peu près analogues à celles qui précèdent ont été prises pour faire connaître les différences que présentent les pro-

fils de la travée du xvᵉ siècle avec celle du xɪɪɪᵉ. En M est le dessin des
archivoltes qui encadrent les grands arcs; le profil marqué N donne
la coupe des moulures qui se contournent en divers sens, pour former
les trèfles du triforium; le plan O est celui du trumeau des hautes
fenêtres du xvᵉ siècle, et les coupes P et Q sont celles de l'arc-doubleau et des moulures diagonales de la voûte.

ÉGLISE DE SAINT-SÉVERIN.

COUPE TRANSVERSALE VERS L'ORIENT.

La coupe transversale, gravée à la planche XI, est établie sur la
quatrième travée de la nef principale, et en regardant l'orient; la
partie la plus importante, qui occupe le milieu du dessin, fait voir
l'ensemble des dispositions de l'abside; trois arcades, qui ont été mo-
dernisées, composent le bas; au-dessus ont été pratiquées trois fenêtres surbaissées, dont les ouvertures sont divisées par des meneaux.
Les grandes fenêtres de l'abside en occupent la partie supérieure; les
verrières y sont maintenues par des réseaux dont les détails ont été
dessinés sur la planche VII.

Les grands arcs-doubleaux de la voûte des nefs masquent, dans le
dessin, les voûtes de l'abside; plus haut la charpente du toit surmonte
cette partie de la coupe. Les doubles arcs-boutants qui soutiennent
la poussée des voûtes supérieures se développent des deux côtés de
la nef principale.

Les doubles collatéraux qui enveloppent le milieu de l'édifice sont
tracés des deux côtés, les premiers plus étroits et moins élevés que
les seconds; l'architecture de ceux du sud indique, par sa disposition
et par ses détails, qui sont reproduits en grand sur la planche, une
date antérieure aux autres constructions latérales; ils sont du xɪvᵉ siècle;
déjà, sur le plan de l'église, la différence de ces époques a été indiquée par des teintes diverses; au delà des seconds collatéraux, et sur
les deux limites du dessin, sont tracées les chapelles du nord et du
sud que traverse la coupe; la première est éclairée sur la rue Saint-

Séverin par une haute fenêtre; celle du midi, qui contient la porte
de sortie sur l'ancien cimetière, est éclairée par une baie de fenêtre
située au-dessus de cette porte. A travers les diverses arcades tracées
sur la coupe on aperçoit les principaux piliers de l'église, dont des
dessins particuliers sont gravés sur les planches suivantes.

ÉGLISE DE SAINT-SÉVERIN.

COUPE TRANSVERSALE VERS L'OCCIDENT.

Planche
XII.

La coupe transversale de l'église de Saint-Séverin, gravée sur la
planche XII, est tracée en regardant l'occident, et, comme la précédente, au milieu de la quatrième travée de la nef principale. A cette
travée se terminent les constructions du xiiie siècle, et commencent
celles du xve; pour cette raison, on voit, à la partie inférieure, les
dernières grosses colonnes qui, de chaque côté de la nef, sont au
nombre de trois, comme l'indique le plan de l'édifice. C'est au-dessus
des gros chapiteaux que s'appuient les premiers arcs des constructions
moins anciennes. La coupe de la grande nef fait voir, à son sommet,
les arcs-doubleaux ainsi que les nervures des voûtes du xiiie siècle : les
chapiteaux des hautes colonnettes portent ces diverses moulures. Au
fond de la nef est figurée l'ancienne porte de l'édifice, celle qui fut
remplacée il y a peu d'années par la porte de l'église de Saint-Pierre-
aux-Bœufs, dans la Cité, comme il est dit plus haut à la description
de la façade occidentale de l'église de Saint-Séverin. Au-dessus de
la porte est dessiné le triforium, galerie à jour et vitrée qui se reproduit sur la façade occidentale, et retourne sur les parois de la nef.
Ici cette galerie est du xve siècle comme l'indiquent ses dispositions et
ses détails; plus haut la grande baie de fenêtre ouverte sur la façade
développe, dans toute son étendue, le réseau compliqué auquel sont
fixées les verrières.

En dehors de la nef principale, la coupe fait voir les arcs-boutants
à double cintre, les pinacles et la façade orientale du clocher. A l'intérieur de l'église, les coupes des galeries et des chapelles latérales

sont les mêmes que sur la planche XI, si ce n'est qu'au fond des collatéraux du midi on voit, dans le premier, la fenêtre en plein cintre du xII⁰ siècle, déjà indiquée sur la façade, et au fond du second collatéral, une fenêtre qui en éclaire l'extrémité.

Les galeries du nord montrent une petite baie en ogive et un œil-de-bœuf; ce dernier est pratiqué dans le mur oriental du porche qui forme la base du clocher.

ÉGLISE DE SAINT-SÉVERIN.

SACRISTIES.

Les sacristies jointes aux églises du moyen âge, pour le service intérieur, ont été généralement détruites depuis le xvII⁰ siècle, pour faire place à des constructions modernes plus commodes; celles de l'église de Saint-Séverin ayant été conservées dans leur intégrité, elles sont reproduites dans tous leurs détails sur la planche XIII, pour en faire connaître les dispositions. Déjà, sur la planche IV, à l'extrémité des bas côtés du nord de l'église, les façades de ces sacristies ont été dessinées de façon à en faire voir les formes extérieures; sur cette planche, le plan en grand, une coupe générale et des détails en complètent l'ensemble.

Les sacristies se composent de deux pièces : on entre dans la première par le bas côté du nord, vis-à-vis la huitième travée de la grande nef; la porte a été rétrécie par une construction moderne, et une baie située à sa droite a été murée; un escalier à vis, conduisant au premier étage, occupe l'angle occidental de la première sacristie. La pièce est éclairée par deux fenêtres pratiquées sur la rue Saint-Séverin; des voûtes d'arêtes, dont les dispositions sont indiquées sur le plan et sur la coupe, couvrent cette pièce; les profils sont tracés en grand à l'angle de la planche.

On passe par une porte de communication de la première sacristie dans la seconde, qui est située à l'orient, et à laquelle quatre fenêtres donnent du jour; les voûtes d'arête qui la couvrent sont simples

Planche
XIII.

20.

d'abord et très-compliquées ensuite, comme l'indiquent le plan et la coupe. Cette seconde partie des constructions est dépourvue de premier étage; il y en a un, au contraire, au-dessus de la sacristie antérieure; cet étage voûté est éclairé par trois petites fenêtres sur la rue Saint-Séverin, et par une quatrième, qui est ouverte du côté de l'église; un comble du moyen âge, de proportions très-élevées, surmonte ce premier étage de la grande sacristie.

ÉGLISE DE SAINT-SÉVERIN.

DÉTAILS INTÉRIEURS.

Planche XIV.

Les gros piliers construits à l'intérieur de l'église de Saint-Séverin pour séparer les nefs latérales ont été construits à deux époques distinctes; ceux du sud, teintés en gris foncé sur le plan de l'édifice, planche Ire, datent du xive siècle; aux collatéraux du nord, les constructions sont du xve siècle; une teinte plus pâle les distingue sur le plan. L'élévation géométrale d'un pilier de chacune de ces deux époques est tracée sur la planche XIV; celui qui est marqué *U*, à gauche de la planche, est le plus ancien. Les bases, les chapiteaux et les feuillages légers qui les décorent, les profils des astragales e ceux des moulures qui forment l'arc-doubleau et l'arc diagonal de la voûte, présentent tous les caractères du xive siècle. Le plan du pilier est gravé au-dessous avec le tracé de toutes les projections des nervures.

Sur le second pilier, qui est gravé à la droite de la planche, on reconnaît le style du xve siècle. Le plan gravé au-dessous est pris plus haut que les bases; il indique les projections de toutes les moulures ascendantes qui composent le pilier : elles ont des formes anguleuses. A la hauteur de l'imposte les chapiteaux sont supprimés, et les arcs, à leur naissance, se relient aux moulures du pilier par une interruption des courbes. Les profils refouillés des nervures de voûtes diffèrent de ceux de la période précédente. Le plan fait connaître les projections multiples de ces nervures.

Au milieu de la planche est gravée une colonne torse du xve siècle. qui s'élève derrière le sanctuaire de l'église. Son plan, tracé à la hauteur de la ligne *A B*, est un octogone sur les arêtes duquel de minces colonnettes se contournent avec le fût, et sont reliées entre elles, à la hauteur qu'occuperait un chapiteau, par des trèfles simples et multiples; plus haut les nervures de la voûte viennent se fondre dans la surface courbe du pilier. Les profils *a, b, c,* sont des détails de ces nervures.

ÉGLISE DE SAINT-SÉVERIN.

PLANS ET ÉLÉVATIONS DE PILIERS.

L'église de Saint-Séverin présente, dans les piliers de ses nefs, une grande variété de forme, qui ne peut être indiquée que par une série de dessins. Déjà la planche XIV en a fait connaître trois, très-différents entre eux; la planche XV en contient quatorze autres non moins variés; des lettres y sont jointes et reproduites sur le plan de l'édifice. gravé à la planche Ire; elles indiquent la place que ces piliers occupent dans l'ensemble. Tous ceux qui sont marqués *a* et *b* s'élèvent au sud du sanctuaire; le plan du premier est un octogone dont chaque face est légèrement courbe : il s'élève ainsi jusqu'aux voûtes; le second est, jusqu'en haut de sa base, de même forme que le précédent. puis le fût devient cylindrique.

En *c* est tracée la pile qui fait tête au mur de séparation de la première et de la seconde chapelle du sud, vers la façade occidentale de l'église. *d* est une grosse colonne située à l'entrée de la troisième chapelle du nord. Le pilier marqué *e*, semblable au premier par son plan, en diffère par le profil singulier de sa base; il est situé vers les sacristies. Le plan marqué *f* est encore un octogone à faces courbes, mais le profil de la base est d'une complication peu commune; il s'élève derrière le sanctuaire. En *g* et en *i* sont deux piliers voisins des sacristies. Le plan du premier est un octogone dont chaque arête est occupée par une colonnette; le second est cylindrique.

Entre ces deux exemples est une colonne engagée *h*, datant du
XIVe siècle, et qui se reproduit de chaque côté du passage conduisant
à l'ancien cimetière, au sud de l'église. A la lettre *k* est dessiné un
des quatre piliers qui portent les grands arcs de la nef principale
depuis la quatrième travée jusqu'à la huitième. En *l* et en *m* sont
tracées les colonnes enrichies de moulures multiples qui divisent l'entrée de la seconde chapelle septentrionale d'une part, et, de l'autre,
celle de la première chapelle du rond-point, au sud. Enfin le pilier *n*
est celui qui, dans le collatéral du sud, après la huitième travée, se
relie aux constructions du XIVe siècle, en présente le style par ses
colonnes engagées, puis, sur un autre côté, prend les formes ondulées
et molles du XVe siècle.

ÉGLISE DE SAINT-SÉVERIN.

DÉTAILS INTÉRIEURS.

Planche
XVI.

La planche XVI contient de nombreux détails provenant, en général,
de l'intérieur de l'église de Saint-Séverin. Au milieu est tracée une
colonne cannelée marquée *o*, qui forme tête de mur, ainsi que son
plan l'indique, entre deux chapelles situées au midi de l'édifice,
devant la septième et la huitième travée. Une des nombreuses piscines
établies dans l'épaisseur des murs d'enceinte de l'église, pour le service des autels, a été reproduite au-dessous de cette colonne. Les
fragments dessinés en haut de la planche, à gauche, sont des détails
de la partie antérieure des nefs construites au XIIIe siècle; sous la
lettre *p* est une portion de grosse colonne supportant des nervures
multiples au-dessus de son chapiteau. Les lettres *q* et *t* indiquent des
chapiteaux de colonnettes et de pilastres; trois clefs de voûte de la
même époque sont gravées auprès.

Au-dessous de ces divers fragments des parties les plus anciennes
de l'église, est figurée la petite porte latérale marquée *s* sur le plan, et
qui donne entrée à l'édifice au nord, par une chapelle de l'abside.
La série de chapiteaux gravée sous les numéros de 1 à 12 est tirée

des nombreuses colonnettes du xiv⁰ siècle qui décorent les piliers élevés à cette époque, au midi de l'église, entre les deux galeries latérales. Enfin, une petite porte marquée *r* est celle qui donne entrée à l'escalier à vis conduisant au premier étage de la sacristie.

ÉGLISE DE SAINT-SÉVERIN.

CLEFS ET MARMOUSETS.

L'église de Saint-Séverin présente une suite nombreuse et variée de clefs de voûtes sculptées à la rencontre des nervures; la planche XVII réunit un choix de ces ornements. Sur la clef nᵒ 1 est représenté l'Écu de France fleurdelisé. Sous le nᵒ 2, au milieu de trèfles multiples et richement combinés, est placé un bas-relief représentant la bénédiction de la Vierge. La clef nᵒ 3 forme un quadrilatère encadrant le mot *Ave*. Le nᵒ 4 est composé d'un ange qui porte devant lui un écusson orné d'un symbole paraissant être celui de la Trinité. Au nᵒ 5 est une rosace dont le milieu a été formé d'une croix dont la branche supérieure s'élargit en palmette. Les nᵒˢ 6 et 8 sont des rosaces dont les dispositions étaient le plus généralement adoptées: elles sont composées de feuillages groupés. Sur le nᵒ 7, des fleurs s'épanouissent au milieu de feuilles et de branches délicates; deux clefs plus petites et représentant le soleil et la lune accompagnent cette rose.

Au bas de la planche sont gravés à l'effet huit chapiteaux et consoles, composés, en général, de figures humaines singulièrement placées, et dont plusieurs sont de celles, qu'au moyen âge on nommait marmousets; parmi ces derniers sont un maçon portant une hotte, puis un homme, les mains croisées et desquelles pend un trousseau de clefs. D'autres figures, entre lesquelles on voit un ange, un moine, un guerrier, soutiennent des phylactères. Une console est ornée d'un oiseau entouré de rubans.

Planche XVII.

CIMETIÈRE DES INNOCENTS.

PLAN GÉNÉRAL.

Planche
I.

L'origine du cimetière des Innocents est très-ancienne; peut-être remonte-t-elle à l'antiquité, parce qu'il était situé sur la voie qui, de Lutèce, conduisait dans les provinces du nord.

Établi sur le territoire qu'on nommait *Champeaux*, à peu de distance de la ville, il servait à la sépulture des paroissiens de Saint-Germain-l'Auxerrois, et devint ensuite commun aux paroisses qui en furent démembrées.

Philippe-Auguste, en 1186, le fit entourer de murailles, et, le nombre des habitants de Paris s'étant accru, le cimetière fut étendu en 1218.

La planche Ire contient un plan général du cimetière; il était compris entre les rues Saint-Denis, de la Ferronnerie, de la Lingerie et la rue aux Fers; des portiques en faisaient le tour à l'intérieur et supportaient des charniers au-dessus de leurs voûtes.

L'église des Innocents occupait l'angle oriental du cimetière; la fontaine des Innocents, située à l'angle des rues Saint-Denis et aux Fers, s'appuyait contre l'église.

Cinq portes donnaient entrée au cimetière; quelques monuments et de nombreuses croix isolées s'élevaient dans son enceinte : les planches suivantes les feront connaître.

Le plan de l'église des Innocents, gravé sur la planche, à côté de celui du cimetière, se composait de quatre nefs auxquelles on arrivait par un pareil nombre de portes percées sur la façade occidentale; des constructions modernes et accessoires avaient supprimé deux de ces portes; on entrait aussi dans l'église par un couloir ouvert sur la rue Saint-Denis et par une porte latérale située au midi.

Parmi les quatre nefs, trois seulement étaient séparées par des colonnes; celle du sud l'était par des piliers; deux absides établies vers la rue Saint-Denis composaient le sanctuaire. L'église était séparée du cimetière par un chemin de ronde.

CIMETIÈRE DES INNOCENTS.

VUE DE L'ÉGLISE LORS DE LA DÉMOLITION.

La planche II, exécutée d'après un dessin original de Machy, habile peintre du siècle dernier, représente l'intérieur de l'église des Innocents à l'époque de sa démolition, en 1786. La vue est prise de la nef septentrionale et fait voir les colonnes qui la séparaient de la grande nef.

Des chapiteaux ornés de crossettes dans le style du XIIIe siècle supportaient les grands arcs et les nervures des voûtes; une galerie ou tribune, décorée de colonnettes légères, s'élevait dans la nef principale au-dessus des voûtes des bas côtés.

CIMETIÈRE DES INNOCENTS.

VUE DES CHARNIERS.

La vue dessinée sur la planche III représente le cimetière des Innocents dans toute l'étendue des portiques et des charniers qui étaient élevés au nord, sur la rue aux Fers; les maisons de cette rue sont tracées au-dessus des portiques; la vue est limitée à droite par l'angle des constructions modernes annexées à l'église, et à gauche par le prêchoir, monument qui est publié à part sur la planche VII.

Une grande croix en métal, placée sur un piédestal en pierre, s'élève au milieu de débris de pierres sépulcrales et de cercueils.

Cette vue, dessinée par ordre de M. de Crône, lieutenant de police, par Bernier, architecte, a été exécutée à l'époque de la destruction du cimetière, en 1786.

CIMETIÈRE DES INNOCENTS.

VUE DE LA CHAPELLE DE VILLEROY ET D'ORGEMONT.

Planche IV.

La vue dessinée sur la planche IV, d'après le dessin original de Bernier, représente une chapelle particulière qui avait été élevée dans le cimetière des Innocents auprès de sa galerie occidentale, vers la rue de la Lingerie, pour les familles de Villeroy et d'Orgemont.

Cette chapelle, soutenue par quatre contre-forts, portait un petit clocher; sur ses murailles étaient appliqués de nombreux monuments commémoratifs des membres de la famille; deux croix en fer, portées par de riches piédestaux sculptés, s'élevaient auprès de cette chapelle ainsi qu'une pyramide du XVIe siècle, supportant une croix et ornée de quatre statues sur un soubassement décoré de niches richement encadrées.

La vue est limitée, à la droite, par une partie des portiques et des charniers situés vers la rue aux Fers, et, à la gauche, par ceux qui s'étendaient vers la rue de la Lingerie.

CIMETIÈRE DES INNOCENTS.

CROIX ET TOMBEAUX.

Planche V.

L'architecte Bernier, après avoir dessiné les vues générales du cimetière qui viennent d'être décrites, recueillit à part tous les détails intéressants que contenait le cimetière; la planche V en reproduit plusieurs.

A la partie supérieure sont trois petits monuments : un disposé en pyramide légère, un second formant une stèle élevée sur un riche soubassement, et un troisième en forme de croix très-ingénieusement composée pour surmonter un tombeau.

Plus bas sont deux croix, dont l'une, dessinée à gauche, était en métal et s'élevait sur un piédestal octogone : on la nommait croix des Bureaux; à la droite de la planche est dessinée une croix en pierre.

richement sculptée, elle s'élevait sur une colonne dont le chapiteau se composait d'un dais. Vers la base de la colonne était une couronne formée de pointes aigües; un piédestal octogone, divisé en deux parties ornées d'arcades gothiques et de moulures, portait cette croix.

Entre ces deux monuments, la planche montre une figure de la Mort, décharnée et presque à l'état de squelette, exécutée en albâtre au xvie siècle, et dont la sculpture a été faussement attribuée à Germain Pilon puis à François Gentil; elle est de grandeur demi-naturelle et était placée sous un auvent appuyé contre une tour octogone publiée à la planche VII.

Cette statue, recueillie au musée des Monuments français par Al. Lenoir, avait été portée à Notre-Dame, elle est aujourd'hui déposée au musée du Louvre. Au-dessous de ce dessin est reproduit un monument très-simple qu'on nommait *tombe Morin;* une ouverture pratiquée à l'une de ses extrémités permettait d'y introduire les cercueils.

CIMETIÈRE DES INNOCENTS.

MONUMENTS DU CIMETIÈRE.

Au milieu de la planche VI, à la partie supérieure, est reproduite une travée des voûtes des charniers: un Christ exécuté au commencement du xvie siècle était placé dans une niche sous un dais richement orné; au-dessous de la statue, deux anges soutenaient un écusson sur lequel était sculpté un cœur au milieu d'une couronne. Deux volets en bois portant des flambeaux servaient à fermer cette niche. Le Christ était appelé par le peuple de Paris le *Dieu de Cité :* à droite et à gauche de ce monument sont figurées deux croix, l'une en métal portée sur un soubassement gothique, l'autre en pierre et soutenue par une colonne de la Renaissance. Deux stèles, surmontées de croix et élevées sur des piédestaux, occupent la partie inférieure de la planche; entre ces deux monuments est figurée la chapelle funèbre de la famille de Pomereux, dans laquelle on entrait par la galerie occidentale du cimetière située vers la rue de la Lingerie.

Planche
VI.

21.

Une croix surmontait la couverture en pierre de cette chapelle, et les armoiries de la famille de Pomereux étaient sculptées au-dessus de la fenêtre.

`CIMETIÈRE DES INNOCENTS.

MONUMENTS DU CIMETIÈRE.

Planche
VII.

Le premier monument reproduit sur la planche VII est celui qu'on nommait le prêchoir; il était composé d'un soubassement carré, à chacun de ses angles s'élevait une colonne; les chapiteaux portaient une corniche saillante sur laquelle reposait un toit en forme de pyramide très-élevée, surmontée de fleurons en plomb et d'une croix en fer : un escalier et une porte donnaient accès à ce petit monument, dont les entre-colonnements avaient été bouchés avec des briques à une époque récente.

Le nom que portait cet édifice semble indiquer qu'aux époques où le cimetière se remplissait de fidèles, à la fête des morts, il servait de chaire en plein air pour les prédicateurs.

Le second monument dessiné sur la planche était une grande pyramide en pierre surmontée d'un christ en croix, et couverte de sculptures; à sa base s'élevaient quatre statuettes posées aux angles d'un piédestal carré, orné des armoiries royales; plus bas un second piédestal, portant des figures d'évêques, reposait sur quatre lions couchés; deux piédestaux superposés et portant des inscriptions et des bas-reliefs formaient la partie inférieure de ce monument, qu'on nommait la *Croix glatine.*

Le troisième édifice dessiné sur la planche était une tour octogone en pierre, surmontée d'une couverture pyramidale et d'une croix; un étage percé de huit fenêtres étroites et en ogive était posé sur deux soubassements élevés et en retraite l'un sur l'autre : une porte pratiquée à la partie basse permettait d'entrer dans l'édifice. Sur l'une des faces de ce monument était élevé l'auvent qui couvrait le squelette dessiné à la planche V, et sur la partie la plus apparente de la même tour, un autre auvent couvrait un petit autel sur lequel était placée une statue de la Vierge, couronnée par un dais de la Renaissance. Le monument avait reçu le nom de *tour Notre-Dame des Bois :* c'était probablement un ancien fanal du cimetière.

Les dessins de tous les monuments isolés publiés sur les précédentes planches portent chacun une lettre qui, reproduite sur le plan général du cimetière gravé à la planche Ire, permet de reconnaître la place qu'ils occupaient dans son enceinte.

COUVENT DES DOMINICAINS, DITS JACOBINS.

PLAN GÉNÉRAL.

Au milieu du XIIe siècle, l'hérésie des Manichéens se renouvela dans le Languedoc; on donna le nom d'*Albigeois* à ceux qui la soutinrent; saint Dominique, en ayant converti plusieurs, créa un ordre religieux destiné à la propagation de la foi; en 1216, le pape Honorius III approuva cet ordre sous le nom de *frères prêcheurs.* Plusieurs de ces religieux étant venus à Paris en 1217, l'année suivante Jean Barastre, doyen de Saint-Quentin, leur donna, auprès des murailles méridionales de la ville, une maison et une chapelle du titre de Saint-Jacques, d'où ils prirent le nom de *Jacobins.* Le chapitre de la cathédrale leur permit d'avoir une église, qu'ils commencèrent à construire en 1221; saint Louis la fit achever, leur bâtit un dortoir et des écoles. Louis X leur permit de s'étendre au delà du mur d'enceinte de Philippe-Auguste; ils y eurent leur cimetière, l'infirmerie et un dortoir.

Le plan du couvent des Jacobins, gravé à la planche Ire, en indique les dispositions générales; il était limité, à l'est et au nord, par les rues Saint-Jacques, des Cordiers et de La Harpe; au sud s'élevait une partie de la muraille de Philippe-Auguste avec cinq tours militaires. L'entrée du couvent, l'église, le cloître, la salle capitulaire et quelques dépendances, étaient situés à l'est; au milieu du terrain occupé par l'ensemble des constructions, s'élevait un vaste réfectoire qui s'étendait au delà du mur de défense de la ville; les nouvelles écoles et

Planche
I.

une infirmerie étaient élevées depuis l'angle du réfectoire jusqu'aux environs d'une porte secondaire du couvent, ouverte sur la rue de la Harpe. Toutes les parties teintées en noir sur le plan avaient été conservées jusqu'à l'époque récente du percement de la rue Soufflot et des modifications apportées dans les rues adjacentes.

COUVENT DES DOMINICAINS, DITS JACOBINS.

Planche II.

L'église des Jacobins, dont une vue pittoresque est gravée sur la planche II, avait quatre-vingt-trois mètres de longueur : elle était divisée en deux nefs seulement; la plus grande, située au sud, contenait trois chapelles latérales pratiquées dans l'épaisseur du mur méridional; un jubé communiquant avec le cloître divisait la grande nef en deux parties égales. La sacristie s'élevait au sud du sanctuaire. L'unique bas côté de l'église contenait la principale porte d'entrée à l'angle septentrional, et huit chapelles latérales régulièrement disposées occupaient le nord de ce bas côté. L'église des Jacobins contenait un grand nombre de tombeaux de rois, de reines, de princes et de princesses de la maison de France, parmi lesquels étaient ceux des chefs des trois branches royales de Valois, d'Évreux et de Bourbon; les historiens de Paris ont donné la nomenclature de ces tombeaux, qui, à l'époque de la suppression des monastères, furent recueillis au musée des Monuments français par Alexandre Lenoir; ils sont aujourd'hui, pour la plupart, dans l'église de Saint-Denis.

Les détails gravés sur la planche au bas de la vue de l'église sont ceux des constructions qui étaient situées au midi du réfectoire et lui faisaient complément; elles furent retrouvées dans des maisons particulières lorsque l'administration de la ville de Paris fit exécuter la rue Soufflot. Le plan indique l'ensemble de la salle, que six fenêtres éclairaient latéralement, deux portes y étaient aussi pratiquées; trois colonnes isolées occupaient l'axe de cette construction, dont deux dessins pittoresques, gravés auprès du plan, font voir l'intérieur et l'extérieur. Au-dessous du plan est tracée la face du mur méridional; deux

vastes cheminées et quatre niches, placées symétriquement à l'extrémité des nefs intérieures, décoraient ce mur; un pilastre et une colonne
engagée étaient encore en place et indiquaient les hauteurs de deux
ordres d'architecture qui supportaient la charpente; les chapiteaux de
ces colonnes sont gravés en haut de la planche, auprès de la vue pittoresque de l'église.

COUVENT DES DOMINICAINS, DITS JACOBINS.

L'entrée du couvent des Jacobins était située sur la rue Saint-
Jacques, vis-à-vis la rue Saint-Étienne-des-Grès. Elle était composée,
selon l'usage, d'une grande et d'une petite porte, comme l'indiquent
le plan général gravé à la planche Ire et celui qui est placé en haut de
la planche III. Cette entrée, démolie il y a deux ans, était dans un
état de dégradation qui permettait à peine d'en reconnaître l'ensemble
et les détails; elle donnait accès dans un vestibule ou porche, d'où
on entrait, d'une part dans l'église, et d'autre part dans une longue
cour du couvent, convertie en passage dit des *Jacobins,* lorsqu'on lui
eut donné un débouché sur la rue de La Harpe.

La grande porte, décorée dans le style du xve siècle, est reproduite
sur la planche. Un plan, divisé en deux parties, donne les projections
des moulures inférieures et de celles qui surmontaient l'entrée. L'arcade de passage était de forme surbaissée et encadrée de feuillages,
au-dessus desquels se développaient des crosses végétales et trois
piédestaux portant des statues couronnées de dais. Au milieu, dans
une des trois niches, était la statue de la Vierge portant l'enfant Jésus;
à sa droite le sculpteur avait représenté saint Pierre martyr portant
une couronne et une épée; à sa gauche s'élevait la statue de saint
Dominique.

Des moulures délicates et découpées en trèfles encadraient l'ensemble de ces sculptures; deux niches, placées en dehors des ornements, étaient préparées pour recevoir des statues.

Les ruines de cette porte présentaient, vers l'intérieur du monastère.

quelques détails de moulures et de bases qui, sur la planche, sont tracés dans le vide de l'arcade et se rapportent, par les lettres A et B, au plan dessiné plus haut.

COUVENT DES DOMINICAINS, DITS JACOBINS.

ÉCOLE DE SAINT-THOMAS.

Planche
IV.

Les frères prêcheurs, dont l'ordre, créé par saint Dominique, avait pour but la propagation de la foi, devaient s'exercer aux discussions théologiques; saint Louis fit construire à cet effet, dans leur monastère, des écoles où ils formèrent de célèbres orateurs sacrés. Ces écoles, qui portèrent le nom de Saint-Thomas-d'Aquin, furent reconstruites au milieu du XVIe siècle. Le père Jean Binet, docteur en théologie, les fit commencer à ses dépens; elles furent continuées à plusieurs reprises; on y disputa pour la première fois aux fêtes de la Pentecôte, en 1611.

Les écoles de Saint-Thomas étaient situées auprès de l'angle septentrional du réfectoire des Jacobins, ainsi qu'on le voit sur le plan général gravé à la planche I; le plan particulier de l'édifice, reproduit sur une échelle plus grande à la planche IV, indique que la salle principale était de forme allongée, éclairée par de grandes fenêtres sur trois de ses faces, la chaire à prêcher occupant le milieu de la paroi septentrionale.

On entrait dans la salle par une porte pratiquée à l'angle nord-est. Au fond de cette salle était établie une bibliothèque, dans laquélle on pénétrait par deux portes.

La façade orientale des écoles de Saint-Thomas, gravée à gauche de la planche, contenait la porte d'entrée et deux grandes fenêtres séparées par des pilastres ioniques élevés sur des piédestaux, et portant un entablement complet. Un détail des pilastres doriques dont la porte était décorée est gravé auprès de la façade.

La coupe transversale dessinée de l'autre côté du plan fait voir que l'édifice s'élevait sur des caves, et que la salle située au-dessus était

décorée de piliers portés par des consoles très-ornées; un détail de
ces décorations est gravé auprès de la coupe. Quatre piédestaux étaient
placés sur la face orientale, et un pareil nombre sur celle de l'occident;
ils portaient les statues des grands orateurs de l'ordre de saint Dominique qui avaient été docteurs de la faculté de Paris, et avaient en-
seigné, à diverses époques, dans les écoles des Jacobins.

COUVENT DES DOMINICAINS, DITS JACOBINS.

ÉCOLE DE SAINT-THOMAS.

Façade latérale.

La façade latérale des écoles de Saint-Thomas, élevée du côté du
nord, est reproduite sur la planche V; elle était composée de deux
parties distinctes : celle qui s'appliquait à la grande salle, divisée en
cinq travées avec grandes fenêtres que séparaient des pilastres, et la
partie réservée à la bibliothèque, qu'éclairaient de plus petites ouvertures. Un soubassement, auquel la pente du sol donnait, de ce côté de
l'édifice, une plus grande hauteur qu'à l'est et au sud, contenait les
piédestaux des pilastres et les soupiraux des caves. Les profils de ce
soubassement et ceux des chambranles des fenêtres sont gravés à la
droite de la planche; du côté opposé est reproduit un détail des chapiteaux ioniques et de l'entablement qui les surmontait.

Planche
V.

Coupe longitudinale.

Une coupe tracée sur la longueur des écoles et sur la largeur de la
bibliothèque est gravée au bas de la planche, les caves y sont dessinées
dans toute leur étendue; au-dessus, le côté méridional de la grande
salle était éclairé par cinq fenêtres, que séparaient quatre piliers
portés sur des consoles; les détails en sont publiés à la planche IV.
Ces piliers soutenaient le plafond. Deux planchers modernes avaient
été établis dans la partie de l'édifice autrefois consacrée à la bibliothèque; ils sont tracés sur la coupe, et on peut y reconnaître ce chan-

22

gement de dispositions aux anciennes fenêtres que ces planchers tronquaient par le haut. Un grand comble, dont les bois étaient disposés suivant le système adopté au xvie siècle, couvrait l'édifice. Les écoles de Saint-Thomas ont été détruites lorsque l'administration, après avoir fait le percement de la rue Soufflot, fit ouvrir une rue latérale vers le nord.

COUVENT DES DOMINICAINS, DITS JACOBINS.

TOMBEAU DE CLAUDE DORMY.

Planche VI.

Au-dessus de la porte de la chapelle de Saint-François, située à côté du chœur de l'église des Jacobins, s'élevait la statue en pierre de Claude Dormy, revêtu de ses ornements pontificaux et représenté à genoux devant un prie-Dieu, auprès duquel était sa mitre. Cette figure, de grande proportion, ornée de peintures et de dorures, a été détruite; elle est dessinée sur la planche VI avec l'ensemble de la clôture de la chapelle de Saint-François. Claude Dormy, d'abord moine de Cluny, avait été prieur de Saint-Martin-des-Champs : il fut élevé, en 1600, à l'évêché de Boulogne-sur-Mer. Ses armoiries, placées en haut de la chapelle et sur les parties latérales de la clôture, étaient d'argent au chevron de gueules accompagné en chef de deux perroquets affrontés de sinople, et en pointe, d'un tourteau de sable.

La décoration de la clôture au-dessus de laquelle s'élevait la statue était composée de pilastres en marbre noir veiné, supportant un entablement complet, dont la frise était en marbre rouge; des balustres en pierre s'élevaient sur des panneaux ornés de cartouches sculptés; la porte de la chapelle était décorée dans le même style. Au-dessus de cette porte, une inscription latine, gravée en lettres d'or sur un marbre noir, indiquait que Charles François Dormy, frère de l'évêque, lui avait fait élever ce monument. A l'intérieur de la chapelle, une seconde inscription, placée comme la première, rappelait les titres de Claude Dormy, qui mourut à l'âge de soixante-trois ans, le 30 novembre 1626.

CÉLESTINS.

PLAN GÉNÉRAL DU COUVENT.

Les Célestins prirent ce nom de leur fondateur Pierre de Muron, Planche I.
élu pape en 1294, sous le nom de Célestin V. Ils entrèrent en possession, pendant l'année 1352, d'une propriété située à Paris, sur les
bords de la Seine, auprès de l'arsenal, et que leur donna Garnier
Marcel, bourgeois de Paris. Ce lieu avait été occupé, au xiiie siècle,
par les Carmes. Charles V fit construire les lieux réguliers du monastère et posa, en 1367, la première pierre de l'église, qui fut dédiée,
en 1370, sous le titre de l'Annonciation de la sainte Vierge. Le roi
ajouta une partie des jardins de son hôtel Saint-Paul, aux terrains
que possédaient les religieux.

Le plan général gravé sur la planche I indique, au point A, la place
qu'occupait l'église ainsi que la chapelle que Louis, duc d'Orléans,
second fils de Charles V, y fit ajouter. Au point B s'élevait le grand
cloître qui fut reconstruit en 1539, et en C le petit cloître et la cour
des dépendances. Les jardins s'étendaient en D à l'est et au nord des
bâtiments du monastère. Les constructions qui avaient survécu depuis 1790 ont été définitivement détruites en 1847, pour faire place
à une caserne de gendarmerie.

VUE DU CLOÎTRE.

Le cloître construit au couvent des Célestins, du temps de Charles V,
fut reconstruit au milieu du xvie siècle dans le style de la Renaissance;
une vue est reproduite en haut de la planche I. Les quatre promenoirs
de ce cloître étaient décorés de légères colonnes corinthiennes doublées dans l'épaisseur des murs et portant des arcs ornés de caissons.
Un entablement dorique surmontait les arcades et soutenait une voûte
surbaissée, exécutée en bois et décorée de compartiments variés. Les
divers détails de cette décoration sont gravés sur la planche IV; A
l'angle septentrional du préau de ce cloître s'élevait une enceinte

carrée composée des mêmes éléments d'architecture que les galeries,
et mettant à couvert, sous sa voûte, une fontaine qui servait de lavabo
aux religieux lorsqu'ils entraient au réfectoire. La vue dessinée sur
la planche est prise de l'angle du cloître le plus voisin de cette fontaine.

CÉLESTINS.

PLAN ET COUPE DE L'ÉGLISE ET DU CLOÎTRE.

Planche
II.

L'église construite par Charles V pour les religieux Célestins, et
dont le plan est gravé sur la planche II, n'avait qu'une nef longue de
48 mètres et large de 11. Dans l'épaisseur de la maçonnerie de la
façade un escalier à vis conduisait dans le comble de l'édifice ; l'abside était formée de cinq pans coupés, dont trois percés de hautes
fenêtres. Après la septième travée de la nef une clôture ornée de deux
autels fermait l'entrée du chœur; le sanctuaire situé au fond était élevé
de huit marches; on y voyait auprès du maître-autel le tombeau de
la reine Jeanne de Bourbon, femme de Charles V, publié à la
planche XIII, et celui de Léon de Lusignan, roi d'Arménie, publié à
la planche XIV.

Au sud du chœur de l'église et en communication avec lui par
trois arcades, Louis d'Orléans, second fils de Charles V, avait fait
élever une chapelle destinée à sa sépulture et à celle de sa famille. A
l'ouest de cette construction et latéralement à la nef de l'église, J. Bu-
reau, évêque de Béziers, fit faire une chapelle, remplacée, en 1482,
par une autre consacrée aux Dix mille martyrs; on y entrait par six
arcades de l'église; enfin, en 1621, cette chapelle renouvelée fut
dédiée à la Vierge, et, en 1702, elle prit le nom de la famille de
Gèvres.

A l'est de la chapelle d'Orléans, une petite construction appuyée
contre les murs du sanctuaire fut faite, en 1652, par les soins de
Charles, marquis de Rostaing, pour servir de sépulture de famille.

La sacristie de l'église des Célestins était située au nord du chœur.

Une porte pratiquée dans le mur septentrional de la nef conduisait au cloître, dont le plan et la coupe sont gravés sur la planche, auprès des dessins de l'église. Ce cloître, commencé en 1539 et terminé en 1550, était un des plus beaux de Paris; la planche I fait connaître le style de sa décoration; le plan gravé sur la planche II indique comment il était disposé. Chacune des façades élevées sur le préau se divisait en sept travées subdivisées elles-mêmes en deux arcades; la fontaine occupait l'angle septentrional. La coupe fait voir qu'au milieu de la façade orientale était un riche pavillon surmonté d'un fronton et décoré de trois statues de saints; celle de Pierre, fondateur de l'ordre, était placée au milieu.

Ce beau cloître fut vainement réclamé par A. Lenoir pour le rétablir au musée des Monuments français; il fut détruit lorsqu'on établit une caserne de cavalerie dans le couvent des Célestins. Quelques fragments des colonnes se voient encore à l'école des Beaux-Arts et au musée de Cluny.

CÉLESTINS.

FAÇADE ET COUPE DE L'ÉGLISE.

La façade de l'église des Célestins, telle que la planche III la représente, est restée presque entière ainsi que la nef, jusqu'en 1847. Le clocher et la chapelle latérale ont été ajoutés ici d'après d'anciennes gravures. Le plan tracé en A au bas de la planche est celui de la porte sur les ébrasements de laquelle étaient pratiquées deux niches accompagnées de colonnettes; ces niches avaient contenu les statues de Charles V et de Jeanne de Bourbon, ce qu'indiquaient deux inscriptions gravées sur les piédestaux; elles sont reproduites sur la planche auprès du plan; on lit sur l'une : *Karolus Quintus fundator hujus ecclesiæ*, Charles cinquième, fondateur de cette église; et sur l'autre : Jehanne de Bourbon, espouse de Charles Quint.

Les deux statues ont été dessinées sur la planche V.

Le plan gravé en B est celui de la partie supérieure de la façade.

Planche
III.

La porte de l'église présentait une troisième statue, celle du pape Célestin V, fondateur de l'ordre, et placée sur l'étroit pilier qui divisait la porte en deux parties égales. Ce pilier n'existait plus en 1847, non plus que le tympan qu'il supportait et qui avait été aussi orné de sculptures.

COUPE DE L'ÉGLISE.

La coupe longitudinale de l'église, gravée en haut de la planche, fait voir les dispositions intérieures, 1° de la nef percée au sud de sept arcades ouvertes sur la chapelle de Gèvres; 2° du chœur qui contenait trois ouvertures sur la chapelle d'Orléans; 3° du sanctuaire dans lequel avaient été originairement pratiquées cinq fenêtres, trois à l'abside et deux au sud; ces dernières ont été murées lorsque la chapelle de Rostaing a été construite en 1652. Un détail de pilier tracé en plan et en élévation au point C indique le style du xivᵉ siècle; il provenait des arcs de la chapelle d'Orléans qui datait de cette époque. Le détail en D des arcs latéraux de la nef est dans le style du xvᵉ siècle; il appartenait à la construction de la chapelle des Dix mille martyrs qui fut construite en 1482. La charpente du comble et celle du clocher complètent le dessin de la coupe longitudinale.

CÉLESTINS.

PLAN DES COLONNES ET DES PILIERS.

Planche IV.

Les détails réunis sur la planche IV ont été gravés d'après des dessins précis exécutés par divers architectes modernes qui avaient fait des études du beau cloître des Célestins, avant sa destruction. La porte placée en haut de la planche, ayant été conservée jusqu'en 1847, a pu être alors dessinée sur place.

Le plan des piliers indique la forme qui leur avait été donnée vers le préau; ils se terminaient par une colonne ionique, et, dans l'épaisseur des murs des galeries, ils contenaient d'étroits pilastres doublés et correspondant aux colonnettes.

ENSEMBLE DES ORDRES DÉCORANT LE PRÉAU.

Au-dessus du plan est reproduite une travée de la décoration du préau. De grandes colonnes ioniques engagées à l'extrémité des piliers reposaient sur des piédestaux, et s'élevaient jusqu'à l'entablement qui régnait dans tout le pourtour du cloître. Au-dessus de chaque colonne s'élevait un acrotère portant un amortissement en forme de pomme de pin. L'ordre corinthien de petite dimension qui soutenait les arcs dans les travées s'élevait sur un piédestal; les sommiers des arcs étaient soutenus par l'entablement de cet ordre. Le profil placé à la droite de la planche indique la disposition des grandes colonnes engagées dans les piliers, celle des colonnettes corinthiennes doublées dans l'épaisseur des murs, et la décoration de l'intrados des arcs, consistant en caissons refouillés. Le profil de l'ordre dorique établi à l'intérieur des galeries est tracé sur ce dessin.

Les détails *C* et *D* placés à la gauche de la planche sont ceux d'une base, d'un chapiteau et de l'entablement de l'ordre corinthien des colonnettes.

PORTE SOUS LA GALERIE.

La partie haute de la planche contient la porte qui survécut à la destruction du cloître; elle était située auprès de l'angle septentrional, vers la fontaine dessinée sur la planche I. Les détails A reproduisent la face et le profil de l'entablement dorique dont une partie subsistait encore au-dessus de la porte. Les détails B sont ceux du chambranle d'encadrement de la porte et du plafond lui faisant soffite sous le linteau.

CÉLESTINS.

DÉTAILS.

La façade et l'intérieur de l'église des Célestins ont fourni les détails rassemblés sur la planche V. En haut sont gravées les statues de

Planche
V.

Charles V et de Jeanne de Bourbon qui occupaient les deux niches de la porte d'entrée. Le roi bienfaiteur des Célestins a la tête couronnée et les cheveux taillés en rond; de la main droite il porte un sceptre, et de la gauche le modèle de l'église qu'il avait fondée; son manteau était couvert de fleurs de lis dorées; cette figure était placée à gauche; la niche de droite contenait la statue de Jeanne de Bourbon; elle porte, comme Charles V, une couronne fleurdelisée, les mains sont jointes, le vêtement avait été ornée de fleurs de lis d'or.

Chacune des deux statues royales était abritée sous un dais en pierre richement découpé par le sculpteur; un dessin gravé en haut de la planche en fait connaître l'ensemble. Le petit chapiteau reproduit plus bas est un de ceux qui couronnaient les colonnettes dont les deux niches étaient accompagnées. A la droite de ce chapiteau sont tracés les profils et l'ornementation des piédestaux des statues qui ont été portées à Saint-Denis, ainsi que les niches.

Malgré les nombreuses mutilations qu'eut à subir l'église des Célestins convertie en écurie de caserne, on y voyait encore quelques détails de son ancienne décoration. Le chapiteau gravé au milieu de la planche était un de ceux qui ornaient les arcades de la chapelle d'Orléans, et, dans l'épaisseur d'une de ces arcades, on retrouvait des traces de peintures à demi effacées, dont l'indication vague est donnée à gauche de la planche. On y voyait l'écu fleurdelisé de la famille d'Orléans; au-dessus était un portrait surmonté d'une inscription et d'une étoile. Dans la principale moulure creuse de l'arcade étaient tracées, au milieu de feuillages, une tête de saint nimbée, des croix et des initiales gothiques, dont un L isolé dans un fleuron, et qui peut faire admettre que cette décoration datait de la fondation de la chapelle par Louis d'Orléans.

CÉLESTINS.

TOMBEAUX DE LA CHAPELLE D'ORLÉANS ET DU CHOEUR.

Le sanctuaire, le chœur et les chapelles de l'église des Célestins Planche
VI.
contenaient de nombreux monuments funèbres qui formaient la plus
remarquable réunion de sculptures qu'il y eût à Paris.

Dans le sanctuaire, au sud du maître-autel, était placée, sur un
tombeau publié à la planche XIII, la statue couchée de Jeanne de
Bourbon; sa dépouille mortelle avait été portée à l'abbaye de Saint-
Denis, mais ses entrailles, placées aux Célestins, étaient recouvertes
par la figure gravée en haut de la planche VI, et maintenant à Saint-
Denis.

Le roi d'Arménie, Léon V de Lusignan, mort à Paris en 1393,
avait aussi sa sépulture dans le sanctuaire de l'église des Célestins,
du côté de l'Évangile. Son tombeau est reproduit à la planche XIV, et
sa statue est gravée isolément sur la planche VI; le roi tient un sceptre
de la main droite et des gants de la main gauche; un lion repose à
ses pieds. Cette statue a été placée à Saint-Denis.

La troisième statue gravée en haut de la planche est celle de Jeanne
de Bourbon, fille de Jean, duc de Bourgogne, épouse du duc de Bedford, régent de France pour l'Angleterre; elle était placée dans le chœur.
Recueillie au musée des Monuments français par A. Lenoir, lors de la
suppression du couvent, cette figure est aujourd'hui au Louvre.

Au milieu de la chapelle d'Orléans s'élevait un grand tombeau en
marbre qui fut exécuté par ordre du roi Louis XII. Un piédestal, orné
de colonnettes et d'arcades contenant les apôtres et autres figurines,
supportait quatre grandes statues couchées. Deux de ces figures, placées sur un sarcophage central et élevé, étaient celles de Louis d'Orléans et de Valentine de Milan; plus bas étaient représentés, d'un
côté Charles d'Orléans, et de l'autre Philippe d'Orléans. Les deux
dessins gravés au bas de la planche représentent les faces principales
de ce beau monument, qui fut recueilli au musée des Monuments

23

français par A. Lenoir, en 1792. Il est placé aujourd'hui dans l'église de Saint-Denis.

CÉLESTINS.

MONUMENTS DE LA CHAPELLE D'ORLÉANS.

Planche VII.

Entre le tombeau de Louis d'Orléans et de ses fils, et l'autel élevé au fond de la chapelle, s'élevait le monument gravé en haut de la planche VII, à droite; il contenait les cœurs d'Henri II, de Charles IX, et de François, duc d'Anjou. Catherine de Médicis en confia l'exécution à Germain Pilon. Sur un piédestal triangulaire et richement orné de figures d'enfants, de cartouches et de feuillages, sont placées trois statues adossées et à demi vêtues représentant les Grâces; sur leurs têtes s'appuie une urne de bronze soutenue par trois dauphins; elle contenait les cœurs des deux rois et du prince. Ce monument est placé au Louvre, dans une des salles de la Renaissance.

A l'autre extrémité du tombeau de la famille d'Orléans, sur un piédestal triangulaire en porphyre, était placée une colonne en marbre blanc couverte de flammes; elle est aujourd'hui dans le transept de l'église de Saint-Denis. Le chapiteau supporte une urne de bronze doré, dans laquelle le roi Charles IX, après avoir fait exécuter le monument, fit placer le cœur du roi François II, son frère. Au pied de la colonne trois jeunes enfants, attribués à Paul Ponce, sont d'une exécution remarquable.

Entre les deux monuments qui viennent d'être décrits, la statue de l'amiral Philippe Chabot, par Jean Cousin, est gravée sur la planche. Cette belle figure est maintenant au Louvre.

L'amiral Chabot, couvert d'une brillante armure, s'appuie sur son casque. Le statuaire avait encadré la niche circulaire qui contenait cette statue d'attributs maritimes, de cartouches, de figurines et d'armoiries; cette riche composition a été détruite lors de la suppression du monastère.

En entrant dans la chapelle d'Orléans par la porte du chœur de l'église, on voyait une colonne torse ornée de feuillages et d'anneaux, portant sur son chapiteau une urne de bronze qui contenait le cœur d'Anne de Montmorency, connétable de France. Ce monument est gravé au bas de la planche. Le piédestal était composé de trois parties, dont une, plus basse que les autres, soutenait une statue de bronze tenant d'une main une corne d'abondance, et tendant l'autre vers une tête de mort; des gantelets étaient placés du côté opposé; sur les faces du piédestal on avait incrusté l'épée du connétable, et des cornes d'abondance soutenant un caducée et des balances. Latéralement à cette partie centrale du monument s'élevaient deux autres statues disposées comme la première; leurs piédestaux portaient des inscriptions et des attributs. Ce monument est au Louvre; l'ordonnance en est due à Jean Bulland, et l'exécution à Barthélemi Prieur.

Au côté gauche de l'autel de la chapelle d'Orléans s'élevait la pyramide de la famille de Longueville, gravée au bas de la planche. Ce monument, placé aujourd'hui au Louvre, a été élevé à la mémoire des ducs Henri Ier et Henri II de Longueville, et l'exécution est de François Anguier. Sur un piédestal sont placées quatre statues représentant des Vertus; elles s'appuient contre une base qu'ornent deux bas-reliefs représentant, l'un le secours d'Arques, l'autre la bataille de Senlis; la pyramide, chargée de trophées et d'armoiries, s'élève au milieu et complète ce remarquable monument.

Une statue de pierre de liais, exécutée avec art et de la main de Paul Ponce, célèbre sculpteur, est gravée au milieu de la planche; elle représente Charles Maigné qui, sous les règnes de François Ier et de Henri II, fut commandant des gardes de la porte et gentilhomme de la chambre; il est couvert d'une armure complète et tient de la main droite un fer de lance. Cette figure, placée d'abord dans le sanctuaire de l'église des Célestins, fut transportée ensuite dans la chapelle de Gèvres; elle est aujourd'hui au Louvre.

Les six monuments gravés sur la planche VII ont été recueillis au musée des Monuments français par A. Lenoir, lors de la suppression du monastère des Célestins.

CÉLESTINS.

TOMBEAU DE RENÉE D'ORLÉANS LONGUEVILLE.

Planche
VIII.

Dans la chapelle d'Orléans, vers l'autel, s'élevait le tombeau gravé sur la planche VIII, à gauche : c'était celui de Renée d'Orléans, petite-fille du comte de Dunois, fille unique du duc de Longueville, connétable de Normandie, et de Françoise d'Alençon. Renée d'Orléans mourut à Paris, à l'âge de sept ans, le 23 mai 1525; son tombeau, recueilli au musée des Monuments français par A. Lenoir, est maintenant à Saint-Denis.

La statue de la jeune fille, exécutée en marbre blanc, est couchée sur une table de marbre noir; une licorne placée à ses pieds soutient ses armoiries. Le piédestal est orné de pilastres et de niches contenant quatre statuettes de vierges martyres; une décoration analogue entoure Renée au-dessus de sa statue. Le pilastre du milieu, orné d'arabesques comme tous les autres, contient, en outre, deux petites figures reproduites au milieu de la planche : l'une, placée dans le chapiteau, est un ange qui protége de son épée sainte Geneviève placée dans la niche voisine; l'autre est un diable qui tient un soufflet pour éteindre le cierge de la sainte. L'ensemble du monument est encadré de grands pilastres ornés d'arabesques, ils portent le sommet d'une niche dont l'arc surbaissé est surmonté de statuettes d'anges et de religieux Célestins soutenant les armoiries de Renée de Longueville.

TOMBEAU DE HENRI CHABOT.

Auprès du monument élevé par Jean Cousin à l'amiral Philippe Chabot, était celui que Michel Anguier, célèbre statuaire du XVIIe siècle, fit pour Henri, chef de la branche des Chabot-Rohan.

Le groupe, recueilli au musée des Monuments français par A. Lenoir, et placé aujourd'hui à Versailles, reposait sur un sarcophage très-orné, sur lequel était étendu Henri Chabot, représenté mourant et soutenu par un Génie; son manteau ducal est développé par une autre figure ailée placée vers ses pieds; des armes étaient éparses sous le sarcophage. L'ensemble du monument, gravé au milieu de la planche, fut détruit lors de la suppression du couvent des Célestins; il était formé d'un arc surmonté des armoiries de la famille Chabot; deux pilastres ornés de feuillages sculptés en marbre soutenaient un entablement dorique; des autels portant des vases à parfums couronnaient ces pilastres dont la décoration se voit à l'école des Beaux-Arts.

CÉLESTINS.

TOMBE EN CUIVRE DORÉ.

La planche IX reproduit une tombe en cuivre doré, datant du xɪᴠᵉ siècle, qui se voyait aux Célestins; elle est divisée en trois compartiments ornés de gravures au trait. La partie supérieure représente la Vierge assise sur un trône et tenant l'enfant Jésus sur ses genoux; ils sont placés sous un dais, l'architecture s'étend à droite et à gauche: de ce côté, un religieux à genoux tient une banderole qu'il offre à la Vierge et sur laquelle on lit : *Spes mea, miserere mei!* Ses armoiries sont gravées au-dessus de lui. Du côté opposé, saint Philippe debout porte une palme et un vase en forme de coupe. Deux anges encensent Marie, qui tient de la main gauche un lis, et foule aux pieds deux dragons.

La partie moyenne de la tombe représente le Christ en croix entre les deux larrons : des soldats sont groupés autour; l'un d'eux a donné un coup de lance à Jésus, un autre lui présente l'éponge. A gauche, la mère du Christ, entourée de saintes femmes, s'évanouit : un glaive va lui percer la poitrine. Au-dessus du Christ deux anges pleurent et tiennent dans leurs mains des représentations du soleil et de la lune. De l'architecture qui forme le couronnement du sujet, descend, au-dessus du bon larron, un ange qui emporte son âme représentée par une petite figure; du côté opposé un diable emporte celle du mauvais larron. Au-dessus de la croix et du Christ, l'arcature du milieu contient un pélican se déchirant la poitrine pour nourrir ses petits.

La partie inférieure de la tombe contient une inscription latine qui indique le nom et le prénom du religieux représenté à genoux devant la Vierge, en haut du monument; il se nommait Philippe Adam, ce qui explique la présence de saint Philippe, son patron, auprès de Marie. Il supplie les pères Célestins, qu'il qualifie de divins prêtres du Dieu très-haut, de se souvenir de lui, leur zélé chancelier.

CÉLESTINS.

TOMBEAU DE LA FAMILLE DE COSSÉ.

Planche
X.

L'une des arcades pratiquées entre la chapelle d'Orléans et le chœur de l'église des Célestins était close, dans sa partie inférieure, par le tombeau de la famille de Cossé-Brissac reproduit sur la planche X. Timoléon de Cossé, fils du maréchal de Brissac, était enfant d'honneur de Charles IX; il fut tué en 1569, à l'âge de vingt-six ans, au siége de Mussidan; le roi ordonna de l'inhumer dans la chapelle d'Orléans, aux Célestins; on lui fit des obsèques magnifiques; l'inscription consacrée à sa mémoire était placée la première à gauche dans le piédestal du monument.

Louis XIII éleva, en 1620, le comté de Brissac en duché-pairie, en considération des services rendus par Charles de Cossé, qui avait remis les clefs de Paris à Henri IV, le 22 mars 1594. Louis de Cossé, mort en 1661, âgé de trente-cinq ans, porta le titre de duc; ce fut alors que la famille fit élever le monument reproduit ici; il est dans le style du XVIIe siècle. L'inscription de Louis de Cossé occupe le milieu du soubassement. A la droite est celle qui consacrait la mémoire de Jean Armand de Cossé, frère du précédent, et mort en 1658, âgé de vingt-quatre ans.

Au-dessus du piédestal étaient deux statues d'enfants soutenant des cartouches d'armoiries : une haute colonne s'élevait entre eux; elle était divisée par des couronnes ducales et ornée des chiffres de Louis de Cossé. Un chapiteau composite couronnait cette colonne et portait un entablement complet ainsi qu'un vase en bronze doré contenant le cœur de Louis; une enceinte, en marbre blanc et noir, ornée de trophées, d'armes et d'écussons de la famille, complétait ce riche tombeau qui fut recueilli au musée des Monuments français par A. Lenoir: la colonne et les deux enfants sont actuellement au Louvre.

CÉLESTINS.

MONUMENT DU DUC DE VALOIS ET D'ANNE DE CHARTRES.

Au fond de la chapelle d'Orléans, au-dessus d'une porte, on avait disposé une niche cintrée qu'encadraient des moulures : elle était surmontée d'un fronton contenant les armoiries de la famille d'Orléans. Dans la profondeur de la niche s'élevait un soubassement prismatique orné de moulures, de consoles, de feuillages dorés, et sur la partie antérieure duquel étaient les armoiries de la famille. Deux inscriptions gravées en lettres d'or sur des tablettes de marbre noir indiquaient d'un côté, que les entrailles du duc de Valois, fils unique du duc d'Orléans et de Marguerite de Lorraine, avaient été déposées dans ce monument. Ce prince mourut le 20 août 1652. La seconde inscription portait que, dans cette urne, était déposé le cœur de Mlle Marie Anne de Chartres, dernière fille du duc d'Orléans et de Marguerite de Lorraine, décédée à Blois le 17 août 1656.

Au-dessus du soubassement, deux Génies, à genoux sur des coussins, soutenaient d'une main un cartouche orné d'un cœur d'azur aux armes d'Orléans, et de l'autre main une couronne ducale surmontant le cartouche. Le fond de la niche était fleurdelisé. Ce monument, reproduit dans son ensemble sur la planche XI, a été entièrement détruit lors de la suppression du couvent des Célestins.

CÉLESTINS.

MONUMENT D'ANDRÉ D'ÉPINAY.

André d'Épinay, cardinal, archevêque de Bordeaux et de Lyon, primat de France et d'Aquitaine, zélateur et bienfaiteur de l'ordre des Célestins, avait, dans le chœur de l'église de ces religieux, auprès de la chapelle d'Orléans, un monument funèbre qui est reproduit sur la planche XII. Ce tombeau était composé d'une tablette de pierre fixée par des crampons de fer sur une autre pierre encadrée d'une moulure. La partie supérieure présentait une peinture exécutée sur fond d'or; on y voyait la Vierge assise au pied de la croix et portant sur ses genoux le Christ mort. A sa gauche quatre religieux Célestins à genoux étaient précédés de Pierre de Muron, fondateur de l'ordre et devenu pape sous le nom de Célestin V; il avait la main droite appuyée sur la tiare et tenait un livre de la main gauche. Une inscription placée au-dessus de sa tête nimbée était ainsi conçue : *Ora pro eo Virgo Maria.* A la droite de la Vierge et du Christ, André d'Épinay, à genoux, les mains jointes, et couvert du manteau de cardinal, était représenté auprès de saint André, son patron, appuyé sur sa croix. L'inscription funéraire, qui rappelait les titres d'André d'Épinay, se terminait en faisant connaître qu'il était mort aux Tournelles, le 10 novembre de l'an 1500.

Les armoiries du cardinal étaient peintes au bas de ce monument, qui a été détruit lors de la suppression du couvent des Célestins. André d'Épinay, comme on le voit par ses armes, tenait à la famille d'Orléans par les ducs de Milan, dont il était descendant.

CÉLESTINS.

TOMBEAU DE JEANNE DE BOURBON.

Planche
XIII.

La reine Jeanne de Bourbon, épouse de Charles V, fille de Pierre, duc de Bourbon, avait été enterrée à Saint-Denis, mais ses entrailles ayant été déposées aux Célestins, on lui éleva un monument placé d'abord devant le maître-autel, et qui fut enlevé sous le règne de Henri IV, pour l'appuyer contre le mur méridional du sanctuaire, vers la chapelle d'Orléans. Ce monument fut alors disposé comme le représente la planche XIII.

Au-dessus d'un piédestal orné dans le style de la fin du xvie siècle, la statue de la reine reposait sur une table de marbre noir autour de laquelle on lisait ces mots, disposés comme l'indique le dessin :

« Icy reposent les entrailles de madame Jeanne de Bourbon, épouse « du roi Charles le Quint, et fille de très-noble prince Monsr. Pierre, « duc de Bourbon, qui régna avec son dit époux xii ans et dix mois, « et trépassa l'an 1377. »

La statue de la reine, représentée dans le costume du temps, était couronnée de fleurs de lis; de la main droite elle tenait un sceptre et de la gauche ses entrailles qu'elle appuyait contre sa poitrine. Ses pieds reposaient sur deux chiens étendus. Un arc surbaissé formait le haut de la niche qui contenait la statue, une inscription analogue à la première était placée sur un fond bleu fleurdelisé. Des marbres de diverses couleurs disposés dans le style du xviie siècle ornaient l'intérieur de l'arc. Plus haut, entre des colonnes multiples surmontées de boules, cinq arcatures gothiques, provenant sans doute du premier tombeau, formaient un couronnement qui portait les armoiries de France et de Bourbon soutenues par des anges.

L'ensemble de ce monument a été détruit lors de la suppression du couvent des Célestins, mais la statue de la reine fut recueillie au musée des Monuments français, par A. Lenoir; elle est maintenant à Saint-Denis.

CÉLESTINS.

TOMBEAU DE LÉON DE LUSIGNAN.

Au nord du maître-autel de l'église des Célestins, et faisant face au tombeau de la reine Jeanne de Bourbon, s'élevait celui de Léon de Lusignan, roi d'Arménie, mort à Paris en 1393. Sa statue couchée a été recueillie au musée des Monuments français par A. Lenoir, à l'époque de la suppression du couvent; elle est aujourd'hui à Saint-Denis.

Le roi porte une couronne à fleurons; de la main droite il tient un

Planche
XIV.

sceptre, et de la gauche des gants. Ses pieds reposent sur deux lions. Autour de la statue on lit en lettres gothiques :

« Ci-gît très-noble et très-excellent prince, Lyon de Luzignan, « Quint roi latin du royaume d'Arménie, qui rendit l'âme à Dieu, à « Paris, le vingt-neuvième jour de novembre, l'an de grâce mil trois « cens quatre vingts et treize. »

L'ensemble du tombeau tel qu'il est représenté sur la planche XIV a été refait, comme l'indique le style de l'architecture, sous le règne de Henri IV, qui, ayant donné aux Célestins des colonnes pour orner leur maître-autel, les conduisit à faire déplacer les statues de Jeanne de Bourbon et de Léon de Lusignan, et à leur élever des monuments nouveaux. La statue royale est placée dans une niche cintrée que décorent des marbres et des armoiries d'Arménie, de Chypre et de Jérusalem; une inscription placée au fond apprend que Léon de Lusignan, chassé de ses États par les Ottomans et accueilli par Charles VI, fut enterré royalement dans ce lieu en 1393. Deux pilastres doriques, portés par des consoles, encadrent latéralement la niche, que couronne un entablement surchargé de dorures; les armoiries de Lusignan sont placées au milieu d'un fronton brisé qui occupe le sommet du tombeau.

CÉLESTINS.

PEINTURE EXÉCUTÉE DANS LA CHAPELLE D'ORLÉANS.

Planche
XV.

Louis d'Orléans se retirait quelquefois au couvent des Célestins, il y travaillait avec les religieux et faisait les mêmes exercices; on montrait sa cellule dans le dortoir. Une nuit qu'il allait à matines, peu de temps avant qu'il fût assassiné, la Mort lui apparut; une peinture à fresque, exécutée au xvie siècle, rappelait cette vision; elle est reproduite sur la planche XV. La Mort, armée d'un dard, menaçait le prince à genoux devant elle; une banderole tournée autour d'un arbre chargé de fruits portait ces mots : *Juvenes et senes rapio*, j'enlève les jeunes et les vieux. Au-dessus du prince était cette inscription : « Louis, duc d'Orléans, aïeul du roy Louis Douziesme. »

PLAN DE L'ÉGLISE DES CÉLESTINS ET DE LA CHAPELLE D'ORLÉANS,
INDIQUANT LES FOUILLES FAITES EN 1847.

Pendant l'hiver de 1847, lorsque les travaux de construction de la caserne située sur l'emplacement du couvent des Célestins exigèrent la démolition de l'ancienne église, on fit des fouilles dont le plan gravé au bas de la planche indique les résultats.

Au milieu du mur de l'abside, au point marqué 1, on trouva la pierre de fondation de l'édifice posée par Charles V; elle est déposée au musée de Cluny; sa forme est cubique, une croix, dont chaque branche est terminée par une fleur de lis, occupe la face supérieure; sur la face du devant on lit : l'an MCCCLXV, le XVIᵉ jour de may, m'assist Charles, roi de France [1]. Plusieurs caveaux avaient été construits sous le sol de l'église; celui qui est marqué d'un 2 sur le plan était sous le sanctuaire, on en trouva plusieurs groupés au n° 3; celui qui est marqué d'un 4 était dans l'axe du chœur; tous étaient vides. La nef ne contenait qu'un grand caveau transversal dans toute sa largeur; un cercueil y était encore. Au n° 6, auprès de la chapelle d'Orléans, était le caveau de Jeanne de Bourgogne, duchesse de Bedfort, on y trouva une partie des ossements et une inscription gravée sur une lame de plomb qui avait été pliée en deux parties; elle est déposée au musée de Cluny, on y lit :

« Cy gist très haulte et puissante princesse, madame Anne de « Bourḡne, fille de feu très hault et puissāt, prince Jehan, duc de « Bourḡne, comte de Flandres, d'Artois et de Bourḡne, fame de très « hault et puiss̄t prince Jeh. gouver̄t et régent le royaume de France, « duc de Bedford, qui trespassa en l'ostel de Bourbon, à Paris, le « XIIIᵉ jour de novembre mil quatre cens trente deux. »

Plusieurs cercueils en plomb contenant des ossements furent découverts aussi sous le sol de l'église; ils sont indiqués sur le plan par les nᵒˢ 7, 8, 9, 10, 11, 12. Ils étaient sans inscriptions. En dehors

---

[1] Voir l'architecture monastique, par A. Lenoir, t. Iᵉʳ, p. 41.

de la muraille moderne qui coupait diagonalement les chapelles d'Orléans et de Gèvres, on découvrit, au point marqué 13, le cercueil
d'un marquis de Gèvres, ce qu'indiquait une plaque de cuivre placée
sur le plomb. Enfin, au n° 14, derrière l'abside de la chapelle d'Orléans, on reconnut le caveau de la famille de Rostaing, contenant un
cercueil de plomb sans inscription. Les cercueils ont été détruits en
février 1848, et les ossements dispersés.

CÉLESTINS.

TOMBEAUX DES ZAMET.

(1er PROJET.)

Planche
XVI.

Entre deux des piliers qui séparaient la nef de l'église des Célestins
de la chapelle de Gèvres, s'élevait un double tombeau servant de sépulture à Sébastien Zamet et à son fils Jean Zamet. Sur un piédestal
continu, exécuté en marbre blanc incrusté de tables noires, et divisé
par des pilastres saillants ornés d'armoiries et de têtes de mort,
étaient placés auprès l'un de l'autre deux cénotaphes en marbre noir
supportés par des consoles ornées de feuilles d'acanthe; de grandes
fleurs de lis séparaient ces tombeaux au-dessous desquels des palmes
et des feuillages enlacés portaient les chiffres des défunts. Au sommet
de chacun des monuments étaient assis deux génies en bronze; une
urne dorée en même métal les séparait. Un écusson reliait les deux
tombeaux, c'était celui de Sébastien Zamet, évêque de Langres, qui
avait consacré ces deux monuments à la mémoire de Sébastien, son
père, et de Jean, son frère.

Lorsque l'évêque de Langres projeta de faire construire ces deux
tombeaux, il s'adressa à Pierre Coroyer, sculpteur et peintre, qui lui
présenta le dessin reproduit sur la planche XVI; il fut approuvé,
comme l'indiquent les signatures de Sébastien de Langres, de Pierre
Coroyer et des notaires Durand et Bauldry, apposées au bas d'une ac-
ceptation écrite au verso du dessin, et qui est reproduite en haut de
la planche sous la date de mil six cent trente.

CÉLESTINS.

TOMBEAUX DES ZAMET.

(2ᵉ PROJET.)

Les tombeaux des Zamet, dont le projet avait été arrêté en décembre 1630, entre l'évêque de Langres et le sculpteur Coroyer,
ainsi que l'indique la pièce écrite au verso du dessin publié à la
planche XVI, n'était pas encore terminé en 1633, ce qui résulte d'un
second dessin publié à la planche XVII et au verso duquel on lit ces
mots :

« Nous voulons et entendons qu'au lieu des tombes de marbre
« noir portées par le marché passé entre nous et M. Coroyer sculpteur,
« il suive le dessin de celles qui sont figurées en l'autre part de ce
« papier, et ce pour le regard des tombeaux de marbre noir seulement.
« le reste demeurant ainsi qu'il a été accordé. Fait à Paris, le cin-
« quième octobre mil six cent trente-trois.

« Sébastien de Langres. »

Les deux tombeaux de marbre noir furent en effet exécutés
comme celui qui est tracé à la gauche du dessin publié sur la planche.
Les riches ornements en bronze doré qui, sur la planche XVI, relient
entre eux les deux monuments et forment, au-dessus du piédestal
commun, une clôture à jour dans le vide de l'arcade de la nef de
l'église, furent simplifiés comme on le voit par la gravure publiée
par Millin, dans sa Monographie du couvent des Célestins, planche VI,
page 32 des antiquités nationales. L'auteur donne, dans ce travail, les
détails historiques sur la famille des Zamet, et les inscriptions gravées
sur leurs tombeaux. Les deux dessins originaux publiés pour la
première fois sur les planches XVI et XVII sont conservés à la bibliothèque de l'Institut impérial de France.

GRANDS-CARMES.

PLAN DU COUVENT.

Planche
I.

Saint Louis, à son retour de la Terre sainte, amena plusieurs Carmes à Paris; il leur donna un terrain situé aux bords de la Seine, sur la rive droite, en dehors de l'enceinte de Philippe-Auguste, où ils s'établirent d'abord; ce local ayant été, sous le règne de Charles V, cédé aux Célestins, les Carmes firent construire un nouveau couvent, auprès de la place Maubert, entre les rues de la Montagne-Sainte-Geneviève, la rue des Noyers et la rue Saint-Hilaire. Cette maison religieuse, d'une assez grande étendue, contenait une église à une seule nef, communiquant avec une vaste chapelle consacrée à Notre-Dame-du-Mont-Carmel; cette chapelle, dont la façade, ainsi que celle de l'église, s'élevait à l'occident sur la rue des Carmes, était éclairée par quatre fenêtres sur la rue des Noyers; elle avait une sortie par un passage qui débouchait dans la rue de la Montagne-Sainte-Geneviève.

A l'extrémité de la nef de l'église était placé un jubé qui précédait un premier chœur des religieux; à la même hauteur, au nord, était une chapelle consacrée à saint Henri. Au delà du chœur on montait par plusieurs marches au sanctuaire : il contenait un maître-autel remarquable par ses dispositions et par la richesse des marbres qui le décoraient. Une chapelle dédiée à saint François était construite au nord du sanctuaire; derrière le maître-autel de l'église, un second chœur des religieux avait été disposé dans l'abside; la sacristie s'élevait auprès de ce second chœur; au midi de l'église les Carmes avaient fait construire un vaste cloître, dans lequel on entrait par une porte située dans la nef de l'église et par une seconde porte placée auprès de la sacristie. On sortait de ce cloître par un passage débouchant sur la rue de la Montagne-Sainte-Geneviève; une chaire en plein air ornait le préau, elle était appuyée contre le troisième pilier de la galerie occidentale; de ce même côté on entrait par trois portes dans la salle capitulaire; au sud du cloître une grande cour servait de dégagement à toutes les dépendances du couvent.

GRANDS-CARMES.

FAÇADE PRINCIPALE DE L'ÉGLISE.

La façade principale de l'église des Grands-Carmes, gravée sur la planche II, était située sur la rue des Carmes, nommée précédemment rue Saint-Hilaire. Elle se composait, au nord, de deux grandes fenêtres éclairant la chapelle de Notre-Dame-du-Mont-Carmel, qui fut terminée en 1318. Cette chapelle étant devenue insuffisante, les religieux firent construire auprès, en 1349, et aux frais de la reine Jeanne d'Évreux, l'église dont le plan est tracé à la planche Iʳᵉ; elle fut dédiée à la Vierge en 1353. La façade de cette église présentait une grande porte encadrée par une architecture très-simple, et divisée en deux parties égales par un pilier orné de la statue de la Vierge. Deux fenêtres accompagnaient cette porte, et une tourelle, située à l'angle méridional de la façade, contenait un escalier à vis conduisant dans les combles de l'église. Au-dessus de la corniche qui couronnait la façade, une ouverture circulaire encadrée de moulures éclairait la nef, elle était pratiquée dans le tympan d'un fronton incomplet et très-irrégulier qu'accompagnaient deux clochetons et une croix de fer.

La salle capitulaire des Carmes occupait le rez-de-chaussée d'un grand bâtiment d'habitation situé au sud de la façade, et s'élevant au fond d'une petite cour de service séparée de la rue par un mur de clôture.

GRANDS-CARMES.

CHAIRE DANS LE CLOÎTRE.

Sur la face occidentale du cloître s'élevait la chaire en plein air gravée sur la planche III, d'après un dessin de Garneray; cette chaire, ornée de nombreuses sculptures gothiques, était couverte par un abat-voix surmonté des armes de France; à la gauche de ce dessin est reproduit un pilier de l'église, décoré de fleurs de lis et de dauphins; la même ornementation se trouvait répétée sur une colonnette portant une croix et située dans le passage qui, de la rue de la Montagne-Sainte-Geneviève, conduisait à la chapelle de Notre-Dame-du-Mont-Carmel; cette croix est gravée à la droite de la planche.

VUE GÉNÉRALE DU CLOÎTRE.

La vue générale du cloître gravée au bas de la planche III, d'après un dessin inédit de Nicolle, a été prise de la galerie du midi; on voit au fond la face méridionale de l'église, sur le devant se dessinent les arcades légères qui divisaient chacune des travées du cloître en trois parties; à l'angle de la galerie était sculpté un ange portant un livre et un encensoir; les murs latéraux du cloître avaient été couverts de peintures reproduisant les principaux faits du règne de saint Louis, les Croisades et l'arrivée des Carmes en France.

GRANDS-CARMES.

PREMIÈRE PIERRE DE L'ÉGLISE.

Planche
IV.

Lorsque le couvent des Carmes fut détruit, au commencement de ce siècle, pour établir un marché, on y découvrit la pierre de fondation de l'église dont un dessin est gravé sur la planche IV. On y voit une croix entourée d'une inscription indiquant que Gérard de Montaigu posa cette première pierre en l'honneur de la Vierge Marie et de toute la cour céleste. Elle est conservée à Saint-Denis. Du côté opposé à ce dessin est la dalle sépulcrale de la princesse Marguerite de Bourgogne, qui épousa en premières noces le duc de Guyenne, fils aîné du roi de France, et en second lieu Arthus, fils du duc de Bretagne et connétable de France; elle mourut à Paris, le 2 février 1441.

Trois dessins donnant les vues du cloître de l'église à l'époque de sa destruction sont gravés sur la même planche; au bas est la statue du cardinal Michel Dubec; elle était placée sur un piédestal, auprès du maître-autel de l'église; Michel Dubec, bienfaiteur des Carmes, leur avait donné sa bibliothèque.

GRANDS-CARMES.

VUE DE LA CHAPELLE DE LA VIERGE, PRISE D'UNE FENÊTRE DE L'ÉGLISE.

La planche V contient quatre vues exécutées comme les précédentes d'après les dessins originaux de Nicolle; la première de ces quatre vues a été prise à travers une des fenêtres qui éclairaient l'église; elle fait connaître les dispositions intérieures de la chapelle de Notre-Dame-du-Mont-Carmel; sur la seconde gravure est une vue du cloître dans sa partie orientale, elle a été dessinée d'une fenêtre de l'église; le troisième dessin fait voir les ruines de l'église et du cloître à travers une des portes du chapitre; enfin la quatrième vue fait connaître une partie des dispositions intérieures de la salle capitulaire.

Planche
V.

GRANDS-CARMES.

CROIX PROCESSIONNELLE.

La belle croix processionnelle reproduite sur la planche VI appartenait aux Grands-Carmes; elle fut recueillie, à l'époque de la révolution de 1789, au musée des Monuments français, par A. Lenoir; elle est aujourd'hui à l'église impériale de Saint-Denis; cette croix, dessinée ici à moitié de sa grandeur réelle, est en cuivre doré, le Christ a été argenté; de riches ornements découpés à jour couvrent l'ensemble de la croix; à l'extrémité supérieure est exécuté en relief un pélican se déchirant la poitrine; sur un bras de la croix est représenté saint Jean; en regard était une figure de la Vierge, qui a été enlevée.

Planche
VI.

La ville de Jérusalem est figurée au bas de la croix; elle repose sur un chapiteau que porte une douille couverte de riches feuillages; au revers de la croix étaient exécutés en relief les attributs des quatre évangélistes; il n'en reste plus que trois, l'attribut de saint Mathieu ayant disparu; l'agneau triomphant occupe le centre de la croix.

25

CARMES-BILLETTES.

PLAN GÉNÉRAL ET DÉTAILS DU CLOÎTRE.

Planche
1.

Au mois d'avril 1290, un juif nommé Jonathas commit, dans sa maison, un sacrilége en plongeant une hostie consacrée dans une chaudière d'eau bouillante. Jonathas fut brûlé vif et sa maison rasée. Le roi Philippe le Bel donna une partie du terrain qu'elle occupait à Reinier Flaming, bourgeois de Paris, pour y construire une chapelle qu'on nomma la maison des miracles; des hospitaliers de la charité de Notre-Dame, que le peuple désigna sous le nom de *religieux des Billettes,* y furent établis dans un cloître; la chapelle, reconstruite sur de plus grandes dimensions, fut consacrée en 1350. Au xve siècle on dut refaire le cloître et l'église, dont la dédicace eut lieu le 13 mai 1408.

Ce second cloître est celui dont le plan est gravé en noir sur la planche Ire. En 1754 un religieux dominicain, nommé Claude, fut chargé de reconstruire l'église; son plan est gravé sur la planche, auprès de celui du cloître. En 1812 cet édifice a été affecté au culte luthérien.

Le mur occidental du cloître s'élève directement sur la rue des Billettes; les galeries qui entourent le préau sont divisées en quatre travées au nord et au midi, et en trois sur les deux autres faces. Six portes ont été établies dans les murailles d'enceinte : une sert d'entrée par la rue, deux conduisent à l'église et trois aux dépendances vers l'est. Le plan de l'un des quatre piliers d'angle du cloître est gravé au bas de la planche, ainsi que celui de l'un des dix piliers des promenoirs.

Le plan de l'église est composé de trois nefs divisées en quatre travées dont une plus étroite que les autres; un sanctuaire de forme arrondie et décoré de pilastres, comme la nef, est situé à l'orient de l'édifice. Une sacristie, quelques dépendances et un terrain assez étendu pour qu'on ait pu, à diverses époques, y disposer un jardin, complètent l'ensemble du plan général.

CARMES-BILLETTES.

FAÇADE SUR LA RUE DES BILLETTES.

Le couvent des Carmes présente, sur la rue des Billettes, la façade occidentale du cloître et celle de l'église; la planche 11 en reproduit les dispositions générales. La première partie est composée d'un bâtiment d'habitation divisé par d'étroits contre-forts dans le style du xvᵉ siècle; de nombreuses fenêtres et des lucarnes y sont pratiquées. La porte d'entrée du cloître, établie à l'angle septentrional de la construction, a été refaite à l'époque de la renaissance. L'église, qui date du milieu du xviiiᵉ siècle, comporte, dans la partie inférieure de sa façade, un ordre dorique à quatre pilastres au milieu desquels a été ouverte la grande porte d'entrée; deux fenêtres latérales éclairent les bas-côtés de l'édifice. Un ordre ionique surmonté d'un fronton forme l'étage supérieur de la façade; la grande fenêtre qui donne du jour à la nef principale est établie entre les pilastres; un clocher en charpente surmonte cette église.

Planche
11.

COUPE DU CLOÎTRE ET DE L'ÉGLISE.

La coupe transversale de l'ensemble des constructions est gravée au bas de la planche; elle indique le style du cloître, dont les galeries du nord et du sud sont dessinées en coupe: le côté oriental est représenté par sa façade sur le préau.

La coupe de l'église fait voir les dispositions des bas côtés divisés en plusieurs étages et formant des tribunes. Au fond de la grande nef le dessin montre le sanctuaire orné, dans sa partie inférieure, de deux pilastres ioniques; la voûte, qui est décorée de nervures dans le style du xviiiᵉ siècle et qu'éclaire une grande fenêtre ouverte à l'orient, complète l'ensemble de la construction intérieure de cet édifice.

25.

CARMES-BILLETTES.

COUPES SUR LE CLOÎTRE.

Planche
III.

Le cloître des Carmes-Billettes est le seul de l'époque du moyen âge qui ait survécu à Paris : il est présenté sous trois aspects différents sur la planche III. La première coupe est tracée du nord au sud suivant la ligne E F du plan. Les trois arcs en ogive qui occupent le milieu du dessin sont ceux de la galerie située à l'orient; au-dessus est une terrasse que limite une balustrade en fer. Les galeries n'étant pas parfaitement perpendiculaires à cette façade, les coupes de leurs arcs et de leurs voûtes font voir des constructions biaises. Un caveau, indiqué sur la planche dans une teinte grise, est situé au-dessous de la galerie du sud et s'étend jusque sous le collatéral nord de l'église.

La seconde coupe est prise suivant la ligne A B du plan et montre la façade de la galerie qui s'appuie contre l'église; on y voit quatre arcades d'inégales largeurs; elles sont surmontées d'un étage percé de fenêtres dans le style du xve siècle. Les deux galeries vues en coupe présentent, comme les autres, des constructions biaises. Sur ce dessin le caveau est tracé dans le sens de sa longueur.

La troisième coupe, dessinée suivant la ligne CD, sur la longueur de la galerie du sud, fait voir la disposition générale des voûtes, la forme et le style des consoles qui en soutiennent les retombées, les profils des nervures tracées sur les arcs-doubleaux et sur les diagonales; la décoration des piliers intérieurs ornés de bases et de moulures est tracée aussi sur cette coupe, qui indique en outre quelles sont les différences de largeur des arcades ouvertes sur le préau.

CARMES-BILLETTES.

DÉTAILS.

Planche
IV.

La planche IV du couvent des Carmes-Billettes présente de nombreux détails du cloître. Au bas sont tracés quatre piliers avec leurs décorations de bases et de moulures, dessinés les uns dans le sens du préau, les autres dans celui des galeries qui l'entourent. Au-dessus de ces piliers est figurée, à gauche, une console ornée de trois figures dont une représente un ange; à droite le dessin montre une clef de voûte sur laquelle deux anges soutiennent un écusson. Le haut de la planche retrace deux autres clefs de voûtes conçues dans un système tout architectural, et portant de même des écussons dont les armoiries étaient peintes, sans doute, et que le grattage ou le badigeon a fait disparaître.

Au milieu de la planche est dessiné un petit monument en métal doré qu'on portait, dans l'ancienne église des Billettes, au moment des cérémonies, et dont le but était de rappeler le miracle de la sainte hostie qui s'éleva au-dessus de la chaudière dans laquelle le juif Jonathas et sa femme l'avaient fait bouillir.

Les deux personnages sont figurés ici soufflant et attisant le feu. Ce monument est déposé aujourd'hui au musée de Cluny. On conservait au prieuré de Saint-Martin-des-Champs, un ancien tableau gothique peint en miniature et dont le sujet était toute l'histoire du miracle de la sainte hostie; des inscriptions expliquaient cette peinture précieuse, qui a été enlevée lors de la suppression du monastère.

ÉGLISE DE SAINT-EUSTACHE.

PLAN DU REZ-DE-CHAUSSÉE.

L'église de Saint-Eustache, du rez-de-chaussée de laquelle le plan est gravé sur la planche Ire, n'était originairement qu'une chapelle dédiée à sainte Agnès et construite au commencement du XIIIe siècle; elle fut érigée en cure en 1223 sous le nom qu'elle porte aujourd'hui. Des chapelles y furent fondées et contribuèrent à ses agrandissements successifs. En 1532 on entreprit de la reconstruire entièrement, et la première pierre a été posée le 19 août de la même année. L'édifice était achevé en 1642, à l'exception du portail, que d'anciennes gravures représentent incomplet alors. Le 22 mai 1754 le duc de

Planche
I.

Chartres posa la première pierre d'un nouveau portail : c'est celui qui se voit aujourd'hui à l'occident de l'église.

Le plan de l'édifice est très-vaste; il est composé de cinq nefs parallèles se prolongeant au delà des transepts et faisant le tour du sanctuaire. La chapelle de la Vierge occupe la partie la plus orientale du plan; elle est précédée de dix chapelles rangées autour du chœur. Latéralement aux nefs s'élèvent huit autres chapelles dont quatre, placées au midi, sont de forme irrégulière en raison de l'alignement biais de la rue pratiquée de ce côté.

Les dispositions générales du plan de l'église de Saint-Eustache sont imitées de celles du moyen âge : des portails latéraux s'élèvent aux extrémités des transepts, une porte est ouverte du côté du chœur; la salle des catéchismes a été bâtie auprès; un charnier était établi de l'autre côté de la chapelle de la Vierge. La sacristie est située au nord de l'église vers le transept.

Le plan du portail occidental est d'un style tout différent de celui de l'édifice; conçu au xviiie siècle, il est composé de colonnes accouplées formant trois entrées au vestibule qui précède la grande porte de l'église; latéralement à ce porche sont pratiquées, sous les clochers, deux entrées secondaires décorées de colonnes engagées dans le mur; un large perron précède cette façade. Une légende, gravée au bas du plan, indique les divers vocables des chapelles et les dispositions accessoires créées pour le service intérieur de la paroisse.

ÉGLISE DE SAINT-EUSTACHE.

PLAN SUPÉRIEUR.

Le plan supérieur de l'église Saint-Eustache gravé sur la planche II est tracé à la hauteur des grandes fenêtres qui éclairent la nef principale, les transepts et le chœur. A l'occident de ce plan sont indiqués les deux clochers : l'un, situé à gauche de la façade, est terminé; celui de droite est une ruine du clocher primitif, il est resté dans cet état jusqu'à ce jour. Une terrasse située entre les clochers est à la hauteur de la rose qui éclaire la grande nef. De cette terrasse et de la corniche qui fait le tour du vieux clocher, au-dessus des constructions modernes, on descend, par deux étroits escaliers découverts, à une galerie extérieure de circulation autour de l'édifice; cette galerie est à la hauteur des grandes baies supérieures; des colonnes ioniques y sont placées entre les gros piliers de la nef et les doubles arcades des arcs-boutants qui les soutiennent. Les piles externes et intermédiaires de ces arcs-boutants sont tracées au-dessus des toits des bas côtés et des chapelles. La couverture de la chapelle de la Vierge porte à son sommet un lanternon octogone indiqué sur le plan.

La nef principale, les transepts et le chœur, forment une croix régulière sur laquelle sont indiquées, dans la gravure, la disposition générale des voûtes principales de l'église; elles sont, en général, composées d'arcs-doubleaux, de diagonales et de tiercerets dont les points de rencontre sont décorés de rosaces. Au milieu de la croix la composition très-compliquée de la voûte est indiquée sur le plan.

ÉGLISE DE SAINT-EUSTACHE.

FAÇADE OCCIDENTALE, ÉTAT ACTUEL.

La façade occidentale de l'église de Saint-Eustache, construite en 1754 et gravée sur la planche III, remplace celle qui avait été commencée au XVIe siècle dans le même style que l'ensemble de l'édifice, et dont les anciennes gravures font connaître les dispositions et les parties construites alors. Cette façade moderne, dont les principaux massifs de maçonnerie renferment ceux de l'ancienne, est composée de deux étages; l'ordre dorique placé à la partie inférieure forme un porche divisé en trois entre-colonnements terminés, à droite et à gauche, par des colonnes engagées et accouplées qui sont reproduites aux angles de la façade. Au fond du porche est placée la grande porte de l'église; deux portes latérales donnent accès dans les bas côtés.

L'étage supérieur est formé d'un ordre ionique disposé comme le

Planche III.

précédent, trois grandes fenêtres et deux niches cintrées occupent les entre-colonnements. Un fronton surmonte la partie moyenne de la façade, et à la gauche s'élève un clocher décoré d'un ordre corinthien; quatre frontons courbes et des acrotères surmontent cette tour, qui est percée d'une fenêtre cintrée sur chaque face. A la droite de la façade se voient les ruines de l'ancien clocher, et dans l'axe de l'édifice paraît, au-dessus du fronton, une partie de la rose qui éclaire la nef principale. Les grandes constructions latérales de l'église, les tourelles et les parties hautes des transepts, leur toit commun et celui de la nef principale, forment les parties secondaires du dessin que surmonte le clocheton placé au centre de la croix.

ÉGLISE DE SAINT-EUSTACHE.

FAÇADE LATÉRALE DU MIDI.

Planche
IV.

La façade latérale de l'église de Saint-Eustache, gravée sur la planche IV, est celle qui se développe dans son ensemble du côté du midi. Au milieu s'élève le transept orné d'un portail remarquable reproduit en grand à la planche V. Au-dessus de cette porte sont deux étages d'arcades que surmonte une grande rose. Deux tourelles, contenant les escaliers par lesquels on monte depuis le sol de l'église jusqu'à la charpente du comble, sont placées aux angles du transept. Les sommets de ces tourelles, le pignon orné d'une rose et de sculptures, dominent toute la façade du transept; un clocheton occupe le centre de l'église et surmonte le toit.

Latéralement au transept se présentent quatre étages de constructions différentes par leurs proportions et par les ornements d'architecture qui les décorent : ce sont, au rez-de-chaussée, les chapelles latérales, au-dessus les bas côtés de l'église, plus haut le triforium, enfin les hautes murailles de la nef principale et du chœur.

L'étage du bas présente un ordre composite encadrant des fenêtres closes par des meneaux variés. Le rang intermédiaire est décoré d'un ordre dorique et de fenêtres dont les meneaux sont partout identiques; le triforium placé plus haut contient de petits arcs groupés quatre par quatre entre les arcs-boutants qui maintiennent la poussée des voûtes. L'étage supérieur contre lequel s'appuient les contre-forts contient les grandes fenêtres qui éclairent la nef principale et le chœur; les meneaux qui les ferment sont riches et variés. Au-dessus de chacun de ces quatre étages règne une balustrade qui fait le tour de l'édifice, on y arrive par les escaliers à vis contenus dans les tourelles des transepts.

A l'orient de la façade s'élève la chapelle de la Vierge, dont la construction arrondie a motivé des proportions plus larges pour les fenêtres qui l'éclairent; elle est surmontée d'un toit particulier et d'un clocheton. A l'occident de l'édifice est construite la façade moderne du porche de laquelle on voit, sur la planche, les ordres dorique et ionique, ainsi que le clocher corinthien qui s'élève au nord.

ÉGLISE DE SAINT-EUSTACHE.

PORTAIL DU MIDI.

Le transept méridional de l'église de Saint-Eustache est décoré d'un riche portail indiqué à la planche précédente, et qui est reproduit en grand sur la planche V; il est composé d'une arcade de proportion élevée, et formée de plusieurs voussures dans lesquelles ont été sculptés de nombreux dais saillants décorés dans le style de la renaissance : ils surmontaient des statues aujourd'hui détruites. Le vide supérieur de l'arcade contient une arcature légère, ornée de pilastres doriques et d'archivoltes supportant un réseau destiné, comme elle, à maintenir la vitrerie peinte. Les deux portes d'entrée de l'édifice sont séparées du réseau par un entablement complet formant un épais linteau; entre les portes s'élève un riche pilier isolé; il contient un piédestal très-découpé, qui servait de support à une statue supprimée et que surmontait un dais d'une grande richesse; des pilastres composites ornés de rinceaux encadrent les portes. Latéralement à la

Planche
V.

26

grande arcade s'élève un ordre de pilastres corinthiens portant un entablement complet. Les chapiteaux et les fûts en sont surchargés de dais saillants couronnant des niches très-ornées qui couvrent la presque totalité de la surface des pilastres. Ces niches sont décorées de coquilles et d'ordres corinthiens et composites; entre les pilastres et l'arcade, deux panneaux allongés couverts de rinceaux soutiennent plusieurs dais saillants moins importants que ceux qui les avoisinent, et trop éloignés les uns des autres pour avoir abrité des statues.

ÉGLISE DE SAINT-EUSTACHE.

DÉTAILS DE L'EXTÉRIEUR.

Planche
VI.

La façade méridionale de l'église de Saint-Eustache gravée à la planche IV ne fait connaître que les dispositions générales; elle contient de nombreux détails d'architecture qui présentent assez d'intérêt pour être reproduits en grand; plusieurs d'entre eux composent la planche VI. Au milieu sont dessinées l'élévation et la coupe de la partie supérieure de l'une des tourelles situées aux angles du transept. Un grand pilastre d'ordre dorique s'élève jusqu'à l'entablement principal qu'il supporte, et dont la frise est décorée de patères et de triglyphes; la corniche contient, au lieu de modillons, des consoles renversées. Au-dessus et au-dessous de cet entablement règnent des arcatures à pilastres corinthiens; celle du haut repose sur une balustrade qui est continuée tout autour de l'édifice; le plan de la tourelle tracée à la hauteur de cette balustrade est à la gauche de la planche, il fait connaître comment est établie la circulation sur ce point; les détails sont gravés au-dessous du plan et à la droite de la coupe. Le toit de la tour est en pierre; il porte un couronnement orné d'un lanternon et de riches contre-forts dont le plan est tracé en haut de la planche.

La coupe fait connaître les divers profils à toutes les hauteurs, la voûte sphérique et le lanternon à jour qui la surmonte, puis l'escalier en pierre établi dans l'axe de la tourelle; des profils de la corniche tournante qui porte les marches de l'escalier, celui du noyau central.

ceux des entablements supérieurs, sont gravés à la droite. La partie
haute du pignon de la façade et le cerf portant un crucifix entre ses
cornes, qu'on y a sculpté en grande saillie, sont reproduits en haut de
la planche.

ÉGLISE DE SAINT-EUSTACHE.

COUPE LONGITUDINALE.

La coupe longitudinale de l'église de Saint-Eustache gravée sur la
planche VII fait connaître l'ensemble des constructions intérieures de
ce vaste édifice. La partie occidentale est occupée par la façade construite en 1754 et comprenant le porche, la galerie située au-dessus et
le clocher; la tribune des orgues supportée par un portique se développe à l'intérieur. Au delà de cette partie moderne s'étend la grande
nef élevée, comme le reste de l'église, à l'époque de la renaissance;
elle est divisée en cinq travées; chacune d'elles comporte une arcade
très-haute dont l'imposte repose sur de longs pilastres ornés de losanges et de têtes de chérubins. A travers le vide de ces arcades on
voit l'entrée des chapelles latérales et les meneaux qui en ferment
les fenêtres. Les gros piliers qui séparent les travées sont décorés
de deux ordres d'architecture, l'un dorique, l'autre ionique; ils sont
conçus et étudiés avec cette liberté qu'on apportait, sous le règne de
François Ier, dans le dessin de l'architecture classique. L'entablement
qui surmonte les deux ordres porte un triforium ou galerie de petite
dimension qui fait le tour de l'église; il est composé, dans chaque
travée, de quatre petites arcades séparées de deux en deux par un
ordre ionique.

A partir de la base du triforium, les gros piliers qui séparent les
travées portent un ordre corinthien dont les colonnes doublées servent
de supports aux nervures de la voûte; de grandes fenêtres éclairant
la nef sont ouvertes à cette hauteur, des meneaux multiples les subdivisent.

Après la nef, la coupe montre les dispositions des transepts; à la

Planche
VII.

16.

partie inférieure s'ouvre une double porte ornée de deux ordres d'architecture; plus haut une arcature contenant des vitraux s'élève jusqu'à l'entablement surmonté du triforium qui, dans cette seule partie de l'église, maintient, dans de doubles meneaux, une vitrerie peinte. Une grande rose, dans le goût de celles du moyen âge, occupe le haut du transept; la voûte centrale ornée de riches clefs pendantes est dessinée au-dessus.

Le chœur et le sanctuaire de l'église comportent une décoration semblable à celle de la grande nef, si ce n'est que, dans la partie arrondie du sanctuaire, l'espace situé entre les gros piliers devenant plus étroit en raison de la courbe, les arcades sont surmontées par des ogives en remplacement des pleins cintres, et que le triforium y est réduit à deux arcades au lieu de quatre, qui se trouvent partout ailleurs. Les meneaux des fenêtres du chœur et du sanctuaire sont moins subdivisés que ceux de la nef; ils portent une belle vitrerie peinte exécutée au commencement du XVIIe siècle.

Les deux galeries des bas côtés de l'église et les voûtes de la chapelle de la Vierge, située à l'orient, ne s'élèvent qu'à la hauteur des grandes arcades de la nef et du chœur; elles sont décorées plus richement, et leurs piliers de support sont divisés en trois parties au lieu de deux par des ornements plus multipliés. Les formes arrondies du plan de la chapelle de la Vierge ont motivé le percement de larges fenêtres latérales qui sont tracées dans la coupe.

La nef, les transepts et le chœur de l'église de Saint-Eustache sont surmontés d'une grande charpente, dont les dispositions générales sont dessinées en entier; au centre de la croix, sur les quatre gros piliers, repose une tour en bois contenant un escalier tournant qui conduit au lanternon dont le comble de l'édifice est surmonté. La couverture des galeries des bas-côtés et de la chapelle de la Vierge est bien moins élevée que celle de la partie principale de l'église; un lanternon de construction moins ancienne que le comble s'élève au sommet de la chapelle de la Vierge.

ÉGLISE DE SAINT-EUSTACHE.

COUPE TRANSVERSALE.

La coupe transversale de l'église de Saint-Eustache gravée sur la planche VIII est tracée dans la longueur des transepts et vers le chœur; elle est limitée latéralement par les façades qui s'élèvent au nord et au midi, les portails y sont dessinés de profil; au-dessus se présentent en coupe les deux galeries de circulation intérieure, dont la plus élevée est au niveau du triforium. Plus haut, extérieurement aux deux roses, sont tracés les balcons par lesquels on peut faire le tour de l'édifice, tant à la base des grandes croisées qu'à celle du grand comble de couverture. Les tourelles placées aux angles des transepts, et qui contiennent les escaliers de communication, se voient au delà des façades latérales.

Chacune des deux branches de la croix ou transepts contient deux travées et demie; elles sont semblables, pour l'ordonnance architecturale, à celles de la nef et du chœur. La demi-travée du sud contient, à sa partie basse, un petit monument qui se reproduit vis-à-vis; il est gravé en grand sur la planche X.

Au milieu de la coupe s'élève le grand arc qui précède le chœur, il est semblable par sa décoration à ceux qui, dans la coupe longitudinale, s'ouvrent sur les transepts. Au delà de ce grand arc se développe la partie arrondie du chœur, dont les arcades rétrécies par la disposition du plan sont surmontées d'ogives; plus haut le triforium, resserré aussi, ne contient que deux arcatures au lieu de quatre, que présentent toutes les autres travées; les hautes fenêtres y sont plus étroites que toutes celles du reste de l'édifice.

Au bas du grand arc du chœur la planche indique un grand retable du xviiᵉ siècle, orné de colonnes, de statues et de tableaux, qui a été restitué sur le dessin d'après d'anciennes gravures, pour faire connaître quelle était la disposition du maître-autel. Les deux galeries de circulation et les entrées des chapelles latérales de l'abside sont indi-

Planche
VIII.

quées, dans la coupe, à travers les arcades inférieures des transepts et du chœur.

Un grand comble en charpente couvre les transepts dans toute leur étendue comprise entre les deux pignons des façades latérales ; il est tracé sur la coupe ainsi que la tour en bois qui, portée par les gros piliers du centre de l'église, contient l'escalier tournant par lequel on arrive au lanternon dont est surmonté tout l'édifice.

ÉGLISE DE SAINT-EUSTACHE.

COUPE SUR LES NEFS LATÉRALES. — DÉTAILS.

Planche
IX.

Au milieu de la planche IX est dessinée en grand une moitié de la coupe transversale de l'église de Saint-Eustache, tracée, non sur les transepts comme la précédente, mais sur la nef principale et sur les bas côtés qui l'accompagnent. Les dimensions du dessin permettent de mieux juger de la décoration de la grande nef et des trois ordres d'architecture qui, à partir du sol jusqu'à la naissance des voûtes, se trouvent superposés contre les piliers. L'ordre dorique situé en bas n'est qu'à l'état de pilastre ; il a trois fois plus de longueur que ne le comporte cette ordonnance ; le chapiteau est très-petit, ainsi que l'entablement, dont la frise contient des triglyphes dépourvus des détails qui les caractérisent, et auxquels ils doivent leur nom. L'ordre ionique, moins allongé que le précédent, mais cependant hors de proportion, est surmonté d'un maigre chapiteau à volutes ; l'entablement présente une frise d'une hauteur exagérée.

Le troisième ordre, qui est corinthien, est capricieux comme les deux autres, seul il est formé de colonnes ; la saillie des bases, reposant sur une ordonnance en pilastre, a motivé des consoles qui les supportent ; le fût des colonnes est lisse par le bas ; un anneau formé de moulures sépare cette partie de celle qui est cannelée ; sur les chapiteaux repose une étroite corniche à denticules, les nervures des voûtes s'élèvent directement au-dessus. Un grand détail de cet ordre supérieur est gravé à la gauche de la planche.

Le triforium, situé plus haut que les arcs latéraux de la grande nef,
est tracé sur l'ensemble de la coupe et sur le grand détail; on y voit
en profil le petit ordre ionique dont il est décoré, le peu de largeur
donné au passage de circulation et les petites fenêtres qui l'éclairent
du dehors. Au-dessus du triforium sont pratiquées les grandes fenêtres de la nef; la coupe en indique la hauteur relative, et le détail
fait connaître les moulures dont elles sont encadrées, puis les scelle-
ments des fers qui soutiennent la vitrerie.

Les galeries qui forment les bas côtés de l'église sont toutes deux
égales entre elles, leurs arcades ont les mêmes proportions que celles
par lesquelles on y accède de la nef, la décoration seule est changée:
les piliers y sont divisés dans leur hauteur en trois parties, dont deux
comportent les ordres corinthien et composite, les voûtes à nervures
soutiennent des clefs pendantes. Latéralement à ces galeries sont disposées les chapelles décorées de colonnes.

Au-dessus des voûtes des bas côtés s'élèvent les toits qui les couvrent, et plus haut, les doubles arcs-boutants qui maintiennent les
voûtes de la nef; de solides piliers, entre lesquels sont distribuées les
chapelles, soutiennent extérieurement la poussée des arcs inclinés. La
décoration de cette partie extérieure de l'édifice est dessinée en grand
à la droite de la planche. On y voit la partie externe du triforium, au-
dessus est une balustrade limitant le passage de circulation générale
autour de l'église, puis un ordre ionique accouplé qui est placé sous
les arcs-boutants, devant les trumeaux des hautes fenêtres de la nef.

ÉGLISE DE SAINT-EUSTACHE.

DÉTAILS DE L'INTÉRIEUR.

Les quatre gros piliers qui séparent les transepts de la nef principale et du chœur présentent, avec ceux qui se reproduisent régulièrement entre les travées, des différences qui sont indiquées sur le
détail gravé au milieu de la planche X; de grands pilastres corinthiens
s'élèvent depuis le soubassement jusqu'à la naissance des voûtes, ils

Planche
X.

décorent le massif principal de la construction des piliers; les chapiteaux qui les couronnent sont beaucoup plus grands que les autres,
comme on peut en juger par le profil tracé à la gauche de la planche
précédente; les ordres voisins des grands pilastres sont les mêmes que
ceux qui ont été décrits déjà. Le même détail fait voir en grand la
disposition des consoles qui servent de clefs aux arcs de la nef et du
chœur, et plus haut les détails d'architecture et de décoration du
triforium; au-dessus sont tracés les chambranles et les meneaux des
grandes fenêtres.

A la droite de la planche ont été réunies plusieurs clefs pendantes
qui se remarquent dans les voûtes de l'église; au milieu est celle de la
grande voûte centrale ornée de deux anges mettant une couronne sur
la croix; cette clef est accompagnée de celles qui se groupent autour
d'elle. Des têtes de chérubins, de jeunes enfants et des cartouches
portant des lettres initiales composent les autres clefs. Plus bas sont
reproduits les chapiteaux et les impostes des piliers qui séparent les
travées de la nef et du chœur.

A la gauche de la planche est le dessin de l'une des deux chapelles
situées auprès du portail du transept méridional, et dont l'indication
est sur la coupe transversale de l'église publiée à la planche VIII.
Cette chapelle, qui a subi des restaurations, est composée de deux
ordres de pilastres ornés d'arabesques; celui d'en bas repose sur un
stylobate, les chapiteaux supportent une architrave; entre les pilastres
est un arc surbaissé dépourvu d'ornements et s'appuyant sur des consoles. Au-dessus de cet ordre s'élèvent trois piédestaux légèrement
courbes, sur lesquels sont inscrits les noms de saint Pierre, de saint
Paul et de saint Jean : deux cartouches portent des emblèmes, on y
voit la colombe chrétienne et le cœur dans les flammes; une mutilation a fait disparaître le troisième cadre et ce qu'il contenait. Ces
piédestaux ont sans doute porté les statues des trois apôtres, elles
n'existent plus dans les niches disposées pour les recevoir, et qui sont
encadrées par des pilastres très-ornés; elles sont surmontées de dais
décorés avec toute la délicatesse du ciseau de la renaissance.

ÉGLISE DE SAINT-EUSTACHE.

CHAPELLE DE SAINTE-GENEVIÈVE. — PLAN.

Toutes les chapelles construites autour des nefs et du chœur de
l'église de Saint-Eustache sont placées entre les gros piliers qui servent de contre-forts à l'édifice. Plusieurs d'entre elles ayant éprouvé
des changements, celle de Sainte-Geneviève, qui est l'une des mieux
conservées et des plus riches, a été choisie pour être gravée sur la
planche XI. Son plan indique les deux murs parallèles qui la limitent
latéralement; on y entre par le bas côté septentrional du chœur. Les
quatre angles de la chapelle sont occupés par des colonnes; au fond,
vis-à-vis l'arcade d'entrée, est une large fenêtre divisée en quatre parties par trois meneaux verticaux.

Les nervures de la voûte forment des losanges ornés, à leurs points
de contact, de clefs pendantes; les panneaux de cette voûte sont enrichis de caissons, de feuillages, et des larmes sont sculptées autour.

FAÇADE EXTÉRIEURE.

La façade extérieure de la chapelle de Sainte-Geneviève, gravée
en haut de la planche, est, comme celles de toutes les autres, formée
d'un soubassement sur lequel s'élèvent deux grands pilastres dont les
fûts sont ornés de moulures, de têtes de chérubins et de mascarons;
l'un des deux présente, dans sa partie basse, une tête de mort et des
os en croix. Des chapiteaux d'une richesse remarquable couronnent
les pilastres, l'un d'eux est gravé en grand sur la planche XIII. Ces
chapiteaux supportent un entablement capricieux dont la frise est
alternativement décorée de triglyphes et de consoles saillantes. Une
fenêtre à meneaux est ouverte entre les pilastres. De riches balustrades, composées de losanges et de polygones irréguliers, couronnent les chapelles et protégent la circulation établie autour de
leurs toits.

Planche
XI.

27

COUPE.

La coupe de la chapelle de Sainte-Geneviève, gravée à la droite de la planche, fait connaître l'ensemble de ses dispositions intérieures. L'ordre des colonnes placées à chacun de ses angles est composite, il s'élève sur de hauts stylobates carrés surmontés de triglyphes; des anneaux divisent les fûts en deux parties inégales; un entablement complet, mais de proportions très-basses, supporte les nervures de la voûte; les détails de cet ordre sont reproduits en grand sur la planche XV. Les divisions formées dans la voûte par les nervures et par les caissons qu'elles encadrent, les diverses places occupées par les clefs pendantes, dont les principales sont gravées sur la planche XIV, les ornements délicats qui ornent les moulures d'encadrement de l'arcade d'entrée de la chapelle et celles de la fenêtre, sont indiqués sur l'ensemble de cette coupe.

ÉGLISE DE SAINT-EUSTACHE.

CHAPELLE DE SAINTE-GENEVIÈVE, PILASTRE ET FENÊTRE.

Planche
XII.

Les détails de l'ordonnance extérieure de la chapelle de Sainte-Geneviève forment l'ensemble de la planche XII; ils consistent en un pilastre élevé sur le soubassement qui règne autour de l'église, en une moitié de la fenêtre dont la coupe est tracée à côté, et en quelques ornements sculptés sur les moulures qui l'encadrent.

La coupe indique les profils du soubassement et celui des moulures qui ornent l'appui de la fenêtre; au-dessus de cet appui s'élèvent les meneaux qui maintiennent la vitrerie; ils sont décorés, dans leur partie moyenne, de minces pilastres composites élevés sur des piédestaux; leurs chapiteaux portent les courbes contournées qui remplissent le cintre de la fenêtre; l'ensemble gravé sur la planche XI indique leurs dispositions générales. La fenêtre est encadrée de moulures dont le profil est tracé en haut de la coupe; sur la plus large de ces moulures, l'ornemaniste a sculpté les détails délicats dont six motifs variés sont gravés aux deux côtés de la planche.

Le soubassement, sur lequel s'élève le pilastre, est profilé de manière à former un piédestal relié avec lui par la courbe qui remplace la base; l'ensemble du pilastre forme un cadre de moulures dont les extrémités, disposées en triangles, renferment, d'une part, une tête de chérubin, d'autre part, une tête de mort entourée de feuilles et de fruits, et posée sur deux os en croix que maintiennent des bandelettes.

Le chapiteau qui couronne le pilastre présente les dispositions les plus riches de l'ordre composite; au bas du tailloir, dont la partie décorative est mutilée, on lit ces mots profondément gravés : REQVIESCANT IN PACE. Plus bas, au milieu des feuillages qui décorent la corbeille, une inscription gravée sur une tablette encadrée de moulures porte : MEMENTO MORI. 1534. Ces deux inscriptions, la tête de mort sculptée au bas du pilastre, les larmes dont toute la surface de la voûte de la chapelle de Sainte-Geneviève est couverte, doivent faire penser que le vocable a été changé, et que, dans l'origine, elle fut construite pour être la chapelle des morts.

ÉGLISE DE SAINT-EUSTACHE.

DÉTAIL EXTÉRIEUR DES CHAPELLES DU NORD.

Par un détail dessiné sur une grande échelle, la planche XIII permet d'étudier l'architecture et la sculpture décorative des chapelles du nord. Le sommet du pilastre, son chapiteau et la console qui le surmonte, le grand entablement et la balustrade supérieure, composent l'ensemble de la planche; un profil général y est joint.

Le haut du pilastre contient, dans un triangle encadré de moulures, une tête arabesque entourée de feuillages.

Le chapiteau composite est des plus ornés; un génie, placé au milieu, porte sur sa tête une corbeille de fruits; il est assis sur un double enroulement terminé par deux têtes de chèvre, et prenant naissance dans

Planche
XIII.

27.

des feuilles d'acanthe d'où sortent deux génies étendant leurs bras sur
les moulures supérieures. De grandes feuilles descendant jusqu'à l'astragale forment la partie basse du chapiteau. Une console ornée avec
une grande finesse s'élève au-dessus du tailloir et occupe la hauteur
de l'architrave et de la frise de l'entablement qui surmonte les pilastres;
le profil placé à la gauche du dessin fait voir l'ornementation latérale
de cette console qui, sur la façade, est accompagnée de deux triglyphes;
plus loin la frise contient des modillons renversés alternativement décorés d'acanthe et de canaux. Le larmier de la corniche porte des denticules; le sommet de la gravure indique deux motifs variés de balustrades; dans l'une sont taillés des caissons en losange et en polygone,
dans l'autre une série de balustres portant des arcs enrichis de canaux
et de rosaces.

ÉGLISE DE SAINT-EUSTACHE.

CHAPELLE DE SAINTE-GENEVIÈVE,

Face sur le bas côté du chœur.

Planche
XIV.

L'ensemble du dessin gravé sur la planche XIV est une coupe tracée
dans le sens de la longueur du bas côté septentrional du chœur de
l'église de Saint-Eustache, devant la chapelle de Sainte-Geneviève, à
laquelle l'arcade inférieure donne entrée; plus haut est figurée la fenêtre située au-dessus de la chapelle : c'est une des nombreuses ouvertures qui éclairent les bas côtés dans toute l'étendue de l'édifice. Latéralement à l'arcade et à la fenêtre, le dessin indique la décoration
des piliers qui les encadrent, et qui sont reproduits à toutes les travées des nefs secondaires. Ces piliers, tracés précédemment sur de
petites dimensions dans les deux coupes générales de l'église publiées
aux planches VII et VIII, sont reproduits ici sur une assez grande échelle
pour qu'on puisse en suivre l'ordonnance complète. Ils se composent
de longues moulures ascendantes, partant du soubassement, et s'élevant
jusqu'à la naissance des voûtes dont elles portent les nervures sur des
chapiteaux corinthiens. Un détail en grand en est donné à la droite de

la planche XV; de chaque côté de ces moulures ascendantes, les piliers sont divisés en trois parties dans leur hauteur; la plus basse est quadrangulaire, elle porte le piédestal d'un ordre de pilastres composites: sur les chapiteaux repose un entablement complet au-dessus duquel s'élève l'ordre supérieur, qui est corinthien; il est formé de colonnes dont le fût est annelé au tiers de sa hauteur. Les détails en grand de ces diverses parties des piliers sont dessinés sur la planche XV.

Les nervures des voûtes et l'épaisseur de leur construction, la clef pendante qui en décore le milieu, complètent le dessin de cette travée des bas côtés de l'édifice; latéralement sont placés, à la droite, un plan d'une moitié du pilier à la hauteur indiquée par un B sur la travée, et à la gauche un plan des nervures qui, partant du demi-pilier, s'étendent sur les voûtes du bas côté; ce plan est tracé au-dessus des chapiteaux supérieurs en A. La planche contient, en outre, trois dessins de clefs pendantes qui décorent la voûte de la chapelle de Sainte-Geneviève; celle qui représente des oiseaux perchés sur des cornes d'abondance est suspendue au milieu de la chapelle; les deux autres sont placées à la rencontre des nervures secondaires.

ÉGLISE DE SAINT-EUSTACHE.

CHAPELLE DE SAINTE-GENEVIÈVE.

Trois dessins gravés sur la planche XV sont des développements de la chapelle de Sainte-Geneviève et de la travée du bas côté septentrional du chœur qui lui donne entrée. Le détail placé au milieu fait connaître, dans toutes leurs subdivisions, le plan et la décoration d'un pilier d'angle auprès de l'arcade qui sert à passer du collatéral dans la chapelle; ce pilier est reproduit dans sa partie inférieure et sur le sens de son épaisseur. Les moulures, les ornements qu'elles portent, l'ordre composite élevé à chaque angle de la chapelle, les triglyphes placés au sommet du piédestal de cet ordre, la sculpture d'un chapiteau et le profil de l'entablement y sont tracés, ainsi que la base des nervures de la voûte qui couvre la chapelle; un plan du

Planche XV.

point de départ de ces nervures est dessiné au-dessus. En dehors, et au delà des moulures de l'arcade d'entrée, le dessin indique, de profil, la forme et la décoration de la partie basse du pilier, vers le bas côté de l'église.

A la gauche de ce premier dessin est tracé l'ensemble d'un des pilastres composites qui décorent les piliers; les moulures taillées dans la longueur du fût, le chapiteau qui le couronne et l'entablement complet dont il est surmonté sont reproduits dans tous leurs détails.

Le troisième dessin placé à la droite de la planche est le complément de la décoration des piliers des bas côtés de l'édifice; il contient l'ordre corinthien élevé sur les pilastres et jusqu'à la naissance des voûtes; à la droite est tracé, en coupe, l'appui de la fenêtre qui, percée au-dessus de la chapelle de Sainte-Geneviève, est reproduite dans toutes les travées pour éclairer les nefs latérales.

ÉGLISE DE SAINT-EUSTACHE.

PEINTURES DES CHAPELLES.

Planche
XVI.

La plupart des chapelles de l'église de Saint-Eustache avaient été ornées de peintures après l'achèvement des travaux de construction; depuis lors d'épaisses couches de badigeon firent successivement disparaître ces riches décorations. Celles qui sont reproduites sur la planche XVI ont été découvertes, en 1851, par les soins de M. Leblan, architecte, auteur des dessins gravés dans cette monographie de l'église; elles sont dans la chapelle des Saints-Anges, située au sud du chœur. Dans des panneaux de la voûte on a retrouvé de nombreuses figures d'anges qui ont fait connaître l'ancien vocable de la chapelle. Sur la paroi orientale sont peints plusieurs personnages à genoux, en costume militaire du temps de Louis XIII, et représentant, sans doute, des membres de la famille qui possédait la chapelle en vertu de dotations, et l'avait fait décorer.

La planche est composée des détails de la partie méridionale qui fait le fond de la chapelle lorsqu'on y entre : c'est de ce côté qu'est pratiquée la fenêtre qui l'éclaire. Sur le devant, à la droite, s'élève un stylobate orné de marbres et de triglyphes dorés ; il porte l'ordre de colonnes qui occupe les quatre angles de la chapelle ; la base et le chapiteau sont d'or, le fût imite un marbre rouge veiné. L'entablement, dont l'architrave et le larmier sont peints en gris, porte des moulures dorées et une frise verte. Sur les nervures de la voûte brillent des ornements d'or à fond rouge ; la voûte est bleue.

La partie du mur qui contient la fenêtre est d'un ton vert clair sur lequel sont peints des ornements blancs encadrés de courbes dorées ; à partir de la hauteur du centre des arcs de la fenêtre et de ses meneaux jusqu'au bas de la décoration, les ornements changent de formes et de couleurs ; ils sont alternativement blancs et dorés ; des filets leur servent de cadres.

La première moulure du chambranle de la fenêtre contient des oves ; sur la seconde moulure, qui est plus large, des encadrements dorés entourent des feuillages blancs sur fond lilas. Les losanges taillés en relief sur cette moulure sont ornés, à l'intérieur, de pointes de diamants peints en rouge le plus vif.

Les meneaux de la fenêtre présentent de légers ornements peints sur un fond lilas, et placés entre des filets d'or. Sur les moulures qui forment l'appui de la fenêtre le décorateur a peint un ton vert portant des ornements gris entourés de courbes dorées ; au-dessous sont imités les marbres les plus brillants ; de grandes feuilles d'acanthe s'enlevant en blanc sur un ton sombre, et des ellipses dorées entourant des rosaces forment la partie inférieure de la décoration.

CARMES DÉCHAUSSÉS.

PLAN DU COUVENT.

Le pape Paul V envoya, en 1610, à Paris, deux Carmes déchaussés qui, le 11 mai de l'année suivante, prirent possession d'une maison et d'un vaste jardin situés rue de Vaugirard, auprès de la rue Cassette.

Planche I.

Nicolas Vivien, maître des comptes, leur avait fait don de cette propriété. On y bâtit des logements et une chapelle; mais, ces constructions devenant insuffisantes par le grand concours des fidèles, le monastère et une église furent fondés en 1613.

Le plan général du monastère des Carmes déchaussés est gravé au bas de la planche Ire. Une grande cour A précède l'église, qui est située au fond en B; le grand et le petit cloître C et D s'élèvent au sud de l'église, au milieu des bâtiments réguliers dont l'ensemble est gravé en E. Les jardins F, beaucoup plus étendus dans l'origine, ont été réduits, en 1806, par le percement de la rue d'Assas.

PLAN DE L'ÉGLISE.

Le plan de l'église des Carmes est gravé en haut de la planche Ire. Marie de Médicis en posa la première pierre le 20 juillet 1613; l'édifice fut achevé en 1620 et béni par l'évêque de Verdun, Charles de Lorraine. Le 21 décembre 1625, l'évêque de Chartres, Éléonor d'Estampes de Valençai, la dédia sous l'invocation de saint Joseph. L'église est disposée en forme de croix et sans bas côtés; latéralement à la nef sont établies quatre chapelles et six confessionnaux communiquant avec elles. Dans les transepts s'élèvent les autels de la Vierge et de sainte Thérèse. A main droite du sanctuaire est une chapelle richement décorée et qui porte le nom de la famille d'Hinisdal; du côté opposé s'élève la sacristie. L'abside de l'église contient le chœur des religieux.

CARMES DÉCHAUSSÉS.

FAÇADE DE L'ÉGLISE.

La façade de l'église des Carmes déchaussés, gravée en haut de la planche II, est d'une architecture simple; la partie inférieure a été décorée de pilastres doriques dont quatre forment un avant-corps indiquant la largeur de la nef; quatre autres pilastres, placés en retraite et deux à deux, ornent les murs qui déterminent les dimensions des

Planche II.

chapelles latérales. Une grande porte est pratiquée dans l'axe de la façade, elle est surmontée d'une niche; au-dessus une large fenêtre, divisée en trois sections par des meneaux verticaux, occupe le milieu de la partie supérieure; deux niches décorent les surfaces lisses, et une troisième occupe le milieu du fronton, qui couronne l'ensemble; un dôme de style sévère, placé à la rencontre de la nef et des transepts, et le premier qui ait été construit à Paris, surmonte la façade.

COUPE TRANSVERSALE.

La coupe transversale de l'église des Carmes déchaussés gravée sur la planche est tracée en avant du sanctuaire, sur la sacristie et sur la chapelle d'Hinisdal. Le maître-autel et l'ensemble de sa décoration composée d'un ordre corinthien surmonté de pilastres, de deux niches contenant les statues d'Élie et de sainte Thérèse, et les portes du chœur des religieux, occupent le milieu du dessin.

Au-dessus du comble en charpente paraît le clocher qui, par sa situation auprès de l'abside, est presque entièrement caché par le dôme placé sur le dessin de la façade géométrale de façon à n'en laisser voir que le sommet.

COUPE LONGITUDINALE.

Le troisième dessin gravé sur la planche est la coupe longitudinale de l'église. La nef, décorée de pilastres doriques, contient l'entrée des chapelles par de grandes arcades entre lesquelles sont établis les confessionnaux; au-dessus, dans la voûte divisée par des arcs-doubleaux, sont percées les fenêtres supérieures. Au centre de la croix que forment la nef et les transepts, quatre grands arcs supportent des pendentifs décorés de peintures et sur lesquels repose le dôme, dont toute la surface intérieure, ainsi que la coupole, ont été peints par Bartholet Flamael; au-dessous du dôme, au fond du transept méridional, la coupe fait voir la chapelle de la Vierge, qui était autrefois ornée d'un groupe de Marie et de l'enfant Jésus, exécuté par A. Raggi d'après le cavalier Bernin.

Ce beau monument de sculpture, qui avait été donné aux Carmes par le cardinal Antoine Barberini, fut recueilli au musée des Monuments français le 12 ventôse an II, par Alexandre Lenoir; il est maintenant placé à la cathédrale, dans la chapelle de l'abside qui a été consacrée à la Vierge. Au delà des transepts, on voit sur la coupe le sanctuaire décoré de marbres, la porte de la sacristie et le profil du maître-autel.

L'abside divisée en deux étages par un plancher, et plus loin la tour qui porte les cloches, terminent le dessin.

CARMES DÉCHAUSSÉS.

DÉTAILS DES CHAPELLES.

Planche III.

Les chapelles marquées B et B′ sur le plan de l'église des Carmes déchaussés sont les plus importantes par leur décoration, qui date de la construction de l'édifice; elles sont dessinées en coupe sur la planche III. La première est située au sud et la seconde au nord de la nef. Des stucs et des peintures ont été combinés ensemble pour orner ces chapelles. Celle qui est marquée d'un B est aujourd'hui consacrée au Sacré-Cœur; une statue du Christ est placée sur l'autel; dans l'épaisseur de l'arc-doubleau, ainsi que sur les parois intérieures de la chapelle, sont peints des sujets qui se rapportent à l'histoire de saint Louis : il y est représenté dans plusieurs tableaux relatifs aux croisades, et un vase de fleurs encadré d'un cartouche posé sur des consoles sépare ces tableaux. Dans la voûte, deux anges sculptés en stuc soutiennent un cartouche au milieu duquel est un cœur percé d'un glaive. Plus haut des compartiments ornés de rinceaux encadrent des tableaux parmi lesquels on voit une bataille contre les infidèles.

La chapelle marquée B′ sur le plan est consacrée à saint Thomas d'Acquin; elle est moins riche que la précédente, l'arc-doubleau est décoré de peintures représentant des vases de fleurs posés sur des tapis. Dans la voûte se groupent des figures et des têtes d'anges en stuc soutenant des caissons et des tableaux : l'un de ces derniers représente un concert exécuté par des anges.

CARMES DÉCHAUSSÉS.

CHAPELLE D'HINISDAL.

La chapelle indiquée sur le plan de l'église par la lettre F est située auprès du sanctuaire, à droite; elle fut disposée aux dépens et à l'usage de l'abbé Pajot; la décoration est remarquable par l'ensemble qui y règne : elle est complétement dans le style du commencement du xviie siècle; deux coupes et un développement de la voûte sont gravés sur la planche IV. Le nom que porte aujourd'hui cette chapelle est celui de la famille d'Hinisdal de Soyecourt qui, à l'époque de la vente des biens nationaux, acquit la maison des Carmes déchaussés, fit entretenir l'église ainsi que le monastère, et les préserva de la ruine.

Sa coupe principale gravée au milieu de la planche fait voir la face méridionale de la chapelle; une arcade, ouverte sur le sanctuaire de l'église, lui sert d'entrée; cette arcade est fermée par un rideau. Dans la hauteur de l'arc est un cartouche formé de stucs encadrant un tableau sur lequel est peinte la présentation de Jésus au temple. Au-dessous de cette peinture, l'imposte de l'arc orné de consoles et de chiffres surmonte un ensemble de pilastres et de panneaux d'une grande richesse, dont un détail est publié à la planche VI. Deux sujets peints représentent l'un la fuite en Égypte, l'autre un saint en prière. Au-dessus de l'arc règne une corniche enrichie de consoles et de têtes d'anges supportant les compartiments de la voûte divisée en six tableaux; celui du milieu, de forme circulaire, représente la Vierge entourée d'anges; un caisson de forme quadrangulaire surmonte la fenêtre de la chapelle: on y aperçoit un ange portant une couronne de fleurs. Les intervalles que laissent entre eux les divers tableaux sont occupés par les principales peintures représentant les quatre évangélistes.

Planche
IV.

28.

La coupe transversale gravée à la gauche de la planche est prise sur l'arcade d'entrée et sur la fenêtre qui donne du jour à la chapelle. Cette coupe fait voir au fond, au milieu de compartiments et de panneaux peints, deux pilastres cannelés surmontés d'une corniche et d'un fronton demi-circulaire au milieu duquel est sculpté un écusson. Entre ces pilastres était autrefois placé un tableau dont le cadre a été rétabli à une époque moderne.

CARMES DÉCHAUSSÉS.

CHAPELLE D'HINISDAL (ARC-DOUBLEAU).

Planche V.

L'arcade qui du sanctuaire de l'église des Carmes donne entrée à la chapelle d'Hinisdal est pratiquée dans le mur latéral sur lequel reposent les hautes voûtes: son épaisseur étant de plus d'un mètre, il a été possible à l'architecte de faire exécuter une décoration importante dans l'arc-doubleau de cette ouverture; c'est la moitié de cette ornementation qui est publiée sur la planche V. Un cartouche en stuc, dont une partie seulement est reproduite sur le dessin, encadre un tableau et occupe le sommet de l'arc; au-dessous deux petits cartouches sont ornés de coquilles dorées. Autour de celui qui occupe la partie basse s'arrondit une moulure dorée qui, en se contournant à droite et à gauche, forme un cadre commun aux peintures décoratives; un ton bleu voisin de ce cadre sert de fond au grand cartouche et à des ornements dorés qui surmontent le cartouche inférieur; un second fond de couleur violette contient de nombreux rinceaux lilas auxquels se mêlent des rosaces et des fruits dorés.

Au-dessus de la décoration de l'arc-doubleau, la planche présente un fragment de la corniche de la chapelle. Entre des consoles en partie dorées et s'enlevant sur un fond bleu, on a figuré un panneau violet dont le milieu est occupé par un cartouche contenant une tête d'ange peinte sur un fond d'or; des fleurs légères s'étendent depuis les bords de ce cartouche jusqu'à ceux du panneau sur lequel elles ont été peintes.

CARMES DÉCHAUSSÉS.

CHAPELLE D'HINISDAL.

La planche VI de l'église des Carmes déchaussés reproduit un des panneaux peints qui décorent la chapelle d'Hinisdal. Le soubassement présente, au milieu, un cartouche à fond noir encadré de bleu; des ornements délicats peints en jaune en forment la décoration principale, et des coquilles de même couleur s'enlèvent aux deux extrémités sur le ton du cadre. Au-dessous de ce panneau inférieur, la plinthe est d'un ton rouge qui se reproduit sur les parties latérales couvertes de détails, et qui simulent les piédestaux des pilastres supérieurs. Une frise rouge et très-ornée sépare le soubassement de la décoration haute. Les pilastres peints en rouge sont recouverts en partie par d'étroits motifs allongés et anguleux à leurs extrémités; des fleurs peintes sur fond d'or les couvrent, et les milieux sont occupés par des cartouches portant la croix et des initiales. Entre ces pilastres se développe un grand panneau à fond violet encadré de bleu, et qui couvre presque entièrement un riche cartouche soutenu par une tête d'ange; des bandelettes et des ornements dorés l'entourent.

Le couronnement de cette décoration est à la hauteur de l'imposte de l'arcade qui donne entrée dans la chapelle : il se compose de consoles doublées au-dessus des pilastres et supportant une corniche très-ornée. Entre les consoles, des lettres initiales dorées soutiennent des palmes chargées de fruits. Un profil de ce panneau et des principales moulures qui le décorent est tracé à la gauche du dessin.

Planche VI.

SAINT-JEAN-L'ÉVANGÉLISTE.

CHAPELLE DU COLLÉGE DE BEAUVAIS.

Le collége de Dormans-Beauvais, situé dans la rue Saint-Jean-de-Beauvais, devait sa fondation à Jean de Dormans, cardinal, évêque

Planche I.

de Beauvais et chancelier de France. Il avait acquis plusieurs maisons en 1365; ce ne fut qu'en 1370 que son projet fut réalisé; Miles de Dormans, son neveu, fit construire la chapelle du collége dont le plan, la façade et la coupe transversale sont gravés sur la planche Ire. Charles V en posa la première pierre : elle fut dédiée le 29 avril 1380, sous l'invocation de saint Jean l'évangéliste.

Le plan de la chapelle, gravé au milieu de la planche, a 11 mètres de largeur hors œuvre sur 25 mètres de longueur; la porte principale est divisée en deux parties par un pilier; auprès de la porte, un escalier à vis, situé dans l'angle septentrional, donne accès à une tribune établie au-dessus de la porte et à la charpente de couverture; deux portes latérales sont pratiquées auprès du sanctuaire : l'une, située au nord, s'ouvrait sur la cour principale du collége; l'autre donne entrée à une sacristie construite au sud et à une pièce qui la surmonte.

La façade de la chapelle a été retaillée au XVIIIe siècle; entre deux contre-forts placés aux angles et s'élevant jusqu'à la base du pignon, est pratiquée une porte en ogive, encadrée de moulures, au milieu desquelles sont ménagés deux piédestaux qui devaient porter originairement des statues; le pilier qui divise la baie en deux parties présente aussi un piédestal sur lequel, sans doute, était placée une figure, qui a disparu comme les autres.

Au-dessus de la porte est ouverte une grande fenêtre encadrée de filets délicats et de colonnettes, auxquels se relient des meneaux soutenant la vitrerie; plus haut, une ouverture circulaire donne du jour et de l'air à la charpente de couverture. Une élégante flèche en bois, datant, comme le reste de l'édifice, du XIVe siècle, surmonte cette façade.

La coupe transversale de la chapelle, gravée à la droite de la planche, indique les dispositions intérieures du côté du sanctuaire. Sur un soubassement élevé sont pratiquées les fenêtres qui éclairent l'édifice; elles sont au nombre de cinq à l'abside et de huit dans la nef; plus haut, la charpente de couverture forme une voûte en bois dont les poinçons et les entraits sont apparents; elle supporte la flèche.

Les tombeaux de la famille de Dormans, fondateurs du collége de Beauvais, avaient été placés dans le chœur de la chapelle et au fond du sanctuaire, au nombre de huit; deux des statues étaient en bronze, elles ont été fondues en 1793; celles des autres membres de la famille et les inscriptions funéraires ont été recueillis alors au musée des Monuments français par A. Lenoir; trois statues sont aujourd'hui au musée de Versailles; à la droite de la chapelle, le dessin est complété par la coupe de la sacristie qu'éclaire une large baie en ogive; au-dessus est tracée une salle voûtée ainsi que la sacristie, et qui reçoit comme elle la lumière de l'est; une grande fenêtre que divise un meneau horizontal y est pratiquée. Plus haut est figurée la charpente qui couvre cette construction accessoire de la chapelle.

SAINT-JEAN-L'ÉVANGÉLISTE.

CHAPELLE DU COLLÉGE DE BEAUVAIS.

La façade latérale de la chapelle du collége de Beauvais, dessinée du côté du sud, est gravée sur la planche II; de nombreux contreforts soutenant la muraille s'y développent dans toute l'étendue ainsi que contre la sacristie, placée de ce même côté de l'édifice; ils s'élèvent jusqu'à la corniche supérieure, auprès des toits. Entre ces appuis sont ouvertes trois des grandes fenêtres qui éclairent la nef de la chapelle; de légers meneaux en soutiennent les verrières.

Aux deux tiers du faîtage de la couverture s'élève la flèche en charpente déjà précédemment indiquée au-dessus de la façade gravée à la planche Ire.

Le bâtiment de la sacristie est quadrangulaire et divisé en deux étages; celui du rez-de-chaussée est éclairé au sud par deux baies peu élevées et surmontées d'arcs en ogive : elles sont closes par des meneaux soutenant la vitrerie; l'étage supérieur présente aussi deux baies : elles sont de forme allongée, surmontées d'arcs aigus, des meneaux en pierre les divisent en deux parties égales; un toit aigu couvre ce bâtiment, au delà duquel est dessiné à droite le profil de l'abside.

A la droite de la planche sont tracées l'abside de la chapelle et la face orientale de la sacristie. Les cinq fenêtres qui éclairent le sanctuaire y sont dessinées entre les contre-forts; le toit aigu qui couvre l'abside a la forme d'une pyramide à cinq pans, au-dessus s'élève la flèche. Le bâtiment de la sacristie placé au sud présente, à rez-de-chaussée, une large baie à ogive; au premier étage est pratiquée une fenêtre semblable à celles qui ont été percées sur la façade méridionale.

COUVENT ET COLLÉGE DES BERNARDINS.

PLAN DU RÉFECTOIRE ET DES RUINES DE L'ÉGLISE.

Planche
I.

Les religieux de l'ordre de Cîteaux possédaient à Paris, au XIIe siècle, un monastère; une chapelle dédiée à saint Bernard, leur fondateur, s'élevait, en 1230, dans le clos du Chardonnet, par les soins de Guillaume III, évêque de Paris. En 1246, Étienne de Lexinton, Anglais, abbé de Savigny puis de Clairvaux, achetait un vaste terrain dans le même clos pour y faire construire. Vingt religieux profès y furent établis et entretenus aux frais d'Alphonse, comte de Poitiers et de Toulouse, frère de saint Louis. Le pape Benoît XII, qui avait été religieux de Cîteaux, fit rebâtir à ses dépens le monastère et l'église dont la première pierre fut posée le 24 mai 1338. Ce sont les ruines de ces dernières constructions qui ont survécu en grande partie et qui sont gravées sur la planche Ire. Depuis peu d'années elles ont été modifiées pour l'usage de la ville de Paris.

La maison des Bernardins avait été un monastère et un collége; l'église, le réfectoire et autres dépendances étaient trop vastes pour le seul usage des étudiants. L'église, telle que le plan général l'indique, avait les dispositions et les formes adoptées et prescrites par

saint Bernard pour l'ordre de Cîteaux, c'est-à-dire que l'abside principale et celle des collatéraux étaient de forme carrée; vingt-neuf
chapelles étaient placées latéralement aux bas côtés. Le réfectoire,
composé de dix-sept travées supportées par des colonnes, occupait
le premier étage; on y montait par un bel escalier moderne situé à
l'angle septentrional. Une vaste sacristie s'élevait au point E; au-dessous du réfectoire on avait construit d'immenses celliers dont les
voûtes reposaient sur d'épaisses colonnes, disposées comme celles du
réfectoire. Au midi de l'enceinte générale des Bernardins s'élevait un
mur, reproduit à la droite de la planche, et contre lequel avaient été
appuyées des constructions secondaires.

COUVENT ET COLLÉGE DES BERNARDINS.

COUPES ET FAÇADES.

La coupe tracée en haut de la planche II, suivant la ligne AB du
plan des Bernardins, fait voir, à la gauche, la partie des ruines de
l'église qui existaient encore il y a peu d'années; une des colonnes
de la nef principale, le bas côté méridional et l'une des chapelles y
sont dessinés. Au delà s'élève la sacristie, divisée en trois travées
qu'éclairent de grandes fenêtres à ogives, fermées par des meneaux.

Un toit aigu surmonte les voûtes de cette construction et y laissait
un passage par lequel on se rendait du dortoir à l'église, au moyen
d'un escalier tournant, situé à l'extrémité du bas côté méridional.

La coupe du cellier, du réfectoire et du dortoir, situés dans l'étage
supérieur, indique l'importance qu'on avait donnée à ces constructions
principales.

Le sol du cellier fut exhaussé ainsi que celui de l'église après les
débordements de la Seine qui suivirent l'hiver de 1709; c'est ce qui
explique pourquoi les colonnes sont enterrées jusqu'à leurs chapiteaux.

Les arcs de cette construction souterraine sont en plein cintre;
des soupiraux ouverts devant chaque travée éclairent la salle.

29

Le réfectoire, divisé, comme le cellier, en dix-sept travées, est surmonté de voûtes portées par des colonnes légères; les arcs sont en ogive; de grandes fenêtres, dont quelques meneaux étaient encore en place, éclairent ce vaste local. L'étage supérieur dépourvu de colonnes est éclairé de chaque côté par dix-sept fenêtres en ogive; une immense charpente couvrait cette salle qui était le dortoir des religieux : cette vaste couverture a été abaissée il y a peu d'années.

La façade gravée sous la coupe est celle qui s'élève du côté de l'orient; on y retrouve les dix-sept soupiraux du cellier et le pareil nombre de fenêtres en ogive du réfectoire et du dortoir; des contreforts alternativement hauts et bas séparent les travées; le grand toit s'étend depuis le pignon méridional jusqu'à celui du nord. La sacristie est indiquée ensuite sur le dessin avec les trois fenêtres closes par de riches meneaux.

Au bas de la planche est la coupe tracée sur la ligne CD du plan; elle est prise sur toute l'étendue des ruines de l'église et au milieu des murs qui séparaient les chapelles du midi. On voit à la gauche les traces de l'escalier qui servait à descendre du dortoir au chœur des religieux. Toutes les chapelles se dessinent ensuite : l'une d'elles contient la porte qui conduisait au monastère; dans les autres on a dessiné les piscines placées pour le service des autels. Le pavé de l'église ayant été exhaussé en 1709, elles se trouvaient au niveau du sol; à l'extrémité occidentale de la coupe est tracé le porche de l'église, duquel on communiquait avec le couvent par une porte surmontée d'un arc surbaissé.

COUVENT ET COLLÉGE DES BERNARDINS.

FAÇADE, COUPE ET DÉTAILS.

Planche III.

La façade méridionale du grand bâtiment des Bernardins est gravée sur la planche III, à droite; quatre contre-forts, dont deux s'élèvent jusqu'au pignon, la divisent en trois travées. Deux étages d'ouvertures y sont pratiqués; les unes forment des roses à quatre lobes, elles

éclairent l'extrémité du réfectoire; au-dessus on a ouvert trois baies
plus larges que hautes et qui donnent du jour au bout du dortoir. Entre
les sommets des hauts contre-forts une rose fermée par de riches
meneaux permettait, ainsi que deux fenêtres situées au-dessus, que
l'air circulât dans les parties supérieures du comble. Ce pignon et
celui qui correspondait du côté du nord ont été détruits dans les
derniers travaux d'appropriation de l'édifice.

En regard de cette façade, de l'autre côté de la planche, est dessinée une coupe transversale du même bâtiment; elle indique l'étage
souterrain des celliers et les soupiraux qui l'éclairent; au-dessus
s'élève le réfectoire éclairé à l'est par de grandes fenêtres, à l'ouest
et au midi par les ouvertures en forme de roses, dont trois sont indiquées sur la façade méridionale.

Le dortoir surmonté de la grande charpente complète cette coupe
sur laquelle sont reproduites les diverses ouvertures que présente la
façade. Entre ces deux dessins est dessinée une porte ornée de minces
colonnettes, placée sur le point G du plan; elle servait de communication entre l'église et le monastère. Au-dessous de cette porte en
est dessinée une autre qui était pratiquée au bas de l'église, au point
où le graveur de lettres a tracé par erreur un S.

A la droite de cette porte, sous les dessins des sculptures qui ornent
les clefs de voûtes de la sacristie, du côté opposé, a été reproduit un
fragment de dalle funéraire qui se voyait aux Bernardins; elle datait
du xiiie siècle, représentait un prêtre tenant un calice; une fleur de
lis était gravée auprès de lui, entre deux rosaces. Le nom avait été
détruit en partie, plus loin on lisait : « Anglus natione. vir fuit. hic... »
Cette dalle, antérieure par sa date à toutes les dernières constructions
de la maison des Bernardins, remontait à l'époque d'Étienne de
Lexinton.

COLLÉGE DE FORTET.

RESTES DU COLLÉGE.

Planche
1.

Le collége de Fortet, dont les restes, qui se voyaient, il y a peu d'années, dans la rue des Sept-Voies, sont gravés sur la planche, devait son nom et sa fondation à Pierre Fortet, chanoine de l'église de Paris. Le chapitre de Notre-Dame, chargé d'exécuter les volontés du testateur, décédé en 1394, acquit en 1397 une maison où fut établi le collége.

Le plan général, gravé au bas de la planche, fait voir un bâtiment carré orné de pilastres sur la rue des Sept-Voies, et contenant à l'intérieur deux piliers isolés qui soutenaient le plancher supérieur. Un escalier à vis était établi dans une tour hexagone élevée. Vers la cour du collége, au milieu de la façade opposée à celle de la rue, des bâtiments secondaires se reliaient à cette construction principale. La façade tracée suivant la ligne I K du plan et gravée en haut de la planche présente la tour dans son ensemble; elle porte à son sommet une construction en bois, placée en encorbellement sur les pans coupés de la tour. La seconde façade, gravée à droite de la planche, est prise suivant la ligne L M du plan; elle donne le profil de la même tour et du bâtiment en charpente qu'elle portait, ainsi que la face latérale de la construction carrée, contre laquelle on l'avait élevée. Les coupes des corniches, des appuis de croisées, les noyaux en bois des deux escaliers et quelques détails d'une porte établie au point C du plan, sont les compléments de ce qui restait de cet ancien collége.

ÉGLISE DU COLLÉGE DE SORBONNE.

PROJET DE RECONSTRUCTION.

Planche
I.

Robert de Sorbon, chapelain de saint Louis, fonda, vers l'an 1256, le collége de Sorbonne; les libéralités du roi l'aidèrent dans cette

œuvre, qui avait pour but de former une communauté d'ecclésiastiques séculiers, s'occupant d'étudier et d'enseigner gratuitement; on
les nommait pauvres maîtres, « pauperes magistri; » le fondateur prit
le titre de proviseur. Une chapelle consacrée à la sainte Vierge fut
construite dans l'enceinte du collége; rebâtie en 1326 et dédiée le
21 octobre 1347, cette chapelle devait être renouvelée encore dans
le cours du XVIᵉ siècle, car on voit aux Archives de l'Empire deux
projets de reconstruction exécutés en 1553 par un architecte italien,
peut-être Serlio, qui fut appelé en France par François Iᵉʳ pour faire
des travaux dans les châteaux royaux.

PREMIER PROJET.

L'un des deux projets de l'église de la Sorbonne est gravé sur la
planche Iʳᵉ; deux plans tracés au bas du dessin sont des variantes
de ce que proposa l'artiste. Une porte et deux fenêtres sont projetées
sur la façade; la nef, plus longue que large, contient la clôture qui
limite le chœur; le sanctuaire est formé par une abside dans la courbure de laquelle sont ouvertes trois fenêtres fermées par des meneaux. Sur la façade, un petit escalier carré est établi dans une tourelle.

La façade gravée au milieu de la planche est divisée en trois
ordres d'architecture : celui du bas, qui est dorique, s'élève sur un
soubassement décoré de marbres; une grande porte, surmontée
d'un fronton brisé, portant de la sculpture, sert d'entrée à l'église;
entre les colonnes placées latéralement à la porte sont pratiquées
deux fenêtres cintrées. La tourelle située dans l'angle de la façade
pour contenir l'escalier est ouverte d'une porte surmontée d'un œil
de bœuf.

Le second ordre est ionique : il contient dans ses entre-colonnements deux fenêtres cintrées et deux de forme quadrangulaire. Le
troisième ordre est corinthien : il encadre trois fenêtres dont deux sont
en cintre; un cadran d'horloge, orné de têtes de chérubins, occupe
l'entre-colonnement du milieu; au-dessus de l'entablement de ce der-

nier ordre règne une balustrade; plus haut s'élèvent le pignon de l'église, percé d'une rose, et le sommet de la tourelle surmontée d'un lanternon; à la gauche de la planche est tracé le plan de la charpente de couverture; à la droite l'architecte a dessiné les coupes du comble.

ÉGLISE DU COLLÉGE DE SORBONNE.

DEUXIÈME PROJET DE RECONSTRUCTION.

Planche II.

Le second projet de reconstruction de l'église de la Sorbonne, exécuté, comme le premier, par un architecte italien, est plus riche dans son ensemble et dans ses détails.

Les deux plans gravés au bas de la planche II sont des variantes : sur l'un et l'autre, la façade présente cinq divisions formées par quatre colonnes engagées; la porte d'entrée occupe l'entre-colonnement du milieu; le premier de ces plans, gravé à la gauche, est divisé, à l'intérieur, en cinq travées, par des piliers laissant passage entre eux et les murs latéraux de l'édifice; une niche semi-circulaire occupe le fond de chaque travée. Le sanctuaire est dépourvu d'abside, sans doute parce que l'espace était trop limité. Le second plan, moins étendu à l'intérieur que le premier, est divisé en trois parties, deux étroites ornées de grandes niches, et une située au milieu, disposée en carré et pour supporter une coupole; deux retraites profondes ornées de niches sont prises latéralement dans l'épaisseur des murailles; le maître-autel est tracé au fond d'une abside ornée de trois niches.

Les deux coupes placées dans le dessin, au-dessus des plans, sont établies d'après le second projet; l'auteur y a reproduit toutes les dispositions, excepté la coupole, qui est remplacée par une voûte en berceau. Un détail modifié de l'ordonnance intérieure est tracé à côté de la coupe longitudinale.

La façade de ce second projet, analogue à celle du premier, est divisée en trois étages : celui du rez-de-chaussée, d'ordre dorique,

contient une porte à fronton brisé et deux fenêtres cintrées par le
haut; le second ordre est composé de cariatides remplaçant les colonnes; deux fenêtres cintrées et une rose sont ouvertes entre les
statues. Le troisième étage, sorte d'attique élevé, contient trois baies
dont une fort large et quadrangulaire. Une balustrade sépare cet
étage du pignon de l'église dans lequel est placé le cadran de l'horloge. Un clocher en bois surmonte l'édifice L'auteur du projet a
figuré au milieu du dessin les enrayures en charpente qu'il proposait d'exécuter au-dessus de l'abside de l'église.

HÔTEL DE BOURGOGNE.

PLANS, COUPE ET DÉTAILS.

L'hôtel des ducs de Bourgogne à Paris avait appartenu d'abord
aux comtes d'Artois, dont il portait le nom; situé rue Pavée-Saint-
Sauveur, il était borné par le mur d'enceinte de Philippe-Auguste;
on l'agrandit plus tard jusqu'à la rue Mauconseil. Marguerite, com-
tesse d'Artois et de Flandres, le porta en dot à Philippe le Hardi,
chef de la nouvelle branche de la maison de Bourgogne; Jean-sans-
Peur et ses successeurs l'habitèrent. En 1477, à la mort de Charles
le Téméraire, il fut réuni à la couronne de France, puis démoli en
1543 par ordre de François Ier, qui en fit vendre l'emplacement en
plusieurs lots.

La tour, dont les divers dessins sont gravés sur deux planches avec
quelques dépendances, est le seul reste qui ait survécu. A la droite
de la planche Ire est tracé le plan du rez-de-chaussée, composé d'un
grand escalier carré et d'une pièce basse de même dimension, ouverte
sur une ancienne cour de l'hôtel; une demi-tour ronde située à l'est
et quatre pièces placées au sud se relient à la tour.

Le plan du premier étage reproduit celui qu'il surmonte, moins
les grandes épaisseurs données aux murailles du côté du nord; au
deuxième étage, l'escalier carré est interrompu; il est continué dans

une tourelle qui donne accès à deux grandes pièces superposées, et plus haut, à la plate-forme supérieure de la tour.

Au milieu de la planche est gravée une coupe générale, tracée suivant la ligne AB du plan; elle indique le point de départ de l'escalier principal relié aux dépendances, la salle basse qui l'avoisine, une haute salle surmontée d'une voûte d'arêtes; latéralement à cette salle, vers le nord, est une porte ornée de moulures qui y donnait entrée par un sol plus élevé que celui du soubassement. Au sommet de la tour, la coupe fait voir les deux salles longues superposées qui communiquent entre elles et avec l'escalier principal, au moyen de la tourelle construite en encorbellement du côté du sud.

A la gauche de la planche est dessinée une colonne qui forme le sommet du noyau de l'escalier principal de la tour; sur son chapiteau repose un grand vase, duquel s'élèvent des branches s'étendant, d'une façon symétrique, sur les quatre voûtes d'arêtes dont l'escalier est couvert. Ces branches, en se croisant avec d'autres qui partent de tous les points de retombée des voûtes, forment les arcs-doubleaux, les diagonaux et les formerets, et portent des feuillages de chêne qui couvrent toutes les surfaces des voûtes. Le dessin gravé sur la planche ne reproduit que le quart de cette riche décoration, les trois autres parties étant parfaitement semblables.

HÔTEL DE BOURGOGNE.

FAÇADES ET DÉTAILS DE LA TOUR.

Planche II. Les façades de la tour de l'hôtel de Bourgogne qui s'élèvent à l'ouest et au nord sont reproduites sur la planche II, ainsi que les principaux détails de leur décoration. La plus importante de ces façades, celle de l'ouest, divisée dans sa hauteur en quatre parties à peu près égales, contient six fenêtres superposées et de dimensions inégales; une corniche très-saillante, dont le détail est gravé en A au milieu de la planche, contient huit mâchicoulis; au point E de la tour un grand arc en ogive, soutenu par des figurines, paraît avoir

surmonté originairement une haute baie qui éclairait la salle principale; elle a été bouchée ensuite, et on y a établi les deux fenêtres
divisées par des meneaux en croix.

A la partie droite de la tour est situé l'escalier principal, qui est
éclairé tant par de très-étroites fenêtres que par de plus grandes, disposées régulièrement et encadrées de moulures, dans une construction légèrement en saillie sur la tour; au bas est pratiquée la porte *H*
donnant entrée à la cage de l'escalier. Au sud, dans la partie haute,
s'élève, en encorbellement, la tourelle qui sert à communiquer avec
les étages supérieurs et avec la plate-forme de la tour.

La façade septentrionale, gravée à la droite de la planche, est plus
étroite que la précédente; un terre-plein établi à sa base en diminue
la hauteur, une porte en ogive enrichie de moulures y est pratiquée;
le plan de son chambranle est gravé au bas de la planche, au-dessous
d'un détail en grand de l'ornement sculpté dans le tympan, et qui
représente un niveau de maçon richement orné de trèfles et de feuillages. Cette porte conduit à la haute salle de la tour, indiquée dans
la coupe générale gravée sur la planche I\ :sup. Une grande baie qui
l'éclairait du côté du nord est figurée sur la façade; elle a été en
partie bouchée. La corniche militaire, dans laquelle sont pratiqués
des machicoulis au nombre de trois, couronne la façade du nord. Au
milieu de la planche sont dessinées les cheminées, puis les profils
des principaux chambranles des portes et des fenêtres situées en *H*
et en *I*, ainsi que ceux des corniches secondaires *B*, *C*, *D*.

HÔTEL DU COMMANDANT DU GUET.

PLAN ET FAÇADE PRINCIPALE.

La place du Chevalier du Guet, supprimée depuis peu d'années
pour les améliorations apportées dans l'ancien quartier de Sainte-Op-
portune, présentait, du côté occidental, un hôtel dont l'origine
remontait au milieu du xiv\ :sup siècle et qui servait de demeure au commandant de la compagnie du Guet de la ville de Paris. Le plan gravé

Planche
I.

sur la planche Ire indique ce qui se voyait encore de cette ancienne
habitation lorsque la mairie du quatrième arrondissement y était
placée. Le principal corps de logis élevé sur la place et teinté en noir
contenait, à rez-de-chaussée, une grande salle divisée en quatre travées, puis à gauche une autre construction dans laquelle on entrait
par une porte cochère et qui contenait les restes d'un escalier à limon
droit au point marqué *C*. Une cour étendue, qu'entouraient des bâtiments secondaires, était située derrière le grand corps de logis; elle
présentait, au fond à gauche, une construction teintée en noir sur le
plan; un escalier à vis marqué *B* y avait été conservé.

La façade de l'hôtel, gravée en haut de la planche, était formée de
deux étages que séparait une longue corniche; ils étaient divisés l'un
et l'autre en cinq travées par des contre-forts s'élevant jusqu'au toit. Le
rez-de-chaussée contenait quatre fenêtres de petites dimensions éclairant la salle basse, puis la porte cochère surmontée de deux arcs,
l'un surbaissé, l'autre en ogive le dominant. Au-dessus de cette porte
était une fenêtre divisée en deux parties égales par un meneau vertical. Cinq grandes fenêtres avaient été percées dans la hauteur du
premier étage; leurs baies, encadrées comme celles du rez-de-chaussée
de fines moulures reposant sur des bases, étaient divisées par des
meneaux en forme de croix et soutenant les châssis de menuiserie
qui servaient à clore les fenêtres.

HÔTEL DU COMMANDANT DU GUET.

DÉTAILS D'ARCHITECTURE ET DE CONSTRUCTION.

Planche
II.

Des détails de l'architecture et de la construction de l'hôtel du
commandant du Guet sont réunis sur la planche II. La porte cochère
est tracée géométralement, avec son plan, au bas de l'ensemble des
dessins, ainsi que la fenêtre qui était pratiquée au-dessus; l'appareil
des pierres de cette partie de la façade y est indiqué; à la gauche une
coupe fait connaître quelles étaient la forme et la disposition des profils

de moulures qui servaient d'encadrement aux deux arcs de la porte, et à quelle hauteur était placé le plancher de la petite pièce qui la surmontait; à la droite de la planche, un détail en grand du chambranle et des bases dont il était décoré complètent cette partie de la façade.

Les profils du soubassement de l'archivolte de la porte, des chambranles de fenêtres et de la corniche supérieure, sont tracés au milieu de la planche, dont le haut est occupé par des détails de la construction en bois, et qui consistaient 1° en un limon d'escalier marqué *B* sur le plan et orné de moulures tournantes; 2° en une lucarne placée en *A* sur les bâtiments secondaires situés à l'occident de l'hôtel; 3° enfin en dispositions de poutres et de solives portées par des pilastres, des consoles et des poteaux isolés, et formant les planchers au-dessus des constructions du rez-de-chaussée, indiquées par les lettres *C* et *E* du plan tracé sur la planche Iʳᵉ.

HÔTEL, RUE JEAN TISON,
FAÇADE, TOURELLE ET DÉTAILS.

A l'angle des rues Jean Tison et Bailleul, modifiées par les changements apportés depuis peu aux environs du Louvre, s'élevait un ancien hôtel construit au xvᵉ siècle et dont les restes sont gravés sur la planche I; le plan avait conservé deux murs extérieurs ornés de pilastres et supportant une tourelle d'angle. Sur la rue Jean Tison était pratiquée une grande porte dont toute la décoration ancienne avait été détruite. En entrant dans la cour on trouvait, à gauche, un bâtiment percé de deux fenêtres à chaque étage; il était limité par une tourelle à pan coupé contenant l'escalier qui conduisait aux pièces supérieures.

Les six fenêtres pratiquées dans ce bâtiment étaient encadrées de chambranles ornés de bases et de fines moulures, dont un plan et un détail sont dessinés en *B* sur une plus grande échelle; le profil de leur appui est au point *C* de la planche.

Planche
I.

3o.

A l'étage supérieur, les fenêtres, disposées en lucarnes, étaient reliées entre elles et soutenues extérieurement par de doubles pilastres ornés de colonnettes; un plan et la face inférieure de l'un d'eux sont gravés en grand au point *A*. Des arcs aigus surmontaient chacune de ces fenêtres; les ornements dont elles avaient été couronnées n'existaient plus. La tourelle, qui limitait ce bâtiment à droite, contenait de petites fenêtres carrées donnant du jour à l'escalier; en haut de la partie de cette tour construite en pan coupé, une console supportait une pièce de bois inclinée qui maintenait le poids de l'angle saillant d'un toit établi carrément; la porte marquée *D* sur le plan donnait accès à l'escalier; les détails du chambranle sont reproduits en grand au point *D*, en haut de la planche. Une souche de cheminée en briques surmontait les constructions masquées par la tourelle de ce côté du bâtiment.

A l'angle des rues Bailleul et Jean Tison s'élevait une tourelle légère portée sur un riche encorbellement; elle était à six pans au dedans et au dehors, comme l'indique le plan placé au-dessous de l'élévation gravée à gauche de la planche; à la hauteur du premier étage, des fenêtres étaient pratiquées auprès des murs de l'hôtel, comme pour faire le guet. La façade de la tourelle était ornée de légères moulures ascendantes traversant la corniche moyenne, s'élevant jusqu'à celle du couronnement, et formant plus bas des trèfles richement dessinés; les détails en grand *H, G, F,* font connaître le caractère de ces divers profils et ornements. Un toit aigu surmontait la tourelle. Une grille placée dans cet hôtel, ainsi que des carreaux vernissés qui pavaient une des pièces, complètent les dessins gravés sur cette planche.

HÔTEL DE CLUNY.

PLAN DE L'HÔTEL.

L'hôtel de Cluny, situé rue des Mathurins-Saint-Jacques, doit son origine aux abbés du célèbre monastère de Cluny. Vers 1340, Pierre

Planche I.

de Chaslus, l'un d'eux, acquit les ruines du palais des Thermes publié au commencement de cet ouvrage : « Acquisivit domum quæ « dicitur Palatium de Terminis seu de Thermis Parisiis, » dit la chronique de Cluny. Un siècle plus tard, on avait commencé à ériger sur une partie de l'édifice romain, et par les soins de l'abbé Jean de Bourbon, un hôtel dont la construction, interrompue en 1485 par sa mort, ne fut reprise qu'en 1490 par l'abbé Jacques d'Amboise, depuis évêque de Clermont. L'édifice fut achevé tel qu'on le voit encore maintenant, sauf quelques modifications apportées depuis lors et particulièrement depuis 1842, époque à laquelle il fut acquis par l'État pour être relié au palais des Thermes et former un musée d'antiquités nationales.

Le plan de l'hôtel de Cluny, gravé sur la planche Ire, a été subordonné à la déviation que présente la rue des Mathurins. Le mur de clôture situé au sud, et les bâtiments extrêmes qui s'y appuient, le principal corps de logis situé au fond de la cour, présentent des inclinaisons diverses, par rapport aux constructions romaines, contre lesquelles l'hôtel est en partie élevé.

On entre dans la cour principale par deux portes de dimensions différentes; à gauche un bâtiment peu profond contient une galerie ouverte par quatre arcades; le mur oriental de deux salles romaines, situées de ce côté, sert d'appui à ce bâtiment. Le principal corps de logis s'élève au midi sur la cour; il était originairement percé de cinq fenêtres de ce côté, deux y ont été ajoutées à une époque moderne. Une petite porte, indiquée à l'angle de la dernière pièce à gauche, a été détruite et bouchée. Une grande tourelle en pentagone et contenant un escalier principal en pierre, donne entrée aux salles du rez-de-chaussée; la dernière fenêtre, à la droite de cette tourelle, est devenue l'entrée ordinaire du musée de Cluny.

A droite de la cour, le bâtiment en retour contenait les cuisines de l'hôtel; une tourelle d'angle y est appuyée, elle renferme un escalier. Cette partie de l'édifice a été modifiée pour contenir un corps de garde et un passage conduisant au jardin; au nord du principal corps de logis s'élève une pièce à l'un des angles de laquelle est un escalier à vis; au delà, une salle basse largement ouverte par deux arcades sur l'ancien jardin, qui était fort restreint, contient au centre un pilier isolé, au nord une porte, puis un escalier à vis qui conduit à la chapelle de l'hôtel, située au premier étage.

Une étroite galerie se reliant au principal corps de logis s'élève entre la salle romaine tracée sur le plan et une cour intérieure par laquelle on se rend de l'hôtel à la grande salle des Thermes.

HÔTEL DE CLUNY.

FAÇADE SUR LA RUE.

Planche II.

La façade de l'hôtel de Cluny, élevée sur la rue des Mathurins, est composée de bâtiments construits en ailes à l'est et à l'ouest, reliés par un long mur crénelé formant la clôture de la cour et contenant les deux entrées. La porte cochère, de forme surbaissée, est encadrée de feuillages et de figurines dont l'ensemble a été restitué sur la planche II; l'écusson des d'Amboise, surmonté d'une crosse, est placé au-dessus. La petite porte, réservée aux piétons, est ornée de moulures et de crosses végétales qui ont été rétablies d'après des traces anciennes. Une longue corniche règne au-dessous des créneaux et, s'étendant sur les ailes, indique la hauteur des planchers du premier étage.

L'aile de gauche présente d'abord un petit bâtiment percé d'une fenêtre étroite que divise un meneau horizontal; la corniche de couronnement est dans le style de la renaissance. Un toit très-aigu et décoré d'ornements en plomb surmonte ce pavillon. La seconde partie de l'aile gauche est formée de l'extrémité du bâtiment qui s'élève sur la cour; elle contient une large fenêtre encadrée de moulures et divisée par des meneaux en forme de croix; plus haut, un pignon très-élevé masque le toit qui s'étend depuis la rue jusqu'au principal corps de logis de l'hôtel. Les extrémités de la corniche et de la balustrade de couronnement se voient à la base de ce pignon;

les eaux pluviales sont versées au dehors par une gouttière sculptée, présentant deux moines groupés.

L'aile orientale est formée d'un bâtiment percé de deux fenêtres, dont l'une, plus étroite que l'autre, éclaire une petite salle voûtée qui servait de trésor où se renfermaient les objets précieux; dans le pignon est pratiquée une baie éclairant l'étage des combles. Le rez-de-chaussée, originairement dépourvu de fenêtres, en a maintenant une qui éclaire le corps de garde; elle n'est pas indiquée sur le dessin.

AILE ORIENTALE.

Au-dessus de la façade qui vient d'être décrite, la planche indique les dispositions de l'aile orientale, telle qu'on la voit sur la cour; le mur de clôture vers la rue est tracé en coupe; auprès, à rez-de-chaussée, est l'ancienne porte des cuisines qui sert aujourd'hui d'entrée au corps de garde du musée de Cluny. Au delà un perron, dont les traces sont visibles, servait originairement à monter à la tourelle d'angle; il a été, ainsi qu'une petite porte située au-dessus, remplacé par celle qui conduit au jardin.

Au premier étage de l'aile orientale est pratiquée une porte cintrée qui donnait autrefois accès à un chemin de ronde, placé derrière les créneaux du mur de clôture; il a été rétabli sur des corbeaux en fer, comme il devait l'être dans l'origine. Une grande fenêtre à meneaux éclaire la pièce principale établie dans le bâtiment en aile; au-dessus s'étendent la corniche de couronnement et la balustrade qui la surmonte; plus haut est appuyée contre le comble une grande lucarne en pierre surmontée d'écussons, de pinacles et de découpures en pierre, comme on en voit sur les autres façades de l'hôtel. Une coupe du principal corps de logis complète le dessin gravé sur la planche, et fait voir la disposition des planchers et des portes de communication établies entre les diverses pièces du rez-de-chaussée et du premier étage.

HÔTEL DE CLUNY.

FAÇADE DE L'AILE OCCIDENTALE ET DE LA CHAPELLE.

Planche
III.

L'aile occidentale élevée sur la cour de l'hôtel de Cluny présente
à rez-de-chaussée des arcades au nombre de quatre et dont une est
moins large que les autres; elles sont surmontées d'arcs aigus ornés
de crosses végétales; cette décoration s'élève jusqu'aux appuis de
quatre fenêtres pratiquées directement au-dessus des arcades et éclairant une galerie située au premier étage. Plus près de la rue, deux
autres fenêtres superposées éclairent les pièces situées à l'extrémité
du bâtiment. Le pavillon en aile, une partie de la muraille crénelée,
la petite porte d'entrée et la moitié de la porte cochère sont dessinés
sur la planche III.

Contre le toit de cette partie de l'édifice s'appuie une grande lucarne dont les dispositions générales sont celles de l'architecture du
xve siècle, mais dans l'ornementation de laquelle on reconnaît les
premiers essais de la renaissance : un arc en plein cintre orné d'oves
et d'entrelacs surmonte la baie; de légères colonnes torses portant de
petits génies et des enfants placés sur des dauphins sont les principaux détails de la décoration de cette lucarne.

Le grand corps de logis dessiné en coupe sur la planche sépare
la cour et le jardin sur lequel s'élève le bâtiment qui contient la chapelle; dans l'angle est située une tourelle d'escalier; au delà deux fenêtres et une lucarne sont superposées, celle du milieu donne du jour
à une chambre à coucher, dans laquelle on a retrouvé d'anciennes
peintures décoratives qui ont été restaurées. La chapelle se présente
ensuite; elle est construite au-dessus de la salle basse, ouverte sur
le jardin par deux grandes arcades; une légère colonne qui les sépare
porte un riche encorbellement surmonté d'une demi-tour ronde
percée de trois baies ornées de meneaux et de verrières; un toit en
plomb décoré de dessins gravés, un cheneau et de fines gouttières
surmontent cette tourelle, qui contenait l'autel de la chapelle. Deux

.étroites fenêtres en ogive lui donnent du jour. Un escalier à vis dont
la rampe est ouverte sert à monter de la salle basse à la chapelle.

HÔTEL DE CLUNY.

FAÇADE PRINCIPALE.

Le grand corps de logis de l'hôtel de Cluny, exposé au sud sur la
cour et gravé à la planche IV, contenait originairement à chaque
étage cinq fenêtres à meneaux croisés; quatre nouvelles baies ont été
percées à une époque moderne; lors de la création du musée de
Cluny, elles ont été encadrées de moulures comme celles qui se
voient sur le dessin. Une petite porte ouverte à gauche sur la façade
est supprimée depuis longtemps; on en voit encore quelques traces;
elle a été rétablie sur la planche dans la forme qu'elle devait avoir
originairement. Devant le toit s'élève, au-dessus de chaque fenêtre,
une grande lucarne en pierre et richement ornée; une sixième plus
étroite que les cinq autres sert de porte de sortie sur une terrasse
établie au-dessus d'une partie de l'aile occidentale de l'édifice. Cette
aile, dessinée en coupe sur la planche, montre à rez-de-chaussée
une grande arcade en plein cintre établie sur la galerie basse qui règne
de ce côté de la cour; au-dessus est une partie de la galerie du premier
étage; une grande porte moderne y a été pratiquée pour le service
du musée.

La grande tour qui contient l'escalier principal de l'hôtel s'élève
entre la troisième et la quatrième fenêtre de la façade; la porte d'entrée ouverte sur une des faces de cette tour est surmontée de moulures et de crosses végétales; la tige supérieure se relie à la base
d'une niche surmontée d'un dais. A droite de la porte, des coquilles
et des bâtons de pèlerin sont sculptés en abondance sur la face antérieure de la tour pour rappeler le nom de saint Jacques, patron de
d'Amboise, fondateur de l'hôtel de Cluny; des banderoles liées aux
ornements portent sa devise *Serva mandata Dei; Servire Deo regnare est,*
qu'on voit sur plusieurs points de l'hôtel. De petites fenêtres, riche-

Planche
IV.

ment encadrées de moulures et de crosses végétales, sont distribuées.
sur les diverses faces de la tour pour éclairer l'escalier qu'elle renferme. Une tourelle cylindrique, appuyée contre la grande tour, contient un petit escalier qui sert à monter sur la terrasse supérieure
de celle-ci; la balustrade a été rétablie, lors de la création du musée
de Cluny, suivant un profil qui existait encore au sommet.

A la droite du dessin est tracée la tourelle d'angle par laquelle on
monte aux divers étages de l'aile orientale; la coupe dessinée auprès
fait voir, à rez-de-chaussée, l'ancienne cuisine de l'hôtel; au-dessus
est une grande pièce auprès de laquelle est le trésor, petite salle voûtée, mise ainsi à l'abri du feu pour contenir les objets précieux. Plus
haut, l'étage des combles est indiqué sous la charpente.

De grandes souches de cheminée dominent tous les toits de l'hôtel; les deux premières situées à la gauche du dessin sont exécutées
en briques, les autres ont été construites en pierre de taille.

Les caves indiquées sous l'hôtel de Cluny, les unes au trait, les
autres au ponctué, sont d'origine romaine.

HÔTEL DE CLUNY.

FAÇADE SUR LE JARDIN.

Planche
V.

La façade de l'hôtel de Cluny élevée du côté du jardin, et reproduite
sur la planche V dans son état ancien, est plus simple que la précédente ; cinq fenêtres y sont pratiquées à chaque étage, et de grandes
lucarnes en pierre s'élèvent au-dessus d'elles dans la hauteur du toit.
Lorsque l'hôtel devint une propriété particulière, quatre nouvelles fenêtres dépourvues de chambranles d'encadrements, furent percées dans
les grands trumeaux qui occupent le milieu de cette façade; deux plus
petites ont été ouvertes auprès de la tourelle d'angle, et les deux baies
étroites situées à la gauche de la façade furent élargies aux dépens des
chambranles et même de la solidité. Les travaux exécutés lors de la
création du musée de Cluny ont conduit à décorer trois des grandes
fenêtres nouvelles comme l'avaient été les anciennes, et à faire une

grande porte de sortie de la quatrième fenêtre; les deux baies pratiquées auprès de la tourelle ont été refaites dans le style des autres,
et celles qui occupent l'angle oriental de la façade furent rétablies
dans leur état ancien d'après des traces qui restaient de leur largeur
primitive; celle du rez-de-chaussée a été convertie en porte de sortie
sur le jardin. Deux grandes lucarnes en bois, placées au-dessus des
nouvelles fenêtres, ont été ajoutées aux cinq lucarnes anciennes. Le mur
mitoyen qui porte ombre sur la façade ayant été détruit avec les restes
du couvent des Mathurins, autrefois contigu à l'hôtel, il a été remplacé
par une grille. A la droite de la planche sont figurées en coupe une
salle basse et au-dessus l'ancienne chambre à coucher des abbés, décorée de peintures du xvie siècle, qui ont été rétablies d'après les
traces qu'on en voyait. Au delà de cette coupe est une portion du bâtiment de dépendances.

HÔTEL LA TRÉMOUILLE.

PLAN DU REZ-DE-CHAUSSÉE.

L'an 1363, Philippe, duc de Touraine, depuis duc d'Orléans et
frère du roi Jean, acheta dans la rue des Bourdonnais un hôtel qu'il
vendit ensuite à Gui de la Trémouille; en 1398 il était habité par
Gui et devenait la maison seigneuriale de la famille; messire Jean de
la Trémouille, seigneur de Jouvelle, y demeurait en 1421. L'architecture de cet édifice démontre qu'il fut reconstruit à la fin du
xve siècle ou au commencement du xvie. C'était une des plus remarquables maisons de cette époque. Après les La Trémouille elle ap-
partint au chancelier Dubourg, puis au président de Bellièvre; elle
a été détruite en 1844. Les façades démolies données à l'État par le
dernier propriétaire furent transportées à l'école des Beaux-Arts, où
les fragments offrant le plus d'intérêt ont été placés contre les murs
de la cour principale.

L'hôtel La Trémouille, dont le plan est gravé sur la planche 1,
s'élevait du côté occidental de la rue des Bourdonnais; deux portes,

Planche
I.

31.

une grande et une petite, donnaient entrée dans la cour, dont deux côtés présentaient d'élégants portiques, et au fond de laquelle était le corps de logis principal. A l'angle de ce bâtiment, vers ie nord, une tour carrée contenait un escalier tournant, précédé d'un perron et conduisant aux étages supérieurs. A l'angle opposé du même corps de logis, deux colonnes isolées supportaient une tourelle dont la partie inférieure donnait entrée à un couloir étroit, par lequel on se rendait au jardin de l'hôtel, situé au delà des constructions principales de l'hôtel.

HÔTEL LA TRÉMOUILLE.

FAÇADE SUR LA RUE.

Planche
II.

La façade de l'hôtel La Trémouille, élevée sur la rue des Bourdonnais, était fort simple, comme l'indique la planche II; l'étage de rez-de-chaussée contenait deux portes, l'une de petite dimension et dépourvue de tout ornement; l'autre, au contraire, décorée d'arabesques et de têtes en médaillons dans le style de la renaissance à son début; cette porte est rétablie à l'école des Beaux-Arts. Un arc surbaissé, qu'entourent de riches moulures, surmonte la baie dont le chambranle carré porte un ample ornement en feuilles d'acanthe; deux pilastres pris aux dépens des contre-forts qui soutenaient les constructions de la façade, limitent latéralement la décoration générale. Le premier étage de la façade ne contenait que trois fenêtres de petite dimension, percées au sommet du mur; celle du sud était double en largeur et divisée par de riches meneaux.

FAÇADE SUR LA COUR.

La façade gravée au bas de la planche s'élevait sur la cour, du côté de l'orient; elle contenait au milieu de l'étage inférieur la grande porte d'entrée de l'hôtel; deux portiques de dimensions inégales et formés, au nord, d'arcades en ogives, au sud, d'arcs surbaissés, étaient soutenus par de frêles piliers. La petite porte de l'hôtel s'ouvrait

sous le portique méridional. Au nord, la galerie retournait vers la
cour; elle est tracée en coupe sur le dessin. Au-dessus de ces galeries
inférieures s'élevait un étage percé de cinq fenêtres alternativement
larges et étroites, et divisées par des meneaux. De légers clochetons
sortant des piliers inférieurs ornaient les trumeaux, et séparaient en
cinq parties inégales une riche balustrade servant d'appui aux fenêtres.
Chacune des cinq baies était surmontée, en forme de lucarne, d'une
décoration en pierre sculptée et qu'enrichissaient des médaillons,
des pinacles, des crosses végétales d'une grande délicatesse; on en voit
des fragments à l'école des Beaux-Arts.

HÔTEL LA TRÉMOUILLE.

FAÇADE SUR LA COUR.

La façade située au nord de la cour de l'hôtel La Trémouille et gravée sur la planche III présentait, à rez-de-chaussée, deux arcades en
ogive faisant partie de la galerie en retour de ce côté; entre la plus
grande de ces arcades et la tourelle d'angle était pratiquée, à une
grande hauteur, une fenêtre éclairant une pièce de service. Au bas de
la tourelle, un perron conduisait à l'escalier par une porte surbaissée
que couronnait une riche décoration de feuillages et de crosses végétales, encadrant un écusson supporté par deux anges. Des parties importantes de cette porte sont à l'école des Beaux-Arts.

L'étage du rez-de-chaussée était séparé de celui qui s'élevait au-
dessus par la suite de la riche balustrade indiquée sur la façade orientale; trois fenêtres avaient pour appui cette balustrade; elles étaient
surmontées, comme les autres, de riches décorations en pierre s'élevant au bord du toit. Le sommet de la tourelle, enrichi de moulures
et d'ornements, contenait deux petites fenêtres éclairant le haut de
l'escalier; un toit aigu orné d'un épi en plomb surmontait l'ensemble
de la tour.

Auprès de cette façade est gravée la tourelle qui, sur le plan, est

Planche
III.

indiquée comme ayant été construite vers le jardin pour le service particulier de l'hôtel.

De nombreux détails de la façade élevée à l'orient de la cour sont dessinés sur la planche. En *P* est figurée, en plan et en élévation, la partie basse d'un pilier; la lettre *A* indique un des clochetons qui s'étendent jusqu'à la balustrade dont un détail est tracé en *F*. A la lettre *E* est le sommet d'un des pilastres qui séparent les fenêtres. *B* et *C* expriment des parties d'imposte et de piliers des arcades, dont *G* est le profil d'archivolte; *H* est celui d'une clef de voûte; en *I* est figurée une des gargouilles fixées aux cheneaux.

HÔTEL DES URSINS.

Planche
1.

La rue des Ursins, située dans la cité, du côté du nord, contenait un hôtel dont les constructions s'étendaient jusqu'aux bords de la Seine, à peu de distance du port Saint-Landri. Cet hôtel, qui avait appartenu à Jean Juvenel des Ursins, prévôt des marchands de la ville de Paris, fut reconstruit au xvie siècle tel qu'il est représenté sur la planche. Les dispositions du plan font connaître que la porte principale de l'hôtel, et une plus petite, située à l'ouest, donnaient entrée dans une première cour, à l'orient de laquelle s'élevait une grande salle. Un passage ouvert au fond de cette cour conduisait à un grand escalier et, plus loin, à une pièce accessoire, puis à une seconde cour formant une terrasse soutenue par le mur du quai de la Cité.

Deux galeries couvertes, terminées par des demi-tours rondes, construites en encorbellement sur le quai, limitaient cette cour au levant et au couchant; elles étaient réunies, au nord, par un mur percé de quatre arcades que surmontait un balcon.

La vue perspective placée au-dessus du plan développe, du côté du quai, les dispositions générales; on y voit les deux tours rondes partant des terrasses et reliées par le mur percé d'arcades; plus loin, le principal corps de logis comporte deux tourelles et plusieurs étages.

Le second dessin gravé en haut de la planche indique les dispositions de l'escalier principal situé sur la première cour de l'hôtel, ainsi que le passage qui conduisait aux dépendances et à la seconde cour.

Les détails reproduits au-dessous de ce dessin sont ceux de la décoration des quatre arcades qui, en reliant les deux tourelles élevées sur le quai, formaient au nord la clôture de la cour. On y voyait alternativement, dans les tympans des arcs, des têtes en médaillons et des écussons de famille accompagnés de bandelettes flottantes.

HÔTEL DE SCIPION SARDINI.

RESTES DE LA FAÇADE SUR LA COUR.

Sous le règne de Henri III, Scipion Sardini, riche gentilhomme italien, fit construire un hôtel rue de la Barre, nommée depuis l'année 1806 rue Scipion, dans le faubourg Saint-Marcel; en 1622 on y plaça des malades; l'hôtel fut acquis en 1656 par l'hôpital général; on y a depuis établi la boulangerie des hôpitaux. La première cour de cette maison contient, à droite, les restes de l'hôtel de Scipion Sardini, gravés sur la planche.

Planche I.

L'étage de rez-de-chaussée est composé d'une suite d'arcades en plein cintre, au nombre de six, et construites en pierre; au-dessus de la corniche qui les surmonte s'étend l'appui des fenêtres du premier étage; il est composé de pierres et de briques alternées; dans les principales assises de pierre qui le divisent en parties égales, sont incrustées de nombreuses têtes et un écusson de grande dimension exécutés en terre cuite, et rappelant les décorations de quelques édifices de Florence. Des détails de ces sculptures sont gravés en haut de la planche.

Les fenêtres du premier étage de l'hôtel Sardini sont au nombre de trois; des chaînes de pierre élevées dans un mur de briques les séparent, puis les encadrent en forme de chambranles; chacune d'elles est surmontée d'une plate-bande dont la clef est taillée en pointe de diamant; deux consoles couronnées par la moulure continue qui orne cet étage sont taillées en saillie sur les sommiers de la plate-bande dont l'encadrement de chaque fenêtre est surmonté. Un plan du portique inférieur est gravé au bas de la planche.

HÔTEL TORPANNE.

FAÇADE PRINCIPALE.

Planche I.

Au milieu du XVIe siècle, une belle habitation avait été construite dans les terrains voisins des Bernardins; elle portait, en 1830, époque à laquelle on la détruisit, le nom d'hôtel Torpanne. L'entrepreneur qui l'avait achetée pour la détruire céda au ministère de l'intérieur tout l'étage inférieur de la façade principale, composé d'arcades surmontées de précieuses sculptures; elles ont été rétablies alors dans le jardin de l'école des Beaux-Arts.

Les deux dessins des façades gravées sur la planche I ont été exécutés par M. Hittorff, architecte, membre de l'Institut.

L'étage du rez-de-chaussée était composé de six arcades; sur leurs pieds-droits s'appuyaient de longues consoles surmontées de têtes de lion et soutenant un balcon. Le milieu de cette galerie était occupé par une porte auprès de laquelle s'élevaient des colonnes d'ordre dorique; sur leur entablement reposaient deux figures ailées, sphinx femelles servant de support à la partie moyenne du balcon. Aux deux extrémités de la façade avaient été percées deux petites portes, et au-dessus des œils-de-bœuf entre des consoles.

Le premier étage, couronné d'un entablement dorique orné de triglyphes, contenait neuf fenêtres; un pavillon situé à droite présentait le même couronnement, une fenêtre, puis une porte qui a dû conduire à un balcon détruit.

Le second étage, beaucoup plus riche que le premier, s'étendait, avec toute sa décoration, sur le pavillon d'angle; ce qui formait un ensemble régulier de onze fenêtres; ces baies, cintrées par le haut et encadrées de riches moulures, étaient séparées entre elles par des Termes placés deux à deux sur un piédestal commun, et portant chacun une console ornée de feuilles d'acanthe; un entablement à modillons couronnait tout cet étage. Sept lucarnes décorées aussi de Termes, de consoles, de feuillages, et surmontées alternativement de frontons courbes et aigus, formaient l'étage supérieur à la naissance du toit. Le pavillon d'angle s'élevant plus haut contenait une fenêtre et un œil-de-bœuf; une corniche particulière et un toit en pyramide le surmontaient. A la droite du pavillon le dessin fait voir la décoration d'une partie de la cour latérale ornée d'arcades portant des sculptures, et de deux étages dans le style le plus délicat du XVIᵉ siècle.

La façade latérale du pavillon, marquée *A* sur la cour, est tracée à la gauche de la planche; deux baies placées sous une corniche commune et surmontées d'un fronton occupaient la partie inférieure; trois niches cintrées et deux petites fenêtres étaient comprises entre les deux portes et l'entablement à triglyphes de la façade principale continué sur celle-ci.

Les deux étages supérieurs du pavillon étaient ornés chacun d'une niche et de deux fenêtres dont les encadrements étaient d'une grande richesse.

HÔTEL TORPANNE.

SCULPTURES DE LA FAÇADE.

Les sculptures qui décorent les six arcades, la porte d'entrée et les œils-de-bœuf de la façade principale de l'hôtel Torpanne, sont très-remarquables; les gravures de la planche II les reproduisent en général; elles ont été exécutées en 1567, comme on le voit sur l'un des étendards sculptés dans le bas-relief qui surmonte la porte du milieu.

Toutes les clefs des six arcades sont semblables; l'artiste y a sculpté un satyre assis vu de face, et levant les bras pour soutenir la moulure de couronnement.

Deux des motifs de décoration des arcs représentent des renommées assises et portant des trompettes; elles sont gravées en haut de

Planche II.

la planche à gauche, et au bas à la droite. Les deux sujets reproduits au milieu offrent une grande analogie entre eux; on y voit des renommées portant des palmes de victoire.

Les deux dernières arcades sont surmontées de trophées d'armes parmi lesquels sont des guerriers vaincus et enchaînés.

Les œils-de-bœuf, dont un seul est gravé sur la planche parce que l'autre est semblable, représentent des figures nues soutenant des guirlandes de chêne qui pendent des ailes d'une figure dont on ne voit que la tête au-dessus de l'ouverture elliptique de la baie; plus bas une tête d'homme barbu supporte le cadre orné de la fenêtre.

Au-dessus de la porte du milieu est un bas-relief de forme quadrangulaire dont une figure allégorique de la paix occupe le centre. De la main droite elle tient un flambeau et brûle des armes groupées; deux génies portant des branches d'olivier sont à sa gauche; l'un d'eux s'appuie sur une corne d'abondance; une colombe qui vole au-dessus de leurs têtes apporte le symbole de la paix.

HÔTEL DE SOISSONS.

COLONNE ASTRONOMIQUE.

Planche
1.

La belle habitation que la reine Catherine de Médicis se fit construire entre les rues du Four, d'Orléans, de Grenelle et des Étuves-Saint-Honoré, reçut le nom d'*Hôtel de la Reine*; ses héritiers le vendirent à Catherine de Bourbon, sœur de Henri IV; Charles de Bourbon en devint ensuite propriétaire, on le nomma alors *Hôtel de Soissons*. Une lettre patente du roi, datée de 1762, ordonna le percement de plusieurs rues sur l'emplacement laissé libre par sa démolition, et la halle au blé y fut commencée en 1763.

La colonne gravée sur cette planche est un reste de l'hôtel de Soissons, ou plutôt de la Reine, puisqu'elle fut élevée à l'usage de Catherine de Médicis dont elle porte le nom. On en attribue la construction à Jean Bullant; elle servait d'observatoire à la veuve de

Henri II. Un riche chapiteau dorique, dont les plans et un détail sont
gravés sur la planche, la surmonte et porte un appareil en fer qui
permet de s'y tenir sans danger. Aux trois quarts de la hauteur du
fût, un large cercle en métal laisse passer le rayon solaire qui indique les heures sur un cadran. Lorsque Camus de Mézières cons-
truisit la halle au blé, il en appuya le mur extérieur contre la colonne,
comme l'indique le plan gravé en bas de la planche. Le piédestal
contient la porte d'un escalier à vis par lequel on monte jusqu'au sommet. Les cannelures de la colonne étaient ornées de fleurs de lis et
de flambeaux dont on voit encore des restes qui sont gravés à la gauche
de la planche. Une fontaine a été placée, vers 1812, au bas de ce monument, dont la conservation est due au sieur Petit de Bachaumont,
qui, lors de la démolition de l'hôtel de Soissons, acheta ce reste précieux d'architecture.

MAISON RUE HAUTEFEUILLE.

PLANS, FAÇADES ET DÉTAILS.

A l'angle des rues Hautefeuille et Pierre-Sarrazin s'élevait encore
il y a peu d'années une habitation de quelque étendue et qui datait
de la fin du XVe siècle. Elle dut faire partie de l'hôtel de Foretz qui
s'étendait de la rue Pierre-Sarrazin jusqu'à celle des Deux-Portes. Le
plan, gravé au bas de la planche, en indique les dispositions principales.

A droite, dans la cour, s'élevait un bâtiment régulier, décoré de
pilastres sur la rue Hautefeuille, mais dépourvu de fenêtres de ce
côté, il en présentait trois sur la rue Pierre-Sarrazin; vers la cour,
deux grandes fenêtres à meneaux éclairaient le rez-de-chaussée ; cet
étage, divisé en trois travées, était séparé en deux pièces par une
cloison qui datait de la première construction; deux portes avaient
originairement donné entrée dans ces pièces. Au fond de la cour s'é-
levait une galerie à colonnes servant de vestibule de communication

Planche
I.

entre les deux parties de l'habitation. Un détail du plan est gravé à gauche du plan général.

Les façades du principal corps de logis, gravées au milieu de la planche, étaient fort simples : de longs pilastres s'élevaient depuis le soubassement jusqu'à la corniche de couronnement; ils étaient divisés en trois parties égales par des bandeaux; des fenêtres à meneaux et encadrées de riches moulures étaient pratiquées entre ces pilastres. Deux coupes de ce bâtiment indiquent la disposition des planchers et de la charpente du comble.

La façade du vestibule fait voir qu'on n'y entrait pas par la cour; elle se composait d'un soubassement en pierre portant six colonnes dont deux avaient été supprimées; au-dessus s'élevait un étage construit en pierres et en briques. Le profil du soubassement, une base et un chapiteau des colonnes sont gravés au bas de la planche à droite, ainsi que la coupe du poitrail orné de moulures, placé dans toute la longueur de ce vestibule. En haut de la planche sont reproduits les détails de chambranles et d'appuis de fenêtres, les profils de soubassements et de corniches du principal corps de logis, ainsi que le poteau d'huisserie de l'ancienne cloison conservée dans l'intérieur de l'habitation.

MAISON RUE NEUVE-NOTRE-DAME.

FAÇADE DÉMOLIE EN 1828.

Planche
I.

Une maison du XVIe siècle, qui occupait l'angle de la rue Neuve-Notre-Dame, a été détruite en 1828 pour faire place à une grille; la façade est reproduite sur la planche. Le rez-de-chaussée était décoré de quatre pilastres doriques supportant un poitrail en bois. L'entrée de la maison, composée d'une porte étroite surmontée d'un châssis vitré, était pratiquée entre les deux pilastres du milieu; les deux autres occupaient les angles de la construction; ils limitaient deux boutiques richement ornées de bois sculptés dans le style de la renaissance.

Le premier étage contenait cinq fenêtres toutes semblables, encadrées de chambranles qui supportaient de fines consoles décorées d'acanthe et renfermant des ornements et des tablettes saillantes ; un fronton aigu surmontait chaque fenêtre.

Le second étage avait été percé d'un nombre égal d'ouvertures ; des têtes de lion et de remarquables motifs d'ornements occupaient les frises et décoraient les tympans des frontons encadrés de moulures arrondies.

Au troisième étage, les fenêtres étaient surmontées de frises très-ornées ; des têtes arabesques en occupaient les milieux et servaient de points de départ à des rinceaux de fleurs limités par des consoles qui soutenaient la corniche de la maison. Deux lucarnes cintrées et couronnées de frontons aigus étaient décorées de têtes arabesques et de guirlandes de fruits.

MAISON PARTICULIÈRE, RUE SAINT-DENIS, 90.

FAÇADE SUR LA RUE, DÉTRUITE EN 1846.

Une riche maison particulière, construite pendant le xvie siècle, dans la rue Saint-Denis, au n° 90, a été détruite en 1846 ; elle avait été disposée pour le commerce ; une grande boutique occupait le rez-de-chaussée, comme on le voit par le plan gravé sur la planche II. Une arrière-boutique et un escalier précédaient la cour située plus loin ; à gauche de celle-ci étaient placés un second escalier et un puits ; à droite, une colonne isolée portait le plancher d'un corridor établi aux étages supérieurs, pour servir de communication entre les appartements du devant et ceux qui formaient corps de logis au fond de la cour.

La façade principale, gravée au milieu de la planche Ire, présentait, à rez-de-chaussée la boutique, dont la décoration n'existait plus. Trois étages réguliers, éclairés chacun de trois grandes fenêtres et d'une petite, décoraient l'ensemble ; le pignon contenait quatre baies et un œil-de-bœuf.

Des trois fenêtres pratiquées au premier étage, deux étaient sur-

Planche
I.

montées de frontons courbes dont les tympans contenaient de riches ornements; au-dessous étaient une frise décorée de palmettes et une tête de femme formant la clef de la plate-bande. Une de ces fenêtres est gravée en grand à la droite de la planche. La baie du milieu avait été surmontée d'une table saillante encadrée de moulures; elle dut contenir une inscription ou une enseigne.

Les trois baies du second étage étaient surmontées de frises à palmettes et d'une tête arabesque; de riches enroulements de feuilles d'acanthe y remplaçaient les frontons. Un détail est gravé à la gauche de la planche.

Au troisième étage, les chambranles des fenêtres avaient été enrichis par des tablettes de marbre incrusté; des frontons aigus surmontaient deux baies seulement.

Le pignon de la maison était percé de quatre fenêtres, dont deux cintrées et très-rapprochées l'une de l'autre; dans le fronton commun qui les surmontait on avait pratiqué un œil-de-bœuf accompagné de guirlandes et d'oiseaux sculptés sur le tympan; deux gaînes de forme particulière supportaient la corniche du fronton, ainsi que deux têtes de lions exécutées sur les clefs des arcs. Un détail en grand de cette décoration est gravé à droite de la planche.

MAISON PARTICULIÈRE, RUE SAINT-DENIS, 90.

PLAN, COUPE ET DÉTAILS DE LA MAISON.

Planche
II.

La façade élevée au fond de la cour de la maison située rue Saint-Denis, nº 90, n'était pas moins riche par sa décoration que celle qui se présentait sur la voie publique. La coupe transversale gravée en haut de la planche II, au-dessus du plan, en fait voir l'ensemble. A rez-de-chaussée était un puits et auprès un pilier carré qui portait les trumeaux de la façade. A la droite de la coupe est dessinée une colonne dorique, sur laquelle reposait un corridor servant de communication entre les appartements du devant et ceux du fond.

Un détail en grand de la décoration des quatre fenêtres de la façade

est gravé à la droite du plan et permet de juger du bon goût qui y régnait. Les baies n'étaient séparées, à chaque étage, que par d'étroits
trumeaux; au bas des chambranles régnaient des appuis supportés
par de riches consoles. Au premier étage, les clefs de plate-bande
contenaient des têtes de femme, dont les dessins en grand sont reproduits en haut de la planche. Ces têtes se reliaient aux ornements
d'une frise très-riche dans laquelle les palmettes étaient encadrées par
des croissants; un fragment de cette ornementation est gravé à la
droite de la coupe. Un fronton courbe, dont le tympan contenait des
cornes d'abondance et un cartouche, complétait cette décoration.

Les fenêtres situées au second étage étaient surmontées aussi d'une
frise dont un détail est dessiné à gauche de la coupe. Au premier
étage du corridor de communication établi au-dessus de la colonne
dorique, s'élevait en *A* une charpente richement ornée de chapiteaux
corinthiens, de feuilles et d'entrelacs servant à la décoration de ce
passage; les détails en grand en sont gravés à la gauche du plan.

TOURELLES.

TOURELLE DE L'HÔTEL BARBETTE.

Une élégante tourelle, située à l'angle formé par la rue Vieille-du-
Temple et celle des Francs-Bourgeois, au Marais, est, ainsi qu'une
fenêtre qui se voit auprès, le seul reste apparent de l'ancien hôtel
Barbette, qu'on nommait aussi *Hôtel de la Reine,* parce qu'il était habité par Isabeau de Bavière, femme de Charles VI. La porte de cette
habitation royale se voyait encore à la fin du siècle dernier; elle était
construite et décorée dans le style de l'époque. La rue actuelle des
Francs-Bourgeois n'était originairement qu'un chemin qui longeait,
à l'extérieur, le mur d'enceinte militaire bâti par Philippe-Auguste,
et en séparait l'hôtel Barbette situé en dehors de la ville. La rue
Vieille-du-Temple aboutissait à une poterne militaire, nommée *Porte-
Barbette,* au delà elle changeait de nom pour prendre celui de l'hôtel
devant lequel elle passait. Le 23 novembre 1407, Louis d'Orléans,

Planche
I.

quittant Isabeau de Bavière, à huit heures du soir, fut assassiné par ordre du duc de Bourgogne auprès de cette habitation royale, devant l'emplacement actuel du marché des Blancs-Manteaux.

En 1561, les filles de Louis de Brézé et de Diane de Poitiers, propriétaires de l'hôtel Barbette, le vendirent à des particuliers; il fut en partie démoli et on y perça la rue Barbette actuelle et celle des Trois-Pavillons.

La tourelle, gravée sur la planche, repose sur un encorbellement enrichi de moulures; le plan est un polygone, sur chacun des angles duquel est un étroit pilastre orné. A la moitié de la tour, une corniche indique sa division en deux étages, elle en avait originairement trois; celui du haut, qui est détruit, était couronné d'un toit en pyramide et d'une fleur de lis en plomb. Dans l'étage inférieur est pratiquée une fenêtre en arc surbaissé et que surmonte un fronton aigu. Plus haut, chaque face de la tour présente de fines moulures formant un fronton et des trèfles nombreux qui se reproduisent au-dessous de la corniche supérieure. L'ancienne fenêtre de l'hôtel a conservé des traces de chambranle et deux légers pilastres latéraux.

TOURELLES.

A. — TOURELLE DE LA RUE DU COQ.

Planche II.

La rue du Coq-Saint-Jean, située entre la rue de la Verrerie et celle de la Tisseranderie supprimée aujourd'hui, contenait un hôtel à l'angle duquel s'élevait la tourelle gravée en *A* sur la planche II. Elle était de forme circulaire, comme l'indique le plan, et reposait sur un encorbellement composé de nombreuses moulures dessinées dans le style du xve siècle. Une ligne d'ornements mutilés avait occupé la partie inférieure de la tour; plus haut s'ouvrait une fenêtre surmontée de moulures au milieu desquelles était un écusson dépourvu de ses armoiries; la corniche de couronnement de la tour était supportée par d'étroits et courts pilastres qu'isolaient des refouillements pratiqués dans la pierre et décorés de trèfles ingénieusement disposés. Un toit conique et de proportion élégante surmontait la tourelle.

B. — TOURELLE DE LA PLACE DE GRÈVE.

La place de Grève, située devant l'Hôtel de ville, présentait, avant les récentes modifications qui en ont changé l'aspect, une maison importante du xve siècle, et dont quelques parties étaient encore debout. A l'angle septentrional de la place s'élevait la riche tourelle gravée en B sur la planche. Le plan était octogone; il est tracé par moitié en AB au-dessus de la fenêtre inférieure, et en BC au-dessous de celle du second étage.

La tourelle s'élevait sur un riche encorbellement dont la base contenait deux génies jouant avec un animal chimérique. Quatre pilastres saillants et décorés dans le style délicat du xve siècle s'élevaient sur les angles de la tour, depuis le soubassement jusqu'à la corniche supérieure.

Entre les pilastres, de fines moulures ornaient les parois; elles se subdivisaient en trèfles simples à la hauteur de l'appui de la première fenêtre; plus haut, elles formaient des trèfles doubles et variés sous une corniche peu saillante qui indiquait le niveau du plancher du second étage. Au-dessus de cette corniche, les mêmes moulures formaient un riche ornement, et de là s'élevaient, les unes jusqu'à l'appui de la fenêtre, les autres jusqu'au sommet de la tour où elles enrichissaient trois frontons contournés, surmontés de crosses végétales, d'animaux fantastiques, et liés à une ligne de trèfles supportant la corniche de couronnement. Celle-ci, ornée de denticules, de feuillages et de fruits dans lesquels on voyait poindre le style de la renaissance, portait un toit pyramidal surmonté d'une boule et d'une pointe en métal.

Des caves étendues et quelques murailles de la maison du xve siècle contre laquelle s'appuyait cette tourelle ont été démolies pour agrandir la place de l'Hôtel de ville. La tour a été rétablie dans une propriété, à la campagne.

TOURELLE DE L'HÔTEL DE FÉCAMP.

RUE HAUTEFEUILLE, N° 5.

Planche III.

Sous le règne de François Ier, un hôtel de Fécamp, qu'on pense avoir été habité par Diane de Poitiers, était situé à l'angle des rues Hautefeuille et Percée ; une tourelle élevée à la rencontre des deux rues s'y voit encore ; elle est gravée sur la planche III ; c'est, ainsi qu'une pièce qui l'avoisine, tout ce qui reste de cette habitation de la renaissance. La tour est privée d'une partie de ses ornements qui, à la fin du siècle dernier, consistaient en fleurs de lis accompagnées des armes de France et de la Salamandre.

Trois fenêtres éclairent cette tourelle, qui repose sur un encorbellement elliptique comme elle, et de la plus grande richesse. Toutes les moulures qui le composent ont les profils qu'on leur donnait au commencement du xvi° siècle, et les ornements dont elles sont décorées ont le style de cette époque durant laquelle on cherchait à reproduire la décoration des moulures antiques ; on y remarque cependant quelques souvenirs des feuillages usités dans la période précédente. La corniche qui couronne la tour est conçue dans le même goût que l'encorbellement, les denticules y sont plus prononcés, des perles et des entrelacs les surmontent ; un toit conique couvre la construction.

La coupe placée sur la planche du côté opposé à la façade fait voir que cette tourelle avait conservé, jusqu'au moment où elle a été dessinée, une menuiserie sculptée avec une rare finesse ; des arabesques présentant des carquois et des arcs, des boucliers et autres armes suspendus à des feuillages légers, couvraient les panneaux de cette menuiserie. A la rencontre des montants et des traverses en bois qui encadraient ces compartiments, on voyait des restes de matières précieuses incrustées dans le bois. Au-dessus de la pièce ainsi décorée avec tout le luxe du temps, la construction de la tour était brute et portait l'enrayure du comble dont un plan est gravé au milieu de la planche. Au-dessus de ce plan est tracée la coupe du plancher supérieur d'une pièce voisine de la tour; des solives ornées de moulures, une poutre décorée de même, des consoles, dont une portant de la sculpture, sont dessinées de face et de profil.

TOURELLES.

TOURELLE RUE HAUTEFEUILLE, N° 21.

La rue Hautefeuille, qui contenait, au xve et au xvie siècle, des habitations importantes, présente encore, aux n°s 13 et 21, deux tourelles gravées sur la planche IV. La première s'élève à l'angle de la rue Pierre-Sarrazin; son plan est un pentagone, des pilastres sont placés à chaque angle. La tourelle est divisée en deux étages par un bandeau orné qui porte encore le caractère du xve siècle, bien que l'encorbellement et la corniche supérieure soient profilés dans le style de la renaissance; deux fenêtres dépourvues de décoration ont été percées à chaque étage.

La maison située au n° 13, dans la même rue, se termine par une tourelle dont le plan est circulaire; elle s'élève sur un encorbellement; les profils indiquent la fin du xvie siècle; les fenêtres, dont les appuis reposent sur des consoles, sont cintrées par le haut et encadrées de chambranles; un bandeau peu saillant divise la tour en deux parties; celle du haut est percée d'une fenêtre et couronnée d'une corniche qui portait le toit aujourd'hui supprimé.

Auprès de la porte méridionale de l'église de Saint-Germain-l'Auxerrois, dans la rue des Prêtres, s'élevait, au n° 20, une maison dont l'angle portait une tourelle de la renaissance; son plan circulaire reposait sur un encorbellement à moulures multipliées. La partie principale de la construction était décorée de trois pilastres doriques, dont une base et un chapiteau sont reproduits, auprès du dessin, sur une plus grande échelle; l'architrave, une frise exagérée par sa hauteur, et la corniche, surmontaient l'ensemble de l'architecture, que dominait un toit conique. Entre les pilastres, une fenêtre et une niche encadrées

Planche
IV.

33.

de chambranles étaient couronnées de frontons courbes; des fruits disposés en cercle ornaient le dessous des appuïs.

Une tourelle du xvie siècle occupe l'angle oriental que la rue de l'École-de-Médecine forme avec l'ancienne rue du Paon, aujourd'hui de Larrey; elle est divisée en trois étages par des bandeaux ornés de moulures qui séparent les fenêtres; un groupe de consoles formant encorbellement porte l'ensemble de la construction que surmonte un toit en pyramide; une riche décoration en plomb occupe le sommet; elle se compose d'un chapiteau composite, sur lequel repose un vase orné de têtes et de fleurs s'élevant sur une tige centrale.

La maison située au n° 9 de la rue du Jardinet est décorée d'une tourelle plus grande que la précédente et divisée comme elle en trois étages; elle repose aussi sur un groupe de consoles formant l'encorbellement. Les deux bandeaux qui indiquent la hauteur des planchers séparent les fenêtres dépourvues de chambranles. L'étage supérieur, surmonté d'une corniche et d'un dôme, est éclairé par un œil-de-bœuf.

La dernière tourelle gravée sur la planche occupe l'angle d'une maison située rue Bar-du-Bec, n° 16. Elle est la seule dont le plan soit quadrangulaire; des consoles, dans le style de la fin du xvie siècle, supportent l'encorbellement composé de fortes moulures. La construction est d'une grande simplicité; deux bandeaux la divisent en trois étages qu'éclairent des fenêtres sans chambranles; une corniche d'un profil assez compliqué porte le toit brisé qui couvre l'ensemble.

Les six tourelles gravées sur la planche ont été dessinées à la même échelle et portent les mesures de leurs divers étages ainsi que celle de l'ensemble de la construction.

FONTAINE DES INNOCENTS.

Planche
I.

A l'angle formé par la rue Saint-Denis et la rue aux Fers s'élevait, dès le xiiie siècle, une fontaine publique, appuyée contre l'église des Innocents. En 1550, elle fut reconstruite par Pierre Lescot et Jean

Goujon, suivant les dispositions indiquées par la vue perspective et le plan ancien gravés au bas de la planche I. Cette fontaine, composée de deux arcades encadrées de pilastres corinthiens, vers la rue aux Fers, n'en présentait qu'une sur la rue Saint-Denis. Chef-d'œuvre de la renaissance, elle forme le plus heureux assemblage de l'architecture et de la sculpture; c'est le monument sur lequel le talent de Jean Goujon s'est élevé le plus haut; les deux artistes la consacrèrent aux nymphes des fontaines; on y lit : *Fontium Nymphis*. En 1689, une autre inscription, composée par Santeuil, y fut gravée; rétablie en 1819, elle a été supprimée depuis; elle était ainsi conçue :

> *Quos duro cernis simulatos marmore fluctus*
> *Hujus Nympha loci credidit esse suos.*

Lorsqu'en 1786 le cimetière et l'église des Innocents furent supprimés pour l'établissement du marché aux Herbes, on dut songer à conserver cette fontaine, la plus remarquable de Paris. Le sieur Six, ingénieur, proposa de l'élever au milieu du marché; Poyet, Legrand et Molinos, architectes de la ville, lui furent adjoints pour l'exécution de ce projet dont le plan et la façade sont gravés sur la planche.

La fontaine ne présentait originairement que trois arcades; pour l'isoler on fut conduit à en ajouter une quatrième; les sculptures en furent confiées à Pajou, qui se rapprocha autant que possible de celles de Jean Goujon. L'Huillier, Mézières et Danjon exécutèrent les ornements.

En 1812, l'eau du canal de l'Ourcq ayant été amenée en abondance à la fontaine des Innocents, on supprima les bas-reliefs placés par Jean Goujon sur le piédestal dans la crainte de les voir détruits par l'humidité; ils ont été déposés alors au musée du Louvre; ils devaient être remplacés sur le monument par des moulages en plomb, ce qui n'a pas été exécuté.

Une coupole couverte en cuivre surmonte la fontaine; l'eau est distribuée sur les quatre faces par une vasque placée au centre et par

des lions qui occupent les angles du soubassement; des cuves placées
plus bas servent de réservoirs à quatre mascarons qui répandent l'eau
dans un grand bassin inférieur. Cette fontaine, déplacée récemment,
a subi des modifications dans le soubassement.

FONTAINE DES INNOCENTS.

BAS-RELIEFS.

Planche
II.

Chacune des faces de la fontaine des Innocents est composée
d'une arcade surmontée de deux renommées et d'une clef portant le
dauphin et un trident. Des pilastres corinthiens encadrent l'arcade et
se reproduisent plus loin aux angles du monument; les intervalles
compris entre ces pilastres présentent, dans le piédestal, des cartouches, plus haut des figures de nymphes, et au-dessus des cadres
portant les inscriptions. Des couronnes sont sculptées dans la hauteur
des chapiteaux. Un entablement dont la frise est très-ornée surmonte
l'ordre corinthien; dans l'attique couronné d'un fronton sont placés
un bas-relief et deux cartouches.

Un des trois sujets qui décorent l'attique est reproduit sur le dessin géométral gravé en haut de la planche I; il représente de jeunes
enfants assis sur des coquilles ou sur des dauphins et se jouant sur
les eaux. Les bas-reliefs des autres façades présentent une grande
analogie avec celui-ci.

Les trois sujets sculptés par Jean Goujon pour décorer le piédestal
de la fontaine, au-dessous des arcades, sont gravés sur la planche II;
ils sont variés, et l'artiste y a déployé tout son talent; déposés au
musée du Louvre, comme il a été dit plus haut, dans les salles consacrées à la sculpture de la renaissance, leur conservation est complète.

Le premier bas-relief représente probablement la jonction de la
Seine et de la Marne; l'une des figures, appuyée sur un aviron, est
assise dans une conque; un voile s'étend derrière elle; le fleuve, vu de
dos, est coiffé de feuilles de roseaux; il se termine par une queue de

poisson sur laquelle est assis un jeune enfant ; auprès de la première figure, un autre génie des eaux s'appuie sur un dauphin.

Le second bas-relief est composé d'une nymphe assise sur une large coquille ; des roseaux se mêlent à sa chevelure ; de la main droite elle soutient son voile et s'appuie sur un aviron. Un génie monté sur un monstre marin la conduit sur les eaux.

Dans le troisième bas-relief, une nymphe vue de face est étendue sur une coquille dont l'extrémité arrondie en spirale lui sert à s'appuyer ; des deux mains elle retient son voile enflé par le vent ; un génie, placé sur un cheval marin, la précède et la guide.

FONTAINE DES INNOCENTS.

BAS-RELIEFS.

La planche III présente plusieurs des figures de nymphes exécutées par Jean Goujon entre les pilastres qui décorent les façades de la fontaine des Innocents ; les places étroites réservées au sculpteur entre ces diverses parties de l'architecture motivèrent de sa part les dispositions sveltes et élégantes de ses remarquables compositions.

La première figure, coiffée avec goût, porte un diadème composé de coquillages ; de la main droite elle soutient sa tunique, le bras est appuyé sur un aviron ; l'urne d'où l'eau s'écoule est à ses pieds ; les draperies élégantes qui couvrent cette nymphe sont disposées de la façon la plus heureuse, et leur exécution est d'une finesse remarquable.

La pose de la seconde figure est naïve ; elle soutient des deux mains l'urne posée sur son épaule droite ; l'eau tombe à ses pieds ; elle est entièrement vêtue comme la précédente figure, et son ample tunique est largement drapée.

La troisième nymphe est vue de profil ; son voile pend verticalement vers la gauche et sert de fond aux parties hautes du corps ; un riche vêtement relevé sur l'épaule et au-dessus des genoux laisse à dé-

Planche
III.

couvert les bras et les jambes; la nymphe soutient des deux mains son urne qu'elle incline pour répandre les eaux.

FONTAINE DES INNOCENTS.

BAS-RELIEFS.

Une quatrième nymphe est gravée en premier sur la planche IV ; elle se présente dans une pose gracieuse; la tête est ornée de roseaux; le voile pend à la droite; les deux bras levés et nus soutiennent l'urne posée sur l'épaule gauche; la jambe qui porte est en partie découverte et le vêtement très-ample s'étend sur le fond.

La seconde figure tracée sur la planche a le bras droit nu et levé au-dessus de la tête; la main gauche soutient un aviron; un long voile sert de fond à cette sculpture dont le mouvement est très-prononcé ; les plis du voile se mêlent à ceux de la tunique.

La troisième et dernière nymphe gravée sur la planche est coiffée de roseaux et d'un voile flottant. Cette figure est la seule qui ait le sein découvert, une riche ceinture serre sa tunique autour de la taille; le bras gauche entièrement développé est nu; les deux mains soutiennent l'urne d'où l'eau se répand aux pieds de la nymphe; un vêtement très-large enveloppe tout le bas du corps et s'y drape avec grâce.

PONT-NEUF.

PLAN, ÉLÉVATIONS ET DÉTAILS DU PONT.

Le Pont-Neuf, qui relie les quais des Grands-Augustins et de la Mégisserie, en passant par l'extrémité occidentale de l'île de la Cité, est un des plus beaux qu'il y ait en Europe ; il fut commencé au mois de mai 1578 par l'architecte du roi, Baptiste Androuet Ducerceau. Henri III, accompagné de sa mère, Catherine de Médicis, de la reine et des principaux magistrats de la ville de Paris, en posa la première pierre.

- Le plan général du pont, gravé au milieu de la planche I, indique les dispositions de son ensemble; les piles y sont tracées par moitié, au niveau de l'eau, du côté de l'orient; l'autre moitié du pont est dessinée à la hauteur du pavé; de ce côté, situé à l'occident, sont figurées, au-dessus de l'extrémité de chaque pile, les boutiques aujourd'hui détruites qu'on y éleva en 1775, d'après les dessins de l'architecte Soufflot.

Un plan particulier, gravé au bas de la planche, indique l'ancienne disposition du terre-plein du Pont-Neuf lorsqu'il portait la première statue équestre d'Henri IV, élevée en 1614; cette statue, reproduite à la droite du plan général, était placée auprès du trottoir; un jardin était planté auprès, et une grille, enveloppant ce jardin et la statue, s'élevait sur les limites du massif carré qui est représenté en haut de la planche dans son état primitif. On voit, au contraire, sur le plan d'ensemble, que la statue qui fut rétablie en 1817 est placée au milieu d'un espace libre accessible au public.

Entre les deux premières piles situées à l'extrémité septentrionale du pont, s'élevait sur pilotis, une pompe construite en 1607 pour donner de l'eau au palais et au jardin des Tuileries; un bas-relief placé sur la façade, vers le pont, représentait le Christ demandant à boire auprès d'une fontaine à une femme de Samarie; ce sujet fit donner le nom de la Samaritaine à la pompe qui a été détruite au commencement de ce siècle. Son plan levé au niveau des pilotis est gravé au-dessous de la façade, et plus bas en est un autre pris au niveau des caves placées devant les boutiques du pont.

L'élévation générale, tracée sur une échelle double de celle du plan, occupe toute l'étendue de la planche; elle présente la décoration de toutes les arches et de leurs piles surmontées de boutiques; le terre-plein central, levé à l'extrémité de l'île, porte la statue moderne d'Henri IV; à la gauche du dessin s'élève la façade de la pompe, du côté de la Seine. Au bas de la planche est gravée une coupe tracée sur l'une des arches de la grande partie du pont; auprès est une coupe de l'une des piles, d'une boutique et d'un caveau; du côté op-

posé de la gravure est dessinée une coupe de l'une des arches construites sur le petit bras du fleuve.

PONT-NEUF.

ÉLÉVATION ET DÉTAILS DU PONT.

Planche
II.

La portion du plan ét de l'élévation du Pont-Neuf, gravée en haut
de la planche II, est prise sur le petit bras de la Seine ; une grande
et belle corniche couronne l'ensemble de la construction dans toute
sa longueur; mais, sur la partie méridionale ou du petit bras, les
piles sont surmontées d'encorbellements plus ornés que du côté du
nord, sur le grand bras du fleuve. La façade géométrale et un détail
en perspective gravé au milieu de la planche font connaître la disposition particulière des consoles qui soutiennent les saillies d'assises
à la base de chacune des tourelles.

Au bas de la planche, en *B,* sont tracés les divers profils de ces
consoles et des assises de pierre qu'elles supportent pour former avec
elles les encorbellements.

La grande corniche *A* qui couronne l'ensemble du pont, et dont un
profil en grand est gravé au bas de la planche, est composée de
nombreuses assises dont trois sont comprises dans la hauteur de la
cimaise et du larmier, et deux dans celle des grandes consoles placées au-dessous. De remarquables têtes ou mascarons composites,
dont plusieurs sont gravés sur la planche III, sont sculptés à la base
de ces consoles et varient de formes dans toute l'étendue du pont.

Le plan et l'élévation d'une des boutiques ajoutées, en 1775, par
l'architecte Soufflot, sont gravés au bas de la planche, et prenaient
toute l'étendue et la forme de chacune des tourelles ; deux fenêtres
et une porte, couronnées d'un entablement et d'un fronton courbe,
décoraient leurs façades vers la chaussée du pont.

PONT-NEUF.

ÉLÉVATION ET DÉTAILS DU PONT.

Les besoins de la navigation de la Seine ont fait donner aux arches du Pont-Neuf, du côté du grand bras, des dimensions plus larges que sur le petit bras, ce qu'indique l'élévation gravée en haut de la planche III. La corniche commune y règne dans toute l'étendue ; mais les couronnements des piles disposés pour supporter les tourelles diffèrent de ceux que présente la partie méridionale du pont ; les consoles qui décorent les encorbellements y sont tronquées par le bas, comme on peut le voir sur la façade géométrale, sur un détail gravé en perspective au milieu de la planche, et par les profils tracés en grand auprès de ce dernier dessin ; le plan gravé au-dessous de l'élévation indique aussi cette réduction des consoles. A la droite du fragment, dessiné en perspective, est gravée une partie de la grande corniche qui décore l'ensemble du pont, et plus bas, au point C, est une coupe générale de cette corniche qui est profilée depuis le bas jusques et compris le garde-fou d'une tourelle, à la hauteur des trottoirs du pont.

Six têtes ou mascarons variés, choisis parmi ceux qui décorent la base des consoles de la corniche, ont été gravés sur la planche ; ils font connaître le style que l'architecte Baptiste Androuet Ducerceau choisit pour compléter, par la sculpture, l'aspect général qu'il désirait voir régner sur l'ensemble de son œuvre.

PONT-AU-CHANGE.

VUE ET DÉTAILS DU PONT-AU-CHANGE.

Sous la domination romaine, la voie qui traversait Lutèce passait sur deux ponts situés, l'un au midi, sur le petit bras de la Seine, l'autre au nord, sur le grand bras. Les dernières fouilles opérées sur la place du Châtelet, pour fonder les édifices qui la décorent, ont fait découvrir une partie de ce dernier pont. En 1141, Louis VII établit les changeurs sur ce pont qui avait été reconstruit; il prit alors le nom de *Pont-au-Change,* qu'il porte encore aujourd'hui; des maisons étaient élevées de chaque côté de la chaussée; puis, à l'extrémité septentrionale, deux rues se dirigeaient, l'une vers le grand Châtelet, l'autre sur le quai de Gèvres; la maison formant un angle entre ces deux rues fut décorée, vers le pont, de trois ordres d'architecture dans le style du xvıı^e siècle, comme l'indique la vue gravée au bas de la planche. Le rez-de-chaussée, qui contenait une boutique, était d'ordre dorique; un bas-relief gravé au-dessus de la vue perspective et représentant des prisonniers de guerre enchaînés à un trophée d'armes décorait l'arc inférieur. L'étage principal était composé d'une grande arcade feinte placée entre deux pilastres ioniques, un fronton courbe décoré d'un écusson s'élevait au-dessus de l'entablement. Cette arcade présentait, sur un fond de marbre noir, la statue en bronze de Louis XIV, âgé de dix ans et couronné par une Victoire; auprès du piédestal qui portait cette statue s'élevaient celles, de même métal, de Louis XIII et d'Anne d'Autriche.

Ces trois statues, gravées en haut de la planche et dues au statuaire Simon Guillain, furent recueillies le 7 prairial an IV, au musée des Monuments français, par Alexandre Lenoir; elles sont placées maintenant au musée du Louvre, dans la salle des Anguier. Le monument du Pont-au-Change était complété par un attique d'ordre corinthien couronné d'un fronton; entre deux pilastres, des génies soutenaient les armes de France et de Navarre.

ÉGLISE DE NOTRE-DAME.

AVERTISSEMENT.

La monographie de l'église de Notre-Dame devait comprendre quarante-deux planches : sept seulement ayant été exécutées, elles ont été placées à la fin de la classification générale, afin de faciliter un jour l'achèvement du travail destiné à la cathédrale de Paris.

ÉGLISE DE NOTRE-DAME.

PORTE SAINTE-ANNE.

La façade principale de l'église de Notre-Dame présente, du côté du midi, un grand portail dit *porte Sainte-Anne,* gravé sur la planche VII. Devant le pilier qui la divise en deux parties égales est placée la statue de saint Marcel, évêque de Paris, foulant aux pieds le dragon. De riches ferrures, publiées en grand sur les planches X et XI, couvrent la menuiserie de cette porte. Les soubassements décorés d'arcatures en ogive, formant les parties latérales du portail, supportent des colonnes entre lesquelles étaient placées des statues qui furent détruites en 1793. De nombreux dais variés dans leurs formes les couronnaient.

Quatre rangées de statuettes décorent les voussures de l'arcade : des rois et des prophètes en occupent les trois premières zones, qui se trouvent surmontées, au sommet de l'ogive, par les représentations du Père éternel, de l'Agneau et du Christ; la quatrième rangée est composée de figures d'anges.

Le tympan de la porte a été couvert par le sculpteur de bas-reliefs disposés en plusieurs compartiments qui représentent des sujets tirés du Nouveau Testament; on y voit la Vierge et saint Joseph, l'Annonciation, la Visitation, la naissance du Christ, les bergers et les mages, la Présentation au temple, le roi Hérode. Au-dessus de ces bas-reliefs est représentée, dans des dimensions plus grandes, la Vierge assise sur un trône et portant l'enfant Jésus sur ses genoux; elle est sous un dais fort riche surmonté d'une coupole. Quatre anges, dont deux sont dans les nuages, l'encensent. Un évêque, auprès duquel est un personnage assis et écrivant, occupe la droite de la Vierge; à sa gauche est un roi à genoux et tenant un phylactère.

Cette partie supérieure de la sculpture décorant le tympan de la porte est d'un travail antérieur à l'architecture qui l'encadre maintenant, et y aurait été rapportée au moment de la construction.

ÉGLISE DE NOTRE-DAME.

FERRURES DE LA PORTE SAINTE-ANNE, FAÇADE OCCIDENTALE.

Planche
X.

Les ferrures qui décorent la porte de la Vierge et celle de sainte Anne, sur la façade occidentale de l'église de Notre-Dame, pour relier entre eux les bois de la menuiserie, datent du xiiie siècle, et sont les plus beaux exemples de serrurerie qui nous restent du moyen âge.

Le fer y est assoupli et modelé comme de la cire molle ; il s'arrondit en rinceaux et s'étale en feuilles et en fleurs délicates. Ces magnifiques ornements sont exécutés en fer forgé, et, depuis des siècles, on a douté que le métal ait pu, autrement que par la fonte, se prêter à recevoir des formes aussi riches et aussi variées.

La serrurerie de la porte Sainte-Anne, dont un vantail seulement est gravé sur la planche X, est composée de six pentures formées de faisceaux de tiges multiples, soudées les unes auprès des autres, et réunies au moyen d'embrasses ornées de moulures et de feuillages. De ces liens sortent les tiges de larges rinceaux gracieusement contournés et que terminent d'amples fleurons dont les folioles et les fruits ont été modelés à chaud au moyen de moules frappés. Le dessin de ces belles pentures varie à chacune d'elles et devient de plus en plus riche, à mesure qu'elles s'élèvent sur les frises des vantaux. L'artiste a rempli les espaces compris entre elles par d'autres motifs d'ornements plus riches encore que ceux des ferrures principales. Dans la partie moyenne de la porte, il a tracé avec le fer une rose à six lobes sur laquelle se rattachent latéralement de doubles rinceaux délicats ornés de figurines ; plus haut, l'espace compris entre les pentures est rempli par de doubles enroulements d'une finesse remarquable et qui tous, au lieu d'un fleuron extrême, portent des oiseaux diversement dessinés.

ÉGLISE DE NOTRE-DAME.

FERRURES DE LA PORTE SAINTE-ANNE.

Les ferrures appliquées sur le second vantail de la porte Sainte-Anne sont reproduites sur la planche XI; elles ont été disposées comme celles qui sont gravées sur la planche X; mais pour chacune d'elles les dessins sont différents. La penture placée à la partie inférieure de la porte contient des rinceaux à un seul contour dans la partie basse; ils se doublent au contraire sur le rang supérieur; le bouquet final y est beaucoup plus riche que dans la serrurerie du vantail correspondant. Sur la partie moyenne de la porte, le dessin des contours donnés à la ferrure dépasse, par sa richesse, tout ce qui l'entoure; des animaux chimériques et des oiseaux s'y mêlent à des feuillages et à des fleurs multipliés à l'infini. La penture du haut est d'un dessin plus simple, bien que les rinceaux y soient doublés en tous sens.

Deux motifs d'ornements sont placés entre les ferrures principales; dans celui du haut l'artiste a dessiné une rosace à quatre lobes, à laquelle sont ajoutés, tant au dehors qu'au dedans, de nombreux fleurons; latéralement s'étendent deux tiges portant des rinceaux terminés par des oiseaux fantastiques. Le second motif d'ornement compris entre la penture moyenne et celle du bas contient aussi une rosace centrale à quatre lobes, le milieu en est vide; latéralement sont placés deux supports de rinceaux richement décorés de bouquets de fleurs et de fruits; des oiseaux occupent le centre des enroulements qu'ils forment.

Planche XI.

ÉGLISE DE NOTRE-DAME.

PORTE DE LA SAINTE-VIERGE.

La porte de la Vierge, située sur la façade principale de l'église de Notre-Dame, du côté du nord, est disposée, quant à l'architec-

Planche XIV.

tecture, comme celle de Sainte-Anne gravée sur la planche VII. Le pilier qui divise en deux parties égales l'ouverture de la baie est orné d'un piédestal prismatique dont les faces contiennent des arcatures en ogive; au-dessus s'élève une statue de la Vierge reproduite à la droite de la planche XIV. Cette figure, placée en 1818, provient de la chapelle de Saint-Aignan, elle est maintenant à l'entrée du chœur de la cathédrale; l'ancienne statue, détruite en 1793, est reproduite à gauche de la planche. Elle s'élevait sur un piédestal qui vient d'être refait ainsi que la statue qu'il supporte; la Vierge foulait aux pieds le serpent enlacé autour de l'arbre du bien et du mal. On avait sculpté, sur les faces de ce piédestal, Adam et Ève après le péché, et l'ange les chassant du Paradis terrestre.

Au-dessus de la statue de la Vierge, et pour la mettre à l'abri, s'élève un dais richement décoré : deux anges supportent une arcade trilobée surmontée d'un fronton; plus haut s'élèvent deux piliers qui soutiennent un petit édifice représentant le temple (*domus aurea*); il couvre l'arche-d'alliance (*fœderis arca*), dispositions qui rappellent les litanies de la Vierge.

ÉGLISE DE NOTRE-DAME.

ROSE DE LA FAÇADE OCCIDENTALE (RESTAURATION).

Planche
XIX.

La rose de la façade occidentale de l'église de Notre-Dame, dont la vitrerie peinte est gravée sur la planche XIX, a 12ᵐ,80 de diamètre; elle est composée d'un treillis en pierre découpée, dont les larges traits noirs dessinés sur la planche indiquent les dispositions générales. La verrière que ces meneaux soutiennent date du XIIIᵉ siècle; elle est composée de rinceaux et d'une mosaïque encadrant des sujets à figures. Des dégradations successives ont nécessité, à plusieurs époques, des travaux de restauration à cette belle vitrerie; les sujets peints ont éprouvé des déplacements par lesquels l'ordre primitif a été troublé; cependant on en reconnaît encore un assez grand nombre pour rétablir l'ensemble que devait présenter la composition.

La Vierge et l'enfant Jésus occupent le centre ; des fleurons encadrés par des arcs entourent ce sujet principal. Au delà du cercle de pierre qui l'enveloppe s'étend une large bordure composée d'enroulements de feuillages disposés dans des courbes régulières ; plus loin commence le fond de mosaïque répandu sur tout le reste de la verrière et dans lequel se détachent les sujets. Un premier rang de personnages assis, représentant douze prophètes, remplit les trèfles en pierre qui forment la partie moyenne de la rose ; ensuite le tableau se divise en vingt-quatre médaillons ; douze placés en bas contiennent les signes du zodiaque ; en regard de chacun d'eux, un sujet peint dans un trèfle donne la représentation du travail agricole qui correspond au mois de l'année indiqué par le signe.

Les douze médaillons placés dans la partie supérieure de l'ensemble portent chacun l'image d'un vice caractérisé par ses conséquences les plus funestes ; devant chacun d'eux, dans les trèfles placés sur les limites de la rose, est peinte une vertu portant un attribut et combattant avec la lance le vice qui lui est opposé.

ÉGLISE DE NOTRE-DAME.

CHAPITEAUX DU CHOEUR.

La galerie qui fait le tour du chœur de l'église de Notre-Dame, partie de l'édifice dont la construction date de 1177, présente des chapiteaux sculptés dans le style du XII⁰ siècle et dont plusieurs sont gravés sur la planche XXXVIII. Une même moulure d'un profil sévère forme les tailloirs. La corbeille du premier chapiteau placé en haut de la planche présente, aux angles, des têtes monstrueuses ; de leurs bouches sortent les tiges d'enroulements de feuillages qui, en se relevant, décorent le milieu du chapiteau ; de grandes palmettes s'élèvent au-dessous de ces têtes placées aux angles.

Le second chapiteau présente de l'analogie avec le précédent ; les têtes et les palmettes placées au-dessous sont presque identiques ; mais les tiges d'ornements enroulés se divisent pour couvrir la cor

Planche
XXXVIII.

35

beille, et sont d'une composition toute différente des premières ; elles se subdivisent pour porter un large fleuron au milieu du chapiteau et pour soutenir les palmettes inférieures.

Le troisième exemple placé au bas de la planche est un chapiteau corinthien dont les formes sont alourdies et modifiées par l'ignorance des proportions délicates qui le caractérisaient dans l'antiquité ; cependant le style du xiie siècle, tout en se montrant dans les détails du feuillage, n'a pas conduit le sculpteur ornemaniste à s'éloigner de l'ensemble de la composition du chapiteau grec ; il a conservé les volutes, les feuilles et les tigettes qui les supportent et les décorent ; la division des rangs d'acanthe n'a été que légèrement modifiée.

ÉGLISE DE NOTRE-DAME.

STATUE DE MATIFAS DE BUCI, ÉVÊQUE DE PARIS.

Planche
XLI.

La chapelle de Saint-Côme, située derrière le chœur de l'église de Notre-Dame, contenait le tombeau de Simon Matifas de Buci, évêque de Paris à la fin du xiiie siècle ; sa statue y était couchée ; elle est reproduite au milieu de la planche XLI. Simon est représenté en costume d'évêque, la tête posée sur un coussin et coiffée de la mitre, les mains jointes sur la poitrine ; sous ses pieds était sculpté un dragon qui est dessiné séparément à la droite de la planche. Un sarcophage en marbre noir, orné de moulures et de trèfles en marbre blanc, portait cette statue, qui était surmontée d'une arcade trilobée, soutenue par de nombreuses colonnettes ; un fronton orné d'un Christ jeune et de deux anges surmontait le monument. Sur le fond, ménagé entre l'arcade et la statue, était une peinture représentant la Vierge assise et tenant debout auprès d'elle l'enfant Jésus. Saint Denis portant sa tête, et Simon de Buci tendant la main vers Marie, étaient figurés à genoux sur les deux côtés. Dans le lobe supérieur de l'arcade, l'âme de l'évêque, peinte entre deux anges, était enlevée au ciel ; plus bas étaient tracées ses armoiries. Cette peinture a été retrouvée dernièrement et restaurée avec soin. Une inscription gravée dans la courbe de l'arcade indiquait la durée de l'épiscopat de Simon de Buci, la fondation faite par lui des chapelles de l'abside de la cathédrale et la date de sa mort. Le coussin sur lequel repose sa tête porte des traces de dorure reproduites sur la planche. Cette statue est conservée à Notre-Dame.

Une autre statue de l'évêque Simon de Buci était placée debout à l'entrée de la chapelle de Saint-Côme ; elle s'élevait sur un piédestal prismatique dont le plan est tracé par moitié à droite de la planche. Le couronnement de ce piédestal dessiné en A, au-dessous de la statue, est en pierre; il contient une inscription peinte en rouge et tracée latéralement sur la planche; la statue qu'il portait fut détruite en 1793. A. Lenoir recueillit ce piédestal au musée des Monuments français; il a été déposé provisoirement, en 1817, à l'église de Saint-Denis. On y lit :

Ci est le ymage de bonne memoire Simõ Matiffas de Buci de le esvesche de Soissons iadis evesques de Paris par qui furent fundees premierement ces trois chapeles on il gist en lã de grace m · cc · iiii^{xx} · et · xvi et puis lã fit toutes les autres envirõ le cenr de ceste esglise · P'es pour lui ·

TABLE DES MATIÈRES.

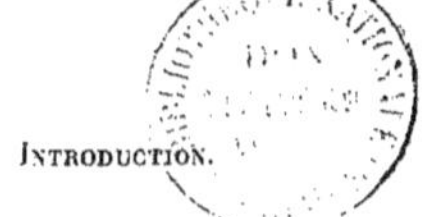

INTRODUCTION.

ÉPOQUE ROMAINE.

Planches.		Pages.
	FRONTISPICE	1
I.	Plan de Paris indiquant les ruines romaines.	2
II.	Palais des Thermes. Plans.	3
III.	Coupes géométrales du palais.	4
IV.	Vue générale des ruines.	7
V.	Cours de l'aqueduc romain.	8
VI.	Aqueduc romain à Arcueil.	9
VII.	Tombeau en marbre découvert en 1806, rue Vivienne.	10
VIII.	Fragments romains à Montmartre.	11
IX.	Édifice romain découvert au Palais de Justice, en 1848.	12
X.	Autel et fragments découverts dans la Cité, en 1829.	13
XI.	Monument découvert au Palais de Justice, en 1784.	14
XII.	Fragments trouvés au Palais de Justice, en 1848.	15
XIII.	Antiquités trouvées au Palais de Justice, en 1848.	16
XIV.	Détails trouvés au Palais de Justice, en 1848.	17
XV.	Édifice découvert dans la Cité, en 1844.	18
XVI.	Édifice, voie, fragments découverts rue de la Vieille-Draperie.	19
XVII.	Plan général des fouilles exécutées sur le parvis Notre-Dame, en 1847.	20
XVIII.	Coupes et détails des fouilles exécutées sur le parvis Notre-Dame. . .	21
XIX.	Chapiteau trouvé au parvis Notre-Dame; voie, édifice.	23
XX.	Fouilles exécutées au parvis Notre-Dame, détails du rempart.	24
XXI.	Fouilles exécutées au parvis Notre-Dame; fragments de mosaïque. . .	25
XXII.	Autel découvert à Notre-Dame, en 1711.	27
XXIII.	Fragments d'autels découverts à Notre-Dame, en 1711.	28
XXIV.	Fragments d'autels découverts à Notre-Dame, à Saint-Jacques-la-Boucherie et au Palais de Justice.	28
XXV.	Fragments découverts rue Vivienne, en 1751.	30
XXVI.	Fragments de sculpture; chasse au filet, jeux du cirque, conclamation.	30

Planches.   Pages.

XXVII. Fragments de sculpture découverts rue Vivienne, en 1751. Tête de
     Cybèle découverte en 1675. Tombeau 31

ÉPOQUE CHRÉTIENNE.

I.   Plan de Paris, réunissant les époques romaine et chrétienne 35
II. Stations de saint Denis. Prieurés de Saint-Denis-du-Pas et de Saint-
    Denis-de-la-Chartre. 36

ABBAYE DE MONTMARTRE.

III.   VIe station de saint Denis 37
IV. Vue de l'église et emplacement du cloître. 38
V.   Vue de l'abbaye et du prieuré, en 1625. 39
VI. Tombes d'abbesses. Vue de la chapelle du martyre. 40
VII. Montmartre. Plan général. 41
VIII. Église; chapiteaux en marbre. 42
IX. Église; chapiteaux en marbre. 43
X.   Montmartre. Détails du prieuré 44
XI. Plan général de l'abbaye, etc. 45
XII. Détails de sculpture et de tombeaux 46
XIII. Église; plan 46
XIII bis. Église; abside et coupes. 47
XIV. Église; détails du xiie siècle. 48
XIV bis. Église; détails. 49

ABBAYE DE SAINTE-GENEVIÈVE.

I.   Tombes de Clovis et de sa famille, découvertes en 1807 50
II. Tombes découvertes dans l'église, en 1807 51
II bis. Tombeau de Clovis. 52
III. Plan général de l'abbaye. 53
IV. Plan de l'église. 54
V.   Plan de la crypte et des sépultures. 55
VI. Plan supérieur de l'église. 56
VII. Vue de l'église. 57
VIII. Façade de l'église. 58
IX. Coupe longitudinale de l'église. 59
X.   Coupes transversales de l'église. 60
XI. Chapiteaux de la nef. 61
XII. Chapiteaux de la nef (zodiaque). 61

Planches.   Pages.

XIII.   Chapiteaux du chœur...................................   62
XIV.   Chapiteaux du chœur...................................   63
XV.   Tombeau et statue de sainte Geneviève....................   64
XV *bis*.   Crypte. Tombeaux de Prudent et de saint Céran..............   65
XVI.   Calice, patène, hostie................................   66
XVII.   . Châsse de sainte Geneviève..........................   66
XVIII.   Tombe de chanoine...................................   67
XIX.   Portement de croix; Christ au tombeau...................   68
XX.   Tombeaux du cardinal de la Rochefoucauld, de Descartes, etc.....   69

ABBAYE DE SAINT-GERMAIN-DES-PRÉS.

I.   Chapiteau et inscriptions.............................   70
II.   Ancienne disposition du sanctuaire. Tombeaux des rois et des abbés.   71
III.   Tombeau de Childebert; statue de Childebert.............   72
IV.   Tombeau de Chilpéric.................................   73
V.   Tombe de Frédégonde.................................   74
VI.   Tombes de Childéric II, de Clotaire II et de Bertrude...........   75
VII.   Tombeau de saint Germain.............................   76
VIII.   Descente de croix; le fond représente l'abbaye.............   77
IX.   Tombeau et épitaphes.................................   78
X.   Plan de l'abbaye au milieu du xvi° siècle................   79
XI.   Plan de l'abbaye au xvi° siècle........................   80
XII.   Vue générale de l'abbaye..............................   81
XIII.   Étoffes de soie et or trouvées dans des tombeaux, en 1799........   82
XIV.   Vêtement d'abbé découvert dans un tombeau, en 1799...........   83
XV.   Tombeaux et costumes d'abbés.........................   84
XVI.   Crosses des abbés....................................   85
XVII.   Plan du rez-de-chaussée de l'église.....................   86
XVIII.   Plan du premier étage de l'église.......................   88
XIX.   Façade occidentale de l'église restituée..................   89
XX.   Porte de l'église....................................   90
XXI.   Façade latérale de l'église restituée.....................   92
XXII.   Abside de l'église restituée............................   93
XXIII.   Coupe longitudinale de l'église.........................   94
XXIV.   Coupes transversales................................   95
XXV.   Chapiteaux de la nef principale.........................   96
XXVI.   Chapiteaux de la nef principale.........................   97
XXVII.   Chapiteaux du chœur.................................   98
XXVIII.   Clocher de la façade..................................   99
XXIX.   Chapelle de la Vierge, plan et détails....................   100
XXX.   Restes de la chapelle de la Vierge. Porte................   101

Planches.		Pages.
XXXI.	Détails intérieurs de la chapelle de la Vierge	102
XXXII.	Fragments de la vitrerie	103
XXXIII.	Tombeaux de Guillaume de Dowglas et des Castellan	104
XXXIV.	Tombeau de Jacques de Dowglas. Tombeau de Casimir, roi de Pologne.	105
XXXV.	Portrait de Charles-Quint. Statue du roi Casimir	107
XXXVI.	Armoiries et statues de Guillaume et de Jacques de Dowglas	108

ÉGLISE DE SAINT-JULIEN-LE-PAUVRE.

I.	Plan de l'église	109
II.	Fragment de l'ancienne façade. Façade moderne, abside	110
III.	Coupe longitudinale de l'église	111
IV.	Coupe sur la chapelle méridionale	112
V.	Détails de la chapelle méridionale	113
VI.	Chapiteau et base du chœur, côté septentrional	113
VII.	Chapiteaux de la chapelle septentrionale	114
VIII.	Détails de diverses époques	115
IX.	Chapiteaux, rosaces, etc.	116
X.	Bas-relief, statues et tombeau	116

ÉGLISE DE SAINT-BENOÎT.

I.	Plan de l'église	117
II.	Façade de l'église	118
II bis.	Façade latérale	119
III.	Coupe longitudinale	120
III bis.	Coupes transversales	120
IV.	Nef méridionale	121
V.	Chapelle de la tourelle; détails de la porte principale	121
VI.	Détails de la façade	122
VII.	Détails de l'église	123
VIII.	Détails de l'église	124

PRIEURÉ DE SAINT-MARTIN-DES-CHAMPS.

I.	Plan général du prieuré	124
II.	Plan et coupe de l'église	126
III.	Abside de l'église	127
IV.	Statues de Philippe de Morvilliers et de Jeanne de Drac	128
V.	Statue de la Vierge. Tombeau de Philippe de Morvilliers et de Jeanne de Drac	129
VI.	Plan du réfectoire	130

Planches.		Pages.
VII.	Réfectoire, face latérale	131
VIII.	Façade orientale et coupe transversale du réfectoire, etc	132
IX.	Réfectoire, coupe longitudinale	133
X.	Vue intérieure du réfectoire	134
XI.	Réfectoire, chapiteaux	134
XII.	Réfectoire, chapiteaux	135
XIII.	Réfectoire, détails des roses	136
XIV.	Porte du réfectoire	137
XV.	Réfectoire, détails de la tribune de lecture	137
XVI.	Réfectoire, chapiteaux des colonnes engagées	138
XVII.	Réfectoire, supports des colonnes engagées	139
XVIII.	Réfectoire, clefs des voûtes	140

COMMANDERIE DE SAINT-JEAN-DE-LATRAN.

I.	Façade, plan et coupe de l'église	141
II.	Plan général et détails de la commanderie	142

ÉGLISE DE SAINT-SÉVERIN.

I.	Plan de l'église et plan d'ensemble	143
II.	Façade principale, état ancien	144
III.	Plan et coupe du clocher	145
IV.	Façade latérale, côté du nord	146
V.	Façade et coupe du porche	147
VI.	Élévation extérieure de deux travées	148
VII.	Réseaux, fenêtres et travées de l'abside	149
VIII.	Travée des charniers	150
IX.	Coupe longitudinale	151
X.	Élévation intérieure de deux travées	152
XI.	Coupe transversale vers l'orient	153
XII.	Coupe transversale vers l'occident	154
XIII.	Sacristies	155
XIV.	Détails intérieurs	156
XV.	Plans et élévations de piliers	157
XVI.	Détails intérieurs	158
XVII.	Clefs et marmousets	159

CIMETIÈRE DES INNOCENTS.

I.	Plan général; plan de l'église	160
II.	Vue de l'église lors de la démolition	161

Planches.		Pages.
III.	Vue des charniers	161
IV.	Chapelle de Villeroi et d'Orgemont	162
V.	Croix et tombeaux	162
VI.	Monuments du cimetière; chapelle de Pomereux	163
VII.	Monuments du cimetière; prêchoir, croix glatine, tour Notre-Dame-des-Bois	164

COUVENT DES DOMINICAINS, DITS JACOBINS.

I.	Plan général	165
II.	Vue de l'église; restes du réfectoire	166
III.	Porte du couvent	167
IV.	Écoles de Saint-Thomas. Plan et façade	168
V.	Écoles de Saint-Thomas; façade latérale et coupe	169
VI.	Tombeau de Claude Dormy	170

CÉLESTINS.

I.	Plan général et vue du cloître	171
II.	Plan et coupe de l'église et du cloître	172
III.	Façade et coupe longitudinale de l'église	173
IV.	Détails du cloître	174
V.	Statues et détails de l'église	175
VI.	Tombeaux de la chapelle d'Orléans et du chœur	177
VII.	Monuments de la chapelle d'Orléans	178
VIII.	Tombeaux de Rénée d'Orléans et d'Henri Chabot	180
IX.	Tombe en cuivre doré	181
X.	Tombeau de la famille de Cossé	182
XI.	Monument du duc de Valois et d'Anne de Chartres	183
XII.	Monument d'André d'Épinay	183
XIII.	Tombeau de Jeanne de Bourbon	184
XIV.	Tombeau de Léon de Lusignan	185
XV.	Peinture exécutée dans la chapelle d'Orléans. Plan des fouilles faites en 1847	186
XVI.	Tombeau des Zamet (1ᵉʳ projet)	188
XVII.	Tombeau des Zamet (2ᵉ projet)	189

GRANDS CARMES.

I.	Plan du couvent	190
II.	Façade principale de l'église	191
III.	Chaire dans le cloître; vue générale du cloître	191

TABLE.   283

Planches.   Pages.

IV.	Première pierre de l'église. Vue du cloître, tombeau et statue	192
V.	Vues de la chapelle de la Vierge, du chapitre et du cloître	193
VI.	Croix processionnelle	193

CARMES - BILLETTES.

I.	Plan général et détails du cloître	194
II.	Façade de l'église. Coupe du cloître et de l'église	195
III.	Coupes sur le cloître	196
IV.	Détails du cloître. Miracle de la sainte hostie	196

ÉGLISE DE SAINT-EUSTACHE.

I.	Plan du rez-de-chaussée	197
II.	Plan supérieur	198
III.	Façade occidentale, état actuel	199
IV.	Façade latérale du midi	200
V.	Portail du midi	201
VI.	Détails de l'extérieur; façade du midi	202
VII.	Coupe longitudinale	203
VIII.	Coupe transversale	205
IX.	Coupe sur les nefs latérales et détails	206
X.	Détails de l'intérieur	207
XI.	Chapelle de Sainte-Geneviève; plan, façade, coupe	209
XII.	Chapelle de Sainte-Geneviève; pilastre et fenêtre	210
XIII.	Détail extérieur des chapelles du nord	211
XIV.	Chapelle de Sainte-Geneviève, face sur le bas-côté du chœur	212
XV.	Chapelle de Sainte-Geneviève, détails	213
XVI.	Peintures des chapelles	214

CARMES DÉCHAUSSÉS.

I.	Plan général du couvent et plan de l'église	215
II.	Façade et coupes de l'église	216
III.	Détails des chapelles	218
IV.	Chapelle d'Hinisdal	219
V.	Chapelle d'Hinisdal (arc-doubleau)	220
VI.	Chapelle d'Hinisdal (panneau)	221

SAINT-JEAN-L'ÉVANGÉLISTE. CHAPELLE DU COLLÉGE DE BEAUVAIS.

I.	Plan, façade et coupe de la chapelle	221
II.	Façade latérale; abside de la chapelle	223

36.

284 STATISTIQUE MONUMENTALE DE PARIS.

COUVENT ET COLLÉGE DES BERNARDINS.

Planches.   Pages.

I.   Plan général et plan de l'église et du réfectoire 224
II.   Coupes et façades 225
III.   Façade, coupe et détails 226

COLLÉGE DE FORTET.

I.   Restes du collége 228

COLLÉGE DE SORBONNE.

I.   Premier projet de reconstruction de l'église du collége de Sorbonne. : .   228
II.   Deuxième projet de reconstruction de l'église du collége de Sorbonne.   230

HÔTEL DE BOURGOGNE.

I.   Plans, coupe et détails 231
II.   Façades et détails de la tour 232

HÔTEL DU COMMANDANT DU GUET.

I.   Plan et façade principale 233
II.   Détails d'architecture et de construction 234

HÔTEL RUE JEAN-TISON.

I.   Façade, tourelle et détails 235

HÔTEL DE CLUNY.

I.   Plan de l'hôtel 236
II.   Façade sur la rue, aile orientale 238
III.   Façade de l'aile occidentale et de la chapelle 240
IV.   Façade principale 241
V.   Façade sur le jardin 242

HÔTEL LA TRÉMOUILLE.

I.   Plan du rez-de-chaussée 243
II.   Façade sur la rue 244
III.   Façade sur la cour 245

TABLE. 285

HÔTEL DES URSINS.

Planches.   Pages.

I.   Plan, façade sur le quai, façade sur la cour et détails............ 246

HÔTEL DE SCIPION SARDINI.

I.   Restes de la façade sur la cour............................. 247

HÔTEL TORPANNE.

I.   Façade principale, façade latérale........................... 248
II.   Sculptures de la façade.................................... 249

HÔTEL DE SOISSONS.

I.   Colonne astronomique..................................... 250

MAISON RUE HAUTEFEUILLE.

I.   Plans, façades et détails................................... 251

MAISON RUE NEUVE-NOTRE-DAME.

I.   Façade démolie en 1828................................... 252

MAISON RUE SAINT-DENIS, N° 90.

I.   Façade sur la rue, détruite en 1846.......................... 253
II.   Plan, coupe et détails..................................... 254

TOURELLES.

I.   Tourelle et détails de l'hôtel Barbette........................ 255
II.   Tourelles de la rue du Coq-Saint-Jean et de la place de Grève...... 256
III.   Tourelle de l'hôtel de Fécamp.............................. 258
IV.   Tourelles rue Hautefeuille, rue des Prêtres-Saint-Germain-l'Auxerrois, rue de l'École-de-Médecine, rue du Jardinet, rue Bar-du-Bec. 259

FONTAINE DES INNOCENTS.

I.   Dispositions, ancienne et moderne........................... 260
II.   Bas-reliefs.. 262

Planches.   Pages.
III.   Bas-reliefs.   263
IV.   Bas-reliefs.   264

PONT-NEUF.

I.   Plan, élévations et détails du pont.   264
II.   Élévation et détails du pont.   266
III.   Élévation et détails du pont.   267

PONT-AU-CHANGE.

I.   Vue et détails du monument du Pont-au-Change.   267

MONOGRAPHIE NON TERMINÉE DE L'ÉGLISE DE NOTRE-DAME.

VII.   Porte Sainte-Anne.   269
X.   Ferrures de la porte Sainte-Anne, façade occidentale.   270
XI.   Ferrures de la porte Sainte-Anne.   271
XIV.   Porte de la sainte Vierge.   271
XIX.   Rose de la façade occidentale.   272
XXXVIII.   Chapiteaux du chœur.   273
XLI.   Statue de Matifas de Busi, évêque de Paris.   274